Helmut Lambers
Management in der Sozialen Arbeit und
in der Sozialwirtschaft

Grundlagentexte Soziale Berufe

Helmut Lambers

Management in der Sozialen Arbeit und in der Sozialwirtschaft

Ein systemtheoretisch reflektiertes Managementmodell

Der Autor

Helmut Lambers, Jg. 1953, Dr. phil., Dipl.-Pädagoge, Dipl.-Sozialpädagoge, ist Professor im Fachbereich Sozialwesen/Soziale Arbeit der Katholischen Hochschule Nordrhein-Westfalen, Abteilung Münster. Seine Arbeits- und Lehrschwerpunkte sind: Geschichte, Theorien und Konzepte der Sozialen Arbeit, Sozialmanagement und Systemtheorie in der Sozialen Arbeit sowie erzieherische Kinder- und Jugendhilfe.

Bibliografische Information der Deutschen Nationalbibliothek

Die Deutsche Nationalbibliothek verzeichnet diese Publikation in der Deutschen Nationalbibliografie; detaillierte bibliografische Daten sind im Internet über http://dnb.d-nb.de abrufbar.

© 2015 Beltz Juventa · Weinheim und Basel
www.beltz.de · www.juventa.de
Satz: text plus form, Dresden
Druck und Bindung: Beltz Bad Langensalza GmbH, Bad Langensalza
Printed in Germany

ISBN 978-3-7799-1970-4

Inhalt

Einleitung

Organisationen der Menschensorge (Wohlfahrt, Bildung, Gesundheit) werden spätestens seit Beginn der 1970er Jahre in den Fokus politisch-ökonomischer Modernisierungsinteressen gestellt. Ziel dabei ist – allgemein gesprochen – ansteigende Komplexität von sozialstaatlichen Aufgaben und Bedarfen sowohl qualitativ als auch quantitativ zu bewältigen. Dabei ist ein Prozess in Gang gesetzt worden, der sich von einem „Weitermachen wie bisher", das heißt, einer Politik der kontinuierlichen Anpassung des Wohlfahrtsstaates an die Anforderungen sozialstaatlicher Risikoabsicherung weitestgehend verabschiedet hat (Olk/Otto 1985: 7). Das Leitbild von einem versorgenden Sozialstaates hin zu einem ermöglichenden, aktivierenden Sozialstaat bestimmt die wohlfahrtsstaatliche Ausrichtung, mit all ihren damit freigegebenen Zumutungen von Chancen und Risikofolgen. Ausfluss dieser Entwicklung ist der Einzug betriebswirtschaftlicher Rationalität in die Sozialverwaltung und Leistungsträger (New Public Management). Dabei hat sich die Vorstellung durchgesetzt, dass die politisch-ökonomisch motivierten Modernisierungsziele ein geeignetes Management sozialer Organisationen erforderlich machen. Selbst wer diese Position nicht oder nicht gänzlich teilt, wird zugestehen, dass allein der enorme qualitative wie quantitative Zuwachs an Versorgungsaufgaben erhöhte Anforderungen an die Führung und Leitung sozialer Organisationen stellt. Dieser Umstand hat mittlerweile zu einer deutlichen Annäherung zwischen sozialen Organisationen und Managementdenken geführt (Merchel 2006: 13). Soziale Organisationen sind verstärkt auf ihre Fähigkeiten der Selbstorganisation und des damit verbundenen Entscheidungshandelns verwiesen.

Organisationshandeln ist Entscheidungshandeln. Begibt sich Entscheidungshandeln nicht in einen reflexiven Bezug zu sich selbst, nimmt es lediglich eine reaktive Form an. Das lässt sich nicht völlig umgehen, da Organisationen auf der Programmebene das bearbeiten, was ihnen systemspezifisch zugeordnet ist. Die darin gegebenen Kontingenzen, die für die Zielerreichung als Abwägung geeigneter Zweck-Mittel-Relationen zu bewältigen sind, verlangen fortwährende Auswahlleistungen und ermöglichen zugleich, Alternativen in Erwägung zu ziehen. Auf dieser Basis ist für eine Organisation die Voraussetzung für die eigene Selbstermöglichung gegeben. Angezeigt für erfolgreiches Organisationshandeln ist damit aber nicht eine re-aktive, sondern eine pro-aktive Sicht auf die Umwelt. Re-aktive Sicht bedeutet

Anpassung, pro-aktive hingegen ein Sich-Einstellen mit Aussicht auf Mitgestaltung – Unmögliches also?

Nimmt man diese Paradoxie ernst, da man ohnehin keine Wahl hat (sofern man nach vorne schaut), kommt man zu der Einsicht, dass Entscheidungshandeln von Organisationen zu kurz springt, wenn es sich lediglich der organisationalen, reaktiven Binnenperspektive verpflichtet fühlt. Organisationen neigen jedoch zur Binnenorientierung besonders dann, wenn sie sich selbst überlassen sind (Wimmer 2009: 31 f.). Nicht selten wird dabei ein Aktionismus in Gestalt eines hoffnungsvollen und oft auch enttäuschenden, da unreflektierten Experimentierens mit den unterschiedlichsten Analyse-, Planungs- und Führungstechniken freigesetzt. Techniken, Methoden, Instrumentarien können jedoch aus sich heraus keine problemlösende Wirkung entfalten. Sie haben erst dann eine Chance, wenn sie in ein Gesamtkonzept der Management- und Unternehmensentwicklung eingebunden sind. Benötigt wird demnach ein Konzept, dass die Entwicklung von internen und im Kontext der Unternehmung stehenden externen Zukunftsfragen systematisch aufgreift und versucht, unternehmenseigene strategische Bewertungen zu entwickeln. Management fällt dabei die Aufgabe zu, die organisationale Binnenorientierung zu stören „durch die Wiedereinführung des externen Blickwinkels auf relevante Umfeldentwicklungen" (Wimmer 2009: 31).

Um die Vorstellung eines derartigen Gesamtkonzeptes geht es in dem hier vorgelegten Managementmodell. Das Modell ist angelehnt an das *St. Galler Konzept zur integrierten Management- und Unternehmensentwicklung* (Ulrich 1968; Ulrich/Krieg 1974, c1972; Bleicher 2011, c1991; Rüegg-Stürm 2003a, c2001; 2009), wird aber theoretisch anders ausbuchstabiert und für sozialwirtschaftliche Bedarfe weitergeführt. Nach einem kurzen Einstieg in die theoretischen Grundlagen wird das für Profitunternehmen entwickelte St. Galler-Konzept in seinen Grundzügen aufgezeigt. Daraufhin wird eine selbst entwickelte Adaption für sozialwirtschaftliche Unternehmen vorgestellt. Bei dieser Adaption spielt nicht nur die Anpassung an die spezifischen Verhältnisse von Sozialwirtschaft eine Rolle, ebenso ist die theoretische Ein- bzw. Umbettung zu begründen. Für das hier vorgelegte Managementmodell bedeutet das, dass die Reflexion des behandelten Gegenstandes auf den theoretischen Grundlagen eines operativen Konstruktivismus (Niklas Luhmann) eine übergeordnete Rolle spielt. Wir bezeichnen das Modell daher als ein systemtheoretisch reflektiertes Managementmodell (SRM).

Das Buch ist in drei Hauptkapitel unterteilt. Die Theorie (→ I.), die Praxis (→ II.) und die Praxisinstrumente (→ III.). Wer an Fragen der theoretischen Herleitung des Managementmodells nicht besonders interessiert ist, möge direkt mit der Praxis beginnen. Völlig verfehlt allerdings wäre es, mit den Praxisinstrumenten einzusteigen. Didaktisches Ziel des vorliegenden

Lehrbuches ist es, dass Leitungs- und Führungskräfte und solche, die es werden wollen, ein eigenes Konzept der Unternehmensgestaltung, -entwicklung und -steuerung erstellen können. Weiterhin sollen Anregungen für die operative Arbeit der Konzeptentwicklung gegeben werden. Wenn darüber hinaus das mit diesem Lehrbuch vertretene Konzept einen kleinen Beitrag zum Diskurs sozialwirtschaftlicher Managementlehre liefern kann, wäre das ein willkommener Nebeneffekt.

Teil I
Theorie: Gesellschaft, Sozialwirtschaft, Organisation und Management

Managementmodelle sind Ergebnisse systematischer, theoriegeleiteter Reflexion über ihren eigenen Gegenstandsbereich: dem Gestalten, Entwickeln und Führen von Unternehmen. Theoriegeleitete Reflexion bedeutet, dass drei Dimensionen sozialer Wirklichkeit in den Blick genommen werden müssen: erstens die Gesellschaft, zweitens die Organisationen von Gesellschaft – in unserem Fall menschensorgende Organisationen[1] – und drittens die Gestaltbarkeit dieser Organisationen. Ein Managementmodell muss daher eine konsistente Verbindung aufweisen zu:

a) einer Gesellschaftstheorie,
b) einer hierzu kompatiblen Theorie organisierter Sozialsysteme (Organisationstheorie),
c) einer (Sozial)Wirtschaftstheorie und
d) einer Managementtheorie.

Untersucht man die Fachliteratur zum Unternehmens- und Organisationsmanagement, stellt man fest, dass durchaus Versuche einer konsistenten Theorieeinbettung von Management im oben beschriebene Sinne vorliegen. Sie beziehen sich deutlich auf die funktional-strukturelle Theorie Niklas Luhmanns zum gesellschaftlichen und organisationalen Wandel (z. B. Baecker 1994; Willke 2001, 2011; Wimmer u. a. 2009). Überdies liegen zahlreiche konstruktivistische Zugänge zu organisierten Sozialsystemen (Organisationstheorie) vor. Allerdings ist der Begriff Konstruktivismus nicht trennscharf. Mit ihm wird eine Vielzahl unterschiedlicher Konzepte zur Erklärung von Prozessen sozialer Wirklichkeitskonstruktion überschrieben (Rüegg-Stürm 2003b, c2001: 26–33). Zudem müssen wir mit Blick auf unseren Gegenstand feststellen, dass sich Managementtheorie im Kern auf Organisationen des Wirtschaftssystems als erwerbswirtschaftliche Unternehmen bezieht. Sozialmanagement und Management in der Sozialwirtschaft ist ein theoretisch und wissenschaftlich relativ wenig entwickelter Begriff, der sich noch stark an der Betriebswirtschaftslehre für Profit-Unternehmen orientiert. Sowohl das Management in der Sozialwirtschaft, das den gesamten Bereich der Non-Profit-Unternehmen in den Blick nimmt, als auch das Sozialmanagement, das sich auf die Non-Profit-Organisationen der Sozialen Arbeit bezieht, sind von betriebswirtschaftlichen Denkstilen durchzogen.

---

1   Mit dem Begriff Menschensorge bezeichnen wir die soziale Konstruktion der Sorge um den Menschen. Während in vormoderner Gesellschaft Menschensorge vor allem als Seelsorge thematisiert war, differenzierte moderne Gesellschaft die Sorge um den Menschen als Problematisierung humaner Defizite aus. Die Praxis der gesellschaftlichen Sorge um den Menschen wird vor allem mit den Begriffen Erziehung und Bildung, Gesundheit und Wohlfahrt symbolisiert (Hillebrandt 1999: 99 f.; 104).

Der Managementbegriff hat sich in der Sozialwirtschaft mittlerweile etabliert. Eine theoretische Anbindung an ihren Gegenstand ist allerdings noch nicht hergestellt. Auch der Begriff Sozialwirtschaft ist nicht so eindeutig wie seine aktuelle Verbreitung es nahelegen mag. Im Folgenden soll dies kurz am Beispiel der Sozialen Arbeit umrissen werden.

Kapitel 1
Management und das Soziale –
ein schwieriges Verhältnis
für Theoriebildung

Der Managementbegriff suchte sich in der Sozialen Arbeit seit Mitte der 1970er Jahre mit der Wortschöpfung „Sozialmanagement" seinen Weg, hier vor allem zurückreichend auf Albrecht Müller-Schöll und Manfred Priepke (1976). Es handelte sich dabei aber nicht um ein eigenes Theoriemodell, geschweige denn um ein neues sozialökonomisches Verständnis. Vielmehr wurde Sozialmanagement als ein konzeptioneller Begriff gedacht, der zur Modernisierung Sozialer Arbeit beitragen sollte. Das Konzept des Sozialmanagements distanzierte sich ausdrücklich von einer ökonomischen Effizienzlogik (Müller-Schöll/Priepke 1983: 8). Mit der Verwendung des Begriffes „Management" ging es um die Vorstellung, dass die Effektivität Sozialer Arbeit offenkundig verbesserungsbedürftig und dies systematisch und methodisch möglich sei. Die Voranstellung des Begriffes „Sozial" sollte kenntlich machen, dass besagtes Effektivierungsinteresse nicht in der Funktionslogik von Ökonomie, sondern der Sozialen Arbeit zu stehen habe. Sozialmanagement habe die Funktion, „die Ansprüche der Ethik Sozialer Arbeit in den Strukturen ihrer Organisation einzulösen" (Müller-Schöll/Priepke 1983: 11). Die Ethik Sozialer Arbeit sollte sich nach Müller-Schöll/Priepke der Frage verpflichtet fühlen: „Was dient der Persönlichkeitsentfaltung des Klienten unter Berücksichtigung des demokratischen Rechts- und Sozialstaatsprinzips am meisten"? (Müller-Schöll/Priepke 1983: 8).

Die Dinge entwickelten sich aber anders. Offensichtlich schien es mit der Feststellung, dass Sozialmanagement ein konzeptioneller Begriff sei, nicht getan. Aufgabe des Sozialstaates ist es, auf die sozialen Folgerisiken einer offenen, sich funktional ausdifferenzierenden Gesellschaft zu reagieren. Der Staat – eine Kopplungsbeziehung zwischen Politik und Recht – konfrontiert sich in der Formel des Sozialstaates sozusagen mit sich selbst. Zur Generierung der materiellen Ressourcen für die Absicherung sozialer Risiken und Gefahren sind jedoch in kapitalistischen Gesellschaften Ethik und

Moral nicht das symbolisch generalisierte Erfolgsmedium[2], vielmehr ist es offensichtlich das Geld. Es liegt hingegen nicht in der Funktionslogik des Wirtschaftssystems, Geld für seine eigene soziale Risikobearbeitung freiwillig zur Verfügung zu stellen. Dies kann nur über politische Machtentscheidungen besorgt werden. Politik ist aber auf Ökonomie insofern angewiesen, als diese ihr die Mittel für die Finanzierbarkeit und Erfüllung sozialstaatlicher Ansprüche erwirtschaftet. Der Sozialstaat benötigt sozusagen eine erfolgreiche volkswirtschaftliche Bilanz.

Angesichts des sozialstaatlichen Auf- und Ausgabenwachstums wurden mit Beginn der 1970er Jahre die Grenzen von Staat, Markt und Drittem Sektor neu vermessen. Es entwickelte sich ein neues Verständnis von Staat und seinen Staatsaufgaben. Das Verständnis vom Versorgungsstaat wurde durch das Leitbild eines aktivierenden Staates verdrängt. Damit schrieb sich das Prinzip ökonomischer Rationalität in fortschreitend in sozialstaatliche Aufgabenbewältigung ein. So halten seit den 1990er Jahren vermehrt wettbewerbliche Elemente Einzug in die Sozialleistungserbringung. Deutlich sichtbar für Soziale Arbeit wurde dies u.a. in der Ökonomisierung staatlichen Verwaltungshandelns (Neue Steuerung, New Public Management). Privatgewerbliche Anbieter treten neben freie Träger, der lange geltende Vorrang freigemeinnützige Träger wird deutlich relativiert. Leistungsgerechte Vergütungskonzepte treten zunehmend an die Stelle des Selbstkostendeckungsprinzips (BAGFW 2002: 19). Management in der Sozialen Arbeit ist auf diese Weise mehr geworden, als ein weiterer konzeptioneller Begriff der eigenen Binnenlogik. Nicht Soziale Arbeit soll über Management, vielmehr Management über Soziale Arbeit verfügen. Damit eröffneten sich zwei unterschiedliche Perspektiven: das Management im Sozialen und das Management des Sozialen. Während mit dem Ersten die Hereinnahme ökonomischer Funktionslogik gemeint ist, verfolgt das Zweite den Anspruch der Regie und Alleingestaltung. Damit wird das Spannungsfeld deutlich, in dem sich das Thema Management im Verhältnis zum Sozialen befindet – ein schwieriger Ort für Theoriebildung also.

---

2   Das sind in der soziologischen Theorie sozialer Systeme sogenannte symbolisch generalisierte Kommunikationsmedien. Erwartetes Verhalten wird durch sie wahrscheinlicher gemacht (→ II. 1.1.3).

1.1 Sozialmanagement und Theoriebildung

Zum Stand der Theorieentwicklung stellte Gotthart Schwarz unter Berufung auf Armin Wöhrle (Wöhrle 2003: 172–176) fest: „Im Vergleich hierzu *(zur Theorieentwicklung Sozialer Arbeit, H. L.)* muss die Theorieentwicklung zum Sozialmanagement bzw. zur Sozialwirtschaft in Deutschland eher wohl mit einer Baustelle verglichen und mit der Feststellung verknüpft werden, dass derzeit eine stringente Theoriebildung noch in weiter Ferne liege" (Schwarz 2012: 167). Unabhängig davon, dass mittlerweile zwischen Sozialmanagement und Management in der Sozialwirtschaft unterschieden wird (Wendt/Wöhrle 2007; Wöhrle 2013b: 191–233; Wendt 2013: 11–34), mag man einerseits dieser Feststellung zustimmen: Sozialmanagement ist faktisch eher als Konzeptbegriff anzutreffen, der bezüglich einer theoriegeleiteten Konzeption von Sozialmanagement in der Tendenz eher zurückhaltend auftritt und Sozialmanagement als ein mittlerweile in Einrichtungen der Sozialen Arbeit akzeptiertes Handlungsmodell einordnet (Merchel 2006: 9–17; 2010: 137–140).[3]

Dem Vergleich von Schwarz zum Stand der Theorieentwicklung der Sozialwirtschaft mit dem der Sozialen Arbeit ist insofern gerechtfertigt, als dass es dort an Theoriebildung zwar nicht mangelt, hingegen aber an einer solchen, die der Sozialen Arbeit als wissenschaftliche Disziplin und Profession Identität zu verleihen vermag (Rauschenbach/Züchner 2005; Lambers 2013). So wird man regelmäßig auf Schwierigkeiten stoßen, wenn man den Versuch unternehmen sollte, Sozialmanagement in das reichhaltige Theorieangebot Sozialer Arbeit konsistent einzubinden. Während die modernen, sozialpädagogisch motivierten Theorieangebote Sozialer Arbeit – hier vor allem Hans-Uwe Otto (2000), Michael Winkler (2008) und Hans Thiersch/ Lothar Böhnisch (2014: 51) – dem Manageriellen als Fortsatz betriebswirtschaftlicher Funktionslogik, der einer Ökonomisierung der Sozialen Arbeit gleichkommt, eher kritisch bis ablehnend gegenüberstehen, orientieren sich die modernen sozialarbeitswissenschaftlichen Theorienangebote Sozialer Arbeit (hier vor allem Wolf Rainer Wendt 2008 und Heiko Kleve u. a. 2011) affirmativer in der Inanspruchnahme des Managementbegriffes. Er taucht dort auf als Case und Care Management wenn es um den „Fall" geht. In diesem Kontext wird in gewisser Weise auch die Organisationsperspektive in den Blick genommen, wenn es z. B. um Case Management auf der Organisationsebene oder Implementierungsfragen geht (z. B.: Netzwerkarbeit zur

---

3   Sozialmanagement rangiert gemäß einer Einteilung in Konzepte, Methoden und Verfahren in der Kategorie „Verfahren" ähnlich wie Qualitätsmanagement, Quartiersmanagement, Evaluation, Jugendhilfeplanung und anderen mehr (ebd. 137–140).

Optimierung von Fallarbeit, intra- und interorganisationale Vernetzung von Trägern). Die theoriegeleitete Reflexion des über Fallarbeit hinausgehenden Managens von sozialen Organisationen wiederum wird innerhalb der Theorieproduzenten Sozialer Arbeit vor allem von Klaus Grunwald (2009) und Wolf Rainer Wendt (2003; 2011) thematisiert. Außerhalb bis stark angelehnt an die Theorieproduktion Sozialer Arbeit sind hier insbesondere Armin Wöhrle, Joachim Merchel, Marlies W. Fröse, Marianne Meinhold, Reinhilde Beck, Klaus Schellberg und Gotthart Schwarz zu nennen.[4]

Marlies Fröse bescheinigt der Theoriebildung des Sozialmanagements – besser: des „Managements in sozialen Organisationen" (Fröse 2012: 120) – einen Anfangsstatus. Klaus Schellberg hält gar eine „Betriebswirtschaftslehre für Sozialunternehmen" für möglich (Schellberg 2013: 117–156). Nicht repräsentative empirische Ergebnisse legen die Hypothese nahe, dass das Verhältnis zwischen Sozialer Arbeit und Sozialmanagement theoretisch und begrifflich völlig ungeklärt ist (Amstutz 2014). Annäherungen zwischen den Diskursen einer betriebswirtschaftlichen Managementlehre und den Diskursen um eine sozialwirtschaftlich orientierte Theoriebildung Sozialer Arbeit beobachtet wiederum Armin Wöhrle. Er fand diese Annäherung bereits Anfang der 2000er Jahre bestätigt in den hier wie dort beobachtbaren Schnittmengen einer wissenschaftlichen Sicht auf den Gegenstand von Organisation, die – frei übersetzt – ihren annähernden Ausdruck finden in Begrifflichkeiten wie: Nichtlinearität und Selbstorganisation, Organisationskultur und lernende Organisation, Wirtschaftlichkeit und Adressatenorientierung (Wöhrle 2003: 172–176). Nach aktueller Lage der Dinge würden solche Begrifflichkeiten zumindest Raum für eine allgemeine Führungs- bzw. Managementlehre geben (Wöhrle 2013a: 157–190).

Die bereits erwähnten modernen, sozialpädagogisch inspirierten Theorieangebote Sozialer Arbeit reflektieren Sozialmanagement seit 1992 unter dem Begriff „Management des Sozialen" (zf. Grunwald 2013: 107). Hier geht es um die Forderung, dass Sozialmanagement seine fehlende kritische Auseinandersetzung mit sozialstaatlichen Rahmenbedingungen zu überwinden hat (Beck/Schwarz 2013: 35–79) und um die Favorisierung eines Konzeptes Sozialer Arbeit als personenbezogene soziale Dienstleistung mit emanzipatorischer Wirkung. Dieses Konzept avisiert die Adressatensicht in Gestalt einer radikalen Nutzerorientierung und verbindet dies – perspektivisch – mit der Hoffnung einer Auflösung des doppelten Mandates (Grunwald 2013: 81–115).[5] Es geht beim „Management des Sozialen" um die Frage einer umfassenden „Steuerung des Sozialen" mit entsprechend hoher poli-

---

4   Und natürlich noch viele andere mehr (siehe bei Wöhrle 2012).
5   Vgl. hierzu auch Lutz (2011).

tischer Sprengkraft; ein Programm, für das bisher „kein Konzept erkennbar (ist), um eine solche Wirkung entfalten zu können" (Wöhrle 2013b: 227). Zudem ist unwahrscheinlich, dass es sich angesichts einer sich funktional ausdifferenzierenden Gesellschaft generieren lässt, auch wenn ein derartiges Anliegen an die Theoriebildung Sozialer Arbeit adressierbar ist. Soziale Arbeit kann – wie immer man das finden mag – über seine Ressourcen nicht selber bestimmen, sie fährt im Windschatten von Politik und Recht (Bommes/Scherr 2012; Lambers 2014: 117–138).

Ein eigenes Konzept eines Managements des Sozialen – wenn auch nicht unter dieser Begrifflichkeit – legt Silvia Staub-Bernasconi vor. Sie lehnt ein von ökonomischen Interessen geleitetes Fall- und Organisationsmanagement ab. Ähnlich wie die zitierten Vertreter moderner sozialpädagogischer Theoriebildung sieht sie in solchen Entwicklungen eher das Abbild einer unkritischen Übernahme neoliberaler Politik, die der Ökonomisierung des Sozialen das Wort redet. Hingegen unterstreicht Staub-Bernasconi die Notwendigkeit eines Sozialmanagements eigener Lesart: als eine Arbeitsweise der Sozialen Arbeit, die ihr durch das Postulat einer Sozialen Arbeit als Menschenrechtsprofession zu ihrer eigenen autonomen Gestalt verhelfen soll (Staub-Bernasconi 1995: 175–193; 2007b: 20–54). Mittlerweile liegen auch erste Versuche vor, diesen Ansatz für die Sozialwirtschaft auszubuchstabieren (Klassen 2005: 145–161). Organisation wird hier zwar zum Gegenstand genommen, jedoch nur unter Vorbehalt: Sie wird nicht als ein soziales System betrachtet, dem eine autonome Funktionslogik zu eigen ist (Autopoiesis), sondern als ein soziales System, das für eine intendierte Funktionslogik in Anspruch genommen werden könne (Allopoiesis).

In der Bilanz ist festzustellen, dass bis heute kein schlüssiges Modell des Sozialmanagements vorliegt (Wöhrle 2013b: 197 f.). Allenfalls herrscht Klarheit darüber, das Sozialmanagement vom Management in der Sozialwirtschaft abzugrenzen sei (Wöhrle 2012b; 2013b: 191–233; Wendt 2013: 11–34). Sozialmanagement bezieht sich als funktionaler Begriff auf die Gestaltung und Erhaltung von Organisationen Sozialer Arbeit unter Zuhilfenahme betriebswirtschaftlicher Instrumente. Ähnlich verhält es sich mit der Sozialwirtschaft, die allerdings über den Gegenstandsbereich Sozialer Arbeit hinausgeht. Beim Management in der Sozialwirtschaft liegen die Schwierigkeiten jedoch nicht nur in der Frage der theoretischen Verortung von Management, sondern darüber hinaus in der theoretischen Klärung des wissenschaftlichen Gegenstandes von Sozialwirtschaft.

1.2 Sozialwirtschaft und Theoriebildung

Was ist Sozialwirtschaft? Wir können diesen Diskurs hier nur kurz andeuten. Sozialwirtschaft ist ein irritierender Begriff, dem mit dem Beginn seiner Aktualisierung im Fachdiskurs entweder kaum präzisierendes Potenzial (Merchel 2006: 43 f.) oder aber aussichtsreiche Entwicklungsperspektiven (Wöhrle 2003: 104) attestiert werden. In der Tat stößt man bis heute auf begriffsdefinitorische Probleme.[6] Diese lassen sich begriffsgeschichtlich rekonstruieren und sind – vereinfacht zusammengefasst – aus unterschiedlichen wissenschaftstheoretischen Zugängen und Theorielinien sowie – in historisch vergleichender Perspektive – aus den national unterschiedlich entworfenen Konzepten politischer Ökonomie zu erklären (Wendt 2007: 19–100). Trotz der – hier nur angedeuteten – Gemengelage hat sich der Begriff im Fachdiskurs um Themenstellungen von NPO-Organisationen (NPO) und Drittem Sektor etabliert. Wir verwenden in unserem Modell den Begriff Sozialwirtschaft ebenfalls, da es mit ihm zumindest pragmatisch gelingt, den sozialwirtschaftlichen Unternehmensbegriff abzugrenzen (→ I. 3.3).

Wendt umreißt den Begriff Sozialwirtschaft als ein Konzept, das auf drei Tatbestände reagiert:

a) mangelnde Bedarfsdeckung mit kollektiven Gütern,
b) soziale Ungleichheit infolge ungleicher Chancen- und Güterverteilung und
c) philosophisch-ethisch unzureichend entwickelte private Wohltätigkeit in Deutschland (Wendt 2003: 13 f.; 2007: 19–100).

Sehr allgemein lässt sich nach Wendt Sozialwirtschaft als eine gesellschaftliche Reaktion auf das Markt-, Staats- und Philanthropieversagen kennzeichnen (Wendt 2007: 28). Diese Definition verhält sich in etwa analog zu der allgemeinsten Definition von Sozialer Arbeit, die von Lothar Böhnisch formuliert wurde: Soziale Arbeit ist eine „gesellschaftliche Reaktion auf die Bewältigungstatsache" (Böhnisch 2008: 27). Mit Sozialwirtschaft wäre demnach eher der makrogesellschaftliche und mit Sozialer Arbeit der mikrogesellschaftliche Kontext gemeint. Für beiden trifft jedoch zu, dass das, was

---

6 Vgl. hierzu auch die in der Tradition der Nationalökonomie (heute Volkswirtschaftslehre) stehenden Begriffe Sozialökonomie und Sozialökonomik. Sozialökonomie fasst Sozialwirtschaft als eine universitäre wissenschaftliche Disziplin auf, die die Sozial-, Rechts- und Wirtschaftswissenschaften auf einen interdisziplinären Kurs bringen will. Mit Sozialökonomik bezeichnet Max Weber seine Analysen zu den Wechselwirkungen von Gesellschaft und Wirtschaft, der „rationalen Konstruktion des Wirtschaftsmenschen" also (Weber 2004, c1921: 1959, 2011, 2591, 4935).

hier als „gesellschaftliche Reaktion" bezeichnet wird, keine in Gesellschaft symbolisch generalisiertes Kommunikation mit eigenen Kriterien des Tätigwerdens und der hierfür selbst entwickelten Programmanwendungen darstellt. Mit anderen Worten: Sozialwirtschaft und Soziale Arbeit sind keine autonomen gesellschaftlichen Funktionssysteme, wie z. B. das Politik-, das Rechts- oder das Wirtschaftssystem. Mit dem Wirtschaftssystem – hier als autonomes gesellschaftliches Funktionssystem verstanden – ist die Marktwirtschaft angesprochen. Die Systemautonomie ist Voraussetzung für die Reproduktion der eigenen Einheit. Dieser autopoietische Prozess ist wiederum nur möglich, wenn die Operation eines Systems der Möglichkeit von Beobachtung durch andere ausgesetzt ist. Die Produktion der Möglichkeit der Beobachtung der Beobachtung ist also entscheidend für die kontinuierliche Selbstreproduktion eines sozialen Systems. Im Wirtschaftssystem wird dies durch die Leitdifferenz Markt/Subsistenz erzeugt. Der Markt ermöglicht die Beobachtung der Beobachtung vor allem durch Preise, Angebot, Nachfrage, Qualität usw. (Luhmann 1994: 97 f.). In der Subsistenzwirtschaft ist dies nicht nennenswert gegeben. Bezogen auf Sozialwirtschaft und Soziale Arbeit tritt dies allenfalls nur künstlich auf, nämlich durch die Leistungsträger erzeugt und dergestalt auch nur in zeitlich und räumlich begrenzten Umfängen (Quasi-Märkte). Damit ist eine Form gegeben, die mit einem freien Markt nichts zu tun hat. Nicht-Markt zu sein, ist sozusagen die Funktion von Sozialer Arbeit und Sozialwirtschaft. Bei beiden handelt es sich folglich um Organisationssysteme, die keinem primären gesellschaftlichen Funktionssystem zugeordnet werden können. Stattdessen operieren sie in einer Vielzahl struktureller Kopplungsbeziehungen (Lambers 2014: 130; Bommes/Scherr 2012, c2000: 142–151) und Mehrsystemzugehörigkeiten (Simsa 2001: 312; Lambers 2014: 216). Organisationen der Sozialwirtschaft folgen in der Regel nicht einer primären, sondern einer mehrfachen Funktionsorientierung. Das Entscheidende hierbei ist nun, dass sie als gekoppelte soziale Systeme oder auch mehrfachzugehörige soziale Systeme nicht entscheidend in den Code der primären Funktionssysteme (hier vor allem Politik, Wirtschaft und Recht) eingreifen können, mit denen sie Kopplungsbeziehungen bzw. Systemzugehörigkeiten unterhalten (Luhmann 1998: 92–120; 595–608; 776–788; 2006, c2000: 397–400). Wir werden auf diesen Sachverhalt später erneut zurückkommen (→ II. 1.1.1). Zurück zu den Versuchen einer begrifflichen Definition von Sozialwirtschaft.

Das Deutsche Institut für Wirtschaftsforschung (DIW) hält eine einfache Definition parat. Demnach ist Sozialwirtschaft die „Gesamtheit der Unternehmen und Institutionen in gemeinnütziger Trägerschaft" (DIW 2013: 5). International besteht noch keine Einigkeit darin, welche Aufgabenfelder zur Sozialwirtschaft gehören und welche nicht (ebd: 3–13). Die Definition des DIW ist zwar handlich, aber nicht ganz zutreffend, wenn sozialwirtschaftliche Unternehmungen im internationalen Vergleich gesehen werden. „Demnach gibt es eine marktorientierte Sozialwirtschaft und eine nicht am Markt orientierte Sozialwirtschaft" (Wendt 2007: 54). Der gemeinsame Nenner scheint hingegen in einem Merkmal zu liegen: dem Verzicht auf solche Profiterzielung, die der Gewinnausschüttung an den oder die Kapitaleigner dient (Wendt 2013: 20).[7]

Der Begriff des Managements in der Sozialwirtschaft kann demnach den Gesundheits-, Pflege-, Bildungs- und Kulturbereich mit einbeziehen, solange sich zugehörige Unternehmen nicht infolge von Absichten der Gewinnerzielung und -ausschüttung dem Wirtschaftssystem zurechnen lassen. Damit ist die gesamte Landschaft des Trägerspektrums im Blick (freie und private) und die im Sozialmanagement gegebene, enge Verbindung zu gemeinnützigen Trägern eher gelockert. Ebenfalls gelockert ist die enge Bindung an die Profession Soziale Arbeit (und damit auch ihrer Theoriebildung), da das Spektrum der beteiligten Professionen weit übertroffen wird. Ähnlich wie im Sozialmanagement ist der Ansatz einer Theorie des Managements in der Sozialwirtschaft nicht in Sicht (Wendt 2013: 11–34). Die Theoriebildung der Sozialwirtschaft ist über die paradigmatische Frage noch nicht hinaus gelangt, welches gesellschafts- und wirtschaftstheoretische Modell für sie gelten kann (Brinkmann 2010: 13).

Zusammenfassend lässt sich feststellen, dass die Theorieleitung von Management in der Sozialen Arbeit und der Sozialwirtschaft noch eine gewisse „Grauzone" (Wöhrle 2012a: 77) aufweist. Angesichts der kurz skizzierten Ausgangslage ist es nicht verwunderlich, dass sich eine theoretische und konzeptionelle Entwicklung dessen, was mit Sozialmanagement und Management in der Sozialwirtschaft bezeichnet wird, nicht allein aus einer eigenen Theoriebildung konstituiert, sondern auch aus einem pragmatischen Blick menschensorgender Dienstleistungsunternehmen auf verschiedene Teildisziplinen der Soziologie und Ökonomie (Organisationstheorie und Betriebswirtschaft).

---

7 Sozialwirtschaft ist mithin der Non-Profit-Sektor oder besser: der Dritte Sektor, neben Markt und Staat. Die Abgrenzung Dritter Sektor und Staat ist jedoch immer weniger trennscharf, wenn wir an öffentliche Betriebe gewerblicher Art (BgA) oder öffentliche Unternehmen (AG oder GmbH) denken, die keine primäre Gewinnerzielungsabsicht verfolgen (dürfen). Weiterhin ist festzustellen, dass die klassische Abgrenzung von Markt, Staat und Drittem Sektor infolge gegenseitiger Durchdringung zunehmend schwer fällt (Brinkmann 2010: 89–116).

Kapitel 2
Organisation im Blickwinkel systemischen Managements

Die Organisationswissenschaft erfreut sich eines geradezu überbordenden Angebotes an sozialwissenschaftlich fundierten Theorien der Organisation und dies mit der Tendenz „einer explodierenden Paradigmenvielfalt" (Ortmann u. a. 2000: 21). So lässt sich eine Fülle (sozial)wissenschaftlich sich voneinander abgrenzender Theorieproduktion zusammentragen: institutionenökonomische, evolutionstheoretische, politisch-ökonomische, handlungs-, system- und strukturationstheoretische, symbolische sowie kognitive Ansätze. Diese lassen sich um ihre betriebswirtschaftlichen, psychologischen und industriesoziologischen Nachbarschaftsbeziehungen ergänzen. Sie hier alle vorzustellen ist nicht nur unmöglich, sondern auch unnötig. Um das nachfolgend vorgestellte Managementmodell in seiner Genese zu verstehen, reicht ein kurzer Einblick in die Entwicklung systemtheoretisch-konstruktivistische Theoriebildung im Kontext von Gesellschaft, Organisation und Management. Dabei wird die eingangs (→ I.) geforderte gesellschafts- und organisationstheoretische Einbettung kurz umrissen.

2.1 Management und System

In der Managementtheorie hat systemisches Denken im Kontext der in dieser Disziplin zu bearbeitenden Steuerungs- und Entscheidungsaufgaben seit Ende der 1960er Jahre Eingang gefunden. Der Begriff ‚systemisch' bezeichnet jedoch keine einheitliche Vorstellung und Ausgestaltung des Systembegriffes. Die unterschiedlichen systemtheoretischen Denkrichtungen sowie erkenntnistheoretischen Wurzeln hier zu rekonstruieren, würde den Rahmen sprengen. Daher nur einige kurze Abgrenzungen. Unter dem Begriff ‚systemisch' versammeln sich Ansätze, die überwiegend den Konstruktivismus als erkenntnistheoretischen Bezugsrahmen zuzuordnen sind. Konstruktivismus bezeichnet hingegen kein einheitliches Paradigma. So lässt sich unterscheiden zwischen dem Sozialkonstruktivismus (Peter Ludwig Berger/ Thomas Luckmann), dem kognitionstheoretischen (erkenntnistheoretischen) bzw. radikalen Konstruktivismus (Ernst von Glasersfeld, Heinz von Foerster) und dem operativen Konstruktivismus (Niklas Luhmann). Aus den konstruktivistischen Denkrichtungen schließlich verzweigt sich eine Vielzahl von Theorierichtungen, wie vor allem die sozial-konstruktivistische, die systemtheoretisch-kybernetische und die systemtheoretisch-konstruktivistische. Hinzu kommt, dass aus einer erkenntnistheoretischen Position, die den Konstruktivismus strikt ablehnt, eine eigene Systemtheorie entwickelt wurde. Zu nennen sind hier vor allem Mario Bunge (1979, 1984, c1980) und für den deutschsprachigen Raum Martin Mahner (Bunge/Mahner 2004). Sie sind Vertreter eines modernen Materialismus. Werner Obrecht und Staub-Bernasconi greifen in ihren wissenschaftstheoretischen Überlegungen vor allem auf die „systemische Ontologie" des argentinischen Physikers und Wissenschaftstheoretikers Bunge zurück (Staub-Bernasconi 1995; 2007: 168ff.; Obrecht 2000).

Die hier für die Unterscheidung der unterschiedlichen systemtheoretischen Denkrichtungen gewählten Differenzbezeichnungen werden nicht einheitlich verwendet, eine Typisierung ist damit zusätzlich erschwert. Gleichwohl gibt es so etwas wie einen gemeinsamen Nenner: Alle Systemtheorien vereint die Erkenntnis, dass der Mensch nicht isoliert, sondern immer in Austausch- und Wechselbeziehungen mit seiner Umwelt existiert. Dieses Beziehungsverhältnis von Mensch und Umwelt wird allgemein als System bezeichnen. Über weitere einschränkende Merkmale (Was- und Wie-Fragen) besteht hingegen kein Einverständnis (Lambers 2014: 16). Für die Organisations- und Managementtheorie können wir aber hier festhalten, dass mit systemischem Management vor allem der Versuch verbunden ist, das alte, an Ziel-, Zweck- und Mittelrelationen gebundene Modell einer kausalen, in- und outputorientierten Betriebswirtschaftslehre[8] durch eine multiperspektivische Sicht auf das Unternehmen und seine Umwelt abzulösen. Diese Perspektive dominiert bis heute den theoretischen Diskurs.[9] Die zentralen Fragestellungen der Gestaltung, Entwicklung und Steuerung von Unternehmen werden im Kontext von Organisation und Umwelt betrachtet.

2.2 Management und Organisation

Organisationstheoretisch wird der Begriff Organisation (griech. *organon* = Werkzeug) unterschiedlich interpretiert. Es werden drei Perspektiven un-

---

8 Dieses lineare Modell ist auf Erich Gutenberg zurückzuführen. Gutenberg gilt als der Begründer der modernen Betriebswirtschaftslehre in Deutschland (Gutenberg 1929).
9 Zu den systemtheoretischen Perspektiven vgl. zusammenfassend Bardmann/Lamprecht (2003).

terschieden: die instrumentale, die institutionale und die funktionale (Gomez 2009: 430f.). Bei der instrumentalen Perspektive handelt es sich um eine Sicht auf Organisation als ein Instrument von Führung: „Das Unternehmen hat eine Organisation" (ebd.). Organisation ist die Gesamtheit formaler Regelungen, die einem Unternehmer als ein Instrument dienen soll, um die von ihm angestrebten Ziele effektiv und effizient zu erreichen. In der Theoriebildung geht dieser Ansatz auf das *Scientific Management* von Frederick Winslow Taylor (1996, c1911) zurück. Bei der institutionalen Perspektive handelt es sich um eine verhaltenswissenschaftliche Sicht auf Organisation: „Das Unternehmen ist eine Organisation" (Gomez 2009: 430f.). Organisation wird als ein Denk- und Handlungssystem verstanden, das im Unterschied zum Menschen kein individuelles, sondern ein kollektives, sinnstiftendes Handlungssystem ist. Theorievertreter sind hier vor allem Karl Edward Weick (1985) und William Richard Scott (1986). Die funktionale Perspektive schließlich interpretiert Organisation als Form gesellschaftlicher Komplexitätsbewältigung: „Das Unternehmen wird organisiert" (ebd.). In der Theoriebildung geht dieser Ansatz auf systemtheoretische und kybernetische Erkenntnisse zurück. Während die instrumentale und die institutionale Sicht auf Organisation eher einer handlungstheoretischen Fragestellung folgen, liegt der funktionalen Sicht ein systemtheoretisches Paradigma zugrunde. Hier wiederum geht es in zwei Richtungen: die systemtheoretisch-kybernetische und die systemtheoretisch-konstruktivistische. Der sogenannte systemtheoretisch-kybernetische Ansatz stellt die Suche nach Ordnungsmustern und Regelkreisen eines Systems in das Zentrum seiner Überlegungen. Theorievertreter dieser Richtung sind vor allem Hans Ulrich (1968), Stafford Beer (1973, 1985) und Gilbert Jean Bernard Probst (1987). Systemsteuerung und Systembeherrschung stehen bei diesem Ansatz im Vordergrund.

Der systemtheoretisch-konstruktivistische Ansatz hingegen stellt die Austauschbeziehungen des Systems in das Zentrum seiner Beobachtung. Es untersucht sie als Kommunikation, denn: nicht Personen kommunizieren, vielmehr kommuniziert Kommunikation. Vertreter in der Theorie ist hier vor allem Niklas Luhmann (1987). Systemsteuerung und Systembeherrschung können bei diesem Ansatz nicht im Vordergrund stehen, da Kommunikation sich sozusagen selber steuert. Folglich stehen das Aufzeigen von Kontingenz (Erwartungsunsicherheit), Selbstreferenz und Selbststeuerung komplexer sozialer Systeme und der Umgang hiermit im Vordergrund.

In der systemorientierten Organisationswissenschaft unterscheiden wir demnach mindestens zwei Ansätze. Teilweise nimmt der erste auf den zweiten Bezug, wenn es um die Beschreibung autonomer Systeme und ihrer Fähigkeit der Selbstorganisation geht. Allerdings wird der kybernetische Anspruch auf Steuerung, Regelung und die Strukturanalogie zu organischen Systemen nicht aufgegeben. Anders die systemtheoretisch-konstruktivistische Sichtweise: Hier handelt nicht der Mensch, sondern das System; anders gesagt: Handlung ist Kommunikation. Nicht der Mensch steuert das System, das System steuert sich selbst. Unser Management-Modell verbindet beide Theorieansätze. Bevor wird das Modell nun vorstellen, wollen wir die beiden Ansätze kurz umreißen, damit ihre Nähe zueinander, aber auch ihre Differenz, deutlich wird.

2.3 Systemtheoretisch-kybernetischer Ansatz

Wie schon weiter oben festgestellt, geht der systemtheoretisch-kybernetische, auch sozialkonstruktivistisch oder kybernetisch-systemisch genannte Ansatz, auf Hans Ulrich (1968) zurück. Er gilt als Vater des Systemdenkens in der Betriebswirtschaftslehre. Ulrich versuchte, konstruktivistische und kybernetische Erkenntnisse zu verknüpfen. Er brachte zusammen mit Walter Krieg und Gilbert J. B. Probst den Systemgedanken in die Betriebswirtschaftslehre (Ulrich/Krieg 1974, c1972; Ulrich/Probst 1995, c1988). Mit seinem 1968 erschienenen Hauptwerk „Die Unternehmung als produktives soziales System" stellte Ulrich ein Managementmodell vor, mit dem er die in der Zeit noch eher individualistisch und mechanistisch orientierte, klassische Betriebswirtschaftslehre in Frage stellte. Ulrich entwickelte eine „systemtheoretische Perspektive der Unternehmensorganisation" (Ulrich 2001: 363) unter Bezugnahme auf Arbeiten zur Kybernetik von Stafford Beer, William Ross Ashby, Norbert Wiener, Heinz von Foerster und Frederic Vester, weiterhin auf Arbeiten zum radikalen Konstruktivismus und zur Kommunikationstheorie von Ernst von Glasersfeld und Paul Watzlawick, die *General System Theory* von Ludwig von Bertalanffy, die Allgemeine Systemtheorie von Anatol Rapoport, die Theorie sozialer Systeme von Niklas Luhmann, die Systemanalyse von Peter Bernard Checkland und die evolutionäre Erkenntnistheorie von Rupert Riedl (Ulrich 2001: 44). Systemtheorie, Kybernetik und Managementlehre sollten unter einem Dach vereint werden. Die Vorstellung von sich wechselseitig beeinflussenden Beziehungen zwischen dem Ganzen und den Teilen, die sowohl das Ganze als auch seine Teile verändern können (Zirkularität), forderte die klassische Betriebswirtschaft zur Abkehr vom linearen Kausaldenken auf (Ulrich 2001: 272). Das kam für die Betriebswirtschaftslehre einem Paradigmenwechsel gleich, der von Ulrich seinerzeit auch deutlich eingefordert wurde (Ulrich 2001: 125).

Management war für Hans Ulrich „Gestalten, Lenken und Entwickeln gesellschaftlicher Institutionen" (Ulrich 2001: 66), die er als „zweckorientierte soziale Systeme" bezeichnete (Ulrich 2001: 111). Unternehmen werden in Ulrichs Konzept immer in den drei Dimensionen Umwelt, Unternehmenskonzept und Führungskonzept gedacht. Die permanente Auseinandersetzung mit den Einflussfaktoren der Unternehmensumwelt, den daraus zu ziehenden Schlussfolgerungen für die Unternehmensplanung und Konsequenzen für die Unternehmensführung führte dazu, Management und Unternehmen nicht als statische, sondern permanent zu entwickelnde Sachverhalte zu betrachten (Ulrich 2001: 429–436). Der Leitgedanke „Gestalten, Lenken, Entwickeln" setzte sich in der gesamten Geschichte der Weiterentwicklung des Ulrich'schen Konzeptes bis heute durch (Bleicher 2011; Rüegg-Stürm 2003a, c2001: 6; 2009: 70). Hans Ulrich nahm zusammen mit Fredy Sidler auch den öffentlichen Sektor in den Blick (Ulrich/Sidler 1977). Diese organisationstheoretisch offen gehaltene Diktion deutete schon an, dass das St. Galler Modell nicht nur für Organisationen mit primär ökonomischer Zwecksetzung von Interesse sein kann.

Ulrichs Lehrstuhlnachfolger an der Universität St. Gallen (Schweiz) war Knut Bleicher. Er entwickelte das St. Galler Modell weiter zu einem Konzept eines integrierten Managements (2011, c1991). Zahlreiche Arbeiten vertiefen Einzelaspekte des Modells und können hier nicht vollständig behandelt werden. So legte z. B. Fredmund Malik Arbeiten vor, die an Fragen der Systemkontrolle und -lenkung, der Beherrschung von Komplexität, interessiert sind (Malik 2008, c1984). Malik steht mit diesem Anspruch sicher weit über dem, was konstruktivistische Theoriebildung und Kybernetik 2. Ordnung selbst für realistisch hält. Konkretes Handwerkzeug zu solchen Ansprüchen haben neben Malik insbesondere Günter Müller-Stewens und Christoph Lechner vorgelegt, hier insbesondere ihre Arbeiten zur Entwicklung des strategischen Managements wie der „General Management Navigator" (2001) und das Strategielaboratorium „StrategyLab" (www.strategy-lab.ch).

Eine zweite Weiterentwicklung des St. Galler Modells legte Johannes Rüegg-Stürm (2009, 2003, c2001) vor. Das von Ulrich stammende und von Bleicher fortgesetzte Modell, wird bei Rüegg-Stürm nun deutlicher in den Wechselbeziehungen von Unternehmen und Unternehmensumwelt gesehen. Damit rückt das von der modernen Systemtheorie vertretene Paradigma der System/Umwelt-Differenz (Luhmann) in den Vordergrund einer theoretisch begründeten Management- und Unternehmensentwicklung. Unternehmen wird als ein „komplexes soziales System" (Rüegg-Stürm 2003a, c2001: 7) gesehen. Das eröffnet eine gewisse Anschlussfähigkeit an die soziologische Theorie sozialer Systeme Luhmanns. Dazu später mehr (→ I. 3.5).

Die von Rüegg-Stürm vorgestellte Weiterentwicklung des St. Galler Modells unterscheidet zentrale Ordnungskategorien eines Unternehmens (Abb. 1):

1. Umweltsphären,
2. Anspruchsgruppen, Interesseneigner (Stakeholder),
3. Interaktionsthemen,
4. Ordnungsmomente,
5. Prozessen,
6. Entwicklungsmodi.

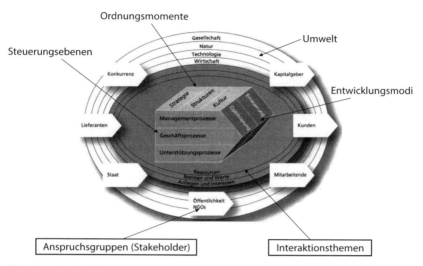

Abb. 1: St. Galler Management-Modell (Rüegg-Stürm 2003a: 22; 2009: 70, ergänzt mit eigenen Hinweisen)

Aus organisationstheoretischer Sicht sind mit diesen sechs Kategorien die verschiedenen Organisationskontexte aufgezeigt, in denen ein Unternehmen auf unterschiedliche Art und Weise als ein komplexes soziales System eingelagert ist. Damit ist grundsätzlich eine Anschlussfähigkeit an den operativen Konstruktivismus (Luhmann) gegeben.

Zusammengefasst geraten in der Weiterentwicklung des St. Galler Modells folgende Punkte in die Selbstreflexion der Unternehmensentwicklung:

1. Die Stakeholder und damit einhergehenden Interaktionsthemen, auch die ethisch-normativen Dimensionen, werden stärker betont. Die Ordnungsmomente werden in Unternehmensstrategie, -struktur und -kultur unterschieden und als Strukturelemente eines Unternehmens in ihren Wechselbeziehungen zu den Managementprozessen reflektiert.
2. Die Steuerungsebenen werden deutlicher getrennt. Manageriale Handlungen werden als Ergebnisse sozialer Konstruktions- und

Interpretationsleistungen gesehen und auf der normativen, strategischen und operativen Managementebene als Managementprozesse verortet.

3. Die Geschäftsprozesse eines Unternehmens werden als markt- bzw. anfrage- und bedarfsbezogenen Kernaktivitäten reflektiert.

4. Die zur Durchführung der Geschäftsprozesse benötigten Unterstützungsprozesse wie interne Dienstleistung und Bereitstellung von Infrastruktur werden reflektiert.

5. Der Prozesscharakter der Unternehmung hinsichtlich seines Organisationslernens und der darin möglichen Entwicklungsmodi – Optimierung oder Innovation – wird reflektiert.

Das von Hans Ulrich entwickelte St. Galler Management-Modell ist mit seinen Weiterentwicklungen ein in der Betriebswirtschaft relativ breit akzeptiertes Ordnungsmodell für die Management- und Unternehmensentwicklung von Profit-Unternehmen. Bislang liegen nur wenige Adaptionen des Ulrich'schen Modells für nichterwerbswirtschaftliche Unternehmen vor. Ulrich selber hatte Nicht-Profit-Unternehmen nicht weiter in den Blick genommen. Zusammen mit Walter Krieg hatte er lediglich den öffentlichen Sektor in den Blick genommen (Ulrich/Krieg 1974, c1972) und mit Fredy Siedler ein Modell für die öffentliche Verwaltung vorgelegt (Ulrich/Sidler 1977). Eine direkte Übernahme des Modells für Krankenhäuser wird z. B. von Ludwig Theuvsen (2003a) sowie für Schulen und Schulentwicklung von Rolf Dubs, Hans Seitz und Roman Capaul vorgeschlagen (Schneider/Minnig 2011: 187). Für den Non-Profit Sektor wurde das auf das St. Galler Modell aufsetzende Freiburger Management-Modell für NPO (Schwarz 2001; Schwarz/Bumbacher 2005) vorglegt. Es ist das am weitesten entwickelte Modell für Nonprofit-Organisationen. Das Modell verfolgt das Ziel, das St. Galler Modell auf die Spezifika von NPO anzupassen und operativ auszulegen. Der Vorteil des Modells liegt in seiner spezifischen Modellkonstruktion für NPO. Nachteile wiederum werden darin gesehen, dass auf der Grundlage des sehr detaillierten Modellkonstrukts ein operativer Kanon des Managens gewonnen und empfohlen wird. Dabei entsteht der Eindruck einer technologiehaften Machbarkeit von Managen. Dies läuft Gefahr, die Erwartungen angesichts des Komplexitätsgrades des zu behandelnden Gegenstandes zu hoch zu schrauben. Weiterhin wird bemängelt, dass der spezifische Dienstleistungscharakter von NPO und seine zunehmende Vernetzungsbedürftigkeit zu wenig gesehen werden (Schneider/Minnig 2011: 189 ff.).

2.4 Systemtheoretisch-konstruktivistischer Ansatz

Das St. Galler Management-Modell von Hans Ulrich stellt sicher eine bedeutsame Säule systemorientierten Managemens dar. Er ist aber nicht der Einzige. Auf der anderen Seite systemtheoretisch basierter Managementlehren finden wir einen Ansatz vor, der sich stärker auf die soziologische Theorie sozialer Systeme von Niklas Luhmann sowie seine organisationstheoretischen Arbeiten bezieht (Luhmann 1987, c1984; 1964). Luhmann hat in seinem aufwändigen Opus mittels evolutions-, differenz- und kommunikationstheoretischer Analysen eine Theorie der Gesellschaft und ihrer Organisationen entworfen, die für die wissenschaftliche Reflexion des Managements von Unternehmen in Anspruch genommen wird. Ausgangspunkt Luhmann'scher Gesellschaftstheorie ist die funktional differenzierte moderne Gesellschaft. Gesellschaft lässt sich demnach nur noch als polykonexturale, hyperkomplexe und heterarchische Form sozialer Ordnungsbildung beschreiben. Was dies im Einzelnen bedeutet, werden wir in Kapitel 1.1.1 näher beleuchten. Luhmann'sche Theoriebildung wird im Kontext von Organisationsentwicklung und Managementtheorie vor allem von Dirk Baecker (2003, 2003b), Günther Ortmann (2000, 2009), Helmut Willke (2011, c2004) und Rudolf Wimmer (2009, 2012), vertreten. Das Modell wollen wir hier als systemtheoretisch-konstruktivistisches Modell bezeichnen.[10] Systemisches Management bezieht sich auf eine bestimmte Organisationstheorie, die wir als nächstes kurz in den Blick nehmen.

Unternehmen sind aus soziologisch-systemtheoretischer Perspektive Organisationssysteme. Fragen der Unternehmensgestaltung, -entwicklung und -steuerung sind Fragen der Unternehmensführung (Management). Unternehmen können aus Sicht der soziologischen Systemtheorie jedoch nicht verstanden werden, wenn man sie als eine von der Unternehmensführung zu bedienende Maschine mit einfachen Input- und Outputrelationen beschreibt (Luhmann 2011, c2000: 260; Baecker 2003: 241 ff.). Organisationen sind für sich selbst ebenso undurchschaubar, wie sie dies für Außenste-

---

10 Wir müssen uns darüber bewusst sein, dass der Begriff „konstruktivistisch" die Differenz zwischen beiden Modellen nicht völlig trennscharf ermöglicht. Kybernetik (2. Ordnung) ist von Konstruktivismus sowenig zu trennen wie Systemtheorie von Konstruktivismus und Kybernetik. Wir entscheiden uns dennoch für dieses Begriffspaar, da es am besten ausdrückt, dass beide Ansätze systemtheoretisch orientiert sind, während das Interesse an Steuerungslehre (Kybernetik) im ersten Ansatz stärker vertreten ist, so wie operativ-konstruktivistische Interessen den zweiten Ansatz stärker antreiben. Ein alternatives Begriffspaar wäre „sozialkonstruktivistisch und systemtheoretisch" (Meissner u. a. 2009: 24–31, Rüegg-Stürm 2003b: 77–90). Das Problem der Trennschärfe wird damit aber auch nicht gelöst und das gemeinsam Verbindende tritt eher in den Hintergrund.

hende sind. Aufgrund der eigenen „Intransparenz müssen alle Vorstellungen revidiert werden, die davon ausgehen, dass sich Organisationen und ihre Mitglieder durch eine Spitze problemlos planen, organisieren, kontrollieren und führen, kurz: kausal beeinflussen lassen. Ein systemisches Managementverständnis trägt diesem Umstand Rechnung, indem es dem Management die Funktion des Störers zuspricht, dessen Aufgabe im produktiven Stören von eingespielten Sichtweisen besteht" (Bardmann/Lamprecht 2003). Eine Organisation lässt sich also nicht als eine Systemeinheit verstehen, die von einer Spitze aus gelenkt wird. Vielmehr wird aus der Sicht der soziologischen Theorie sozialer Systeme Organisation als eine Form sozialer Systembildung aufgefasst.

Soziale Systeme sind autopoietische Systeme, was bedeutet, dass es selbstreproduzierende Systeme sind. Selbstreproduzierend heißt, dass die Elemente, aus denen soziale Systeme bestehen, von ihnen selber wieder hergestellt werden. Die Elemente sozialer Systeme sind Kommunikationen. Damit entsteht eine Systemgrenze, die das System und die Umwelt des Systems voneinander trennt. Jede Organisation verhält sich in Abgrenzung zur Umwelt als operativ geschlossenes System, das jedoch hinsichtlich seiner Gestaltungsmöglichkeiten auf Umwelt angewiesen ist. Die selektiven Leistungen für seine Selbstorganisation nimmt das System jedoch selber wahr. Damit sind soziale Systeme autonome Kommunikationssysteme. Soziale Systeme sind also nicht autark, da sie auf Umwelt angewiesen sind. Sie sind durch operative Geschlossenheit und kognitive Offenheit gekennzeichnet. Mit der Bildung von Organisationen hat die Gesellschaft eine Form zur Durchsetzung der Generalisierung von Verhaltenserwartungen gefunden.

Organisationen liegen hinsichtlich des Komplexitätsgrades zwischen den beiden anderen Formen sozialer Systeme; den Interaktionssystemen (geringere Komplexität) und den gesellschaftlichen Funktionssystemen wie z.B. Politik, Wirtschaft, Recht, Erziehung und Bildung (höchste Komplexität). Gesellschaftliche Funktionssysteme sind auf Organisationen angewiesen. Sie übernehmen für sie die Aufgabe der Komplexitätsreduktion (z.B. Medienorganisationen – wie z.B. Zeitungshäuser und Rundfunkanstalten – bearbeiten die Komplexität der Informationen im Mediensystem, Rechtsorganisationen – wie z.B. Gerichte und Anwaltspraxen – bearbeiten die Komplexität der Informationen im Rechtssystem). Organisation ist die Form, mit der die gesellschaftlichen Funktionssysteme (Politik, Recht, Wirtschaft, usw.) ihre Funktion erfüllen bzw. Leistungen erbringen.

Organisationen grenzen sich durch Mitgliedschaft von ihrer Umwelt ab und sind hierarchisch geordnet. Entscheidung ist das spezifische Mittel von Organisationen, sich zu organisieren. Damit stellt sich das Problem von Organisation als doppeltes Problem: a) von Entscheidungen und b) der Kommunikation von Entscheidungen. Jede Entscheidung erhöht die Risikofolgen. Prognosen lassen sich zurücknehmen, Entscheidungen nicht bzw. haben sie im Fall von Entscheidungskorrekturen weitere Entscheidungen und damit Erhöhung von Risiken zur Folge. Das trifft besonders für jene Organisationen zu, deren Entscheidungshandeln weniger konditional- als zweckprogrammiert vonstattengehen muss. Bei Konditionalprogrammen liegen die Auslösebedingungen des Handelns in der Vergangenheit und die möglichen Entscheidungen sind an das Vorliegen bestimmter Bedingungen gebunden. Im Gegensatz zu diesen kausal-linearen Entscheidungsroutinen gibt es Entscheidungsfälle, in denen die Auslösebedingungen des Handelns in der Zukunft liegen. Organisationen bewegen sich in diesen Fällen in sogenannten Zweckprogrammen. Eine konditionale Zuordnung von Fall und Entscheidung ist hier nicht möglich, da auf einen zukünftigen Zweck bezogen dafür geeignete Mittel gefunden werden müssen, die den Zweck erreichen können. Entscheidungshandeln bewegt sich hier auf dem Level höchster Komplexität und Kontingenz. Sozialwirtschaftliche Unternehmen operieren überwiegend auf der Basis von wenig Unsicherheit absorbierenden Zweckprogrammen.[11]

- ◢ Bei Konditionalprogrammen liegen die Auslösebedingungen des Handelns in der Vergangenheit. Für relativ bekannte Bedingungen liegen relativ erprobte Routinen für Entscheidungen vor (etwa Medizin und Recht). Anders bei Zweckprogrammen: bei ihnen liegen die Auslösebedingungen des Handelns in der Zukunft. Das bedeutet: über die Routinen für die Erfüllung eines Zwecks muss noch entschieden werden, da hierüber kein endgültig gesichertes Wissen vorliegen kann (z.B. Soziale Arbeit, Bildung, Psychotherapie, Wirtschaft, Politik).
- ◢ Entscheidung ist das spezifische Mittel von Organisationen, sich zu organisieren. Damit stellt sich das Problem von Organisation als doppeltes Problem: a) von Entscheidungen und b) der Kommunikation von Entscheidungen.
- ◢ Das Problem des Entscheidungshandelns wird zum Problem der Kontextsteuerung, da direkte Steuerung von Organisationen

---

11 Gleichwohl können sie auf die Einbindung von Konditionalprogrammen nicht verzichten. Konditionalprogramme treten vorwiegend in der Form von Rechtsprogrammen auf. Mit ihrer zunehmenden Komplexität müssen sich sozialwirtschaftliche Unternehmen verstärkt auseinandersetzen (→ II. 3.3.6).

nicht möglich ist und damit nur die Beeinflussung ihrer Kontexte übrig bleibt.

Der systemtheoretisch-konstruktivistische Blick auf Organisation ist im Grunde ein eher konservativer Ansatz. Konservativ im Sinne von bewahrend, da alle manageriellen Eingriffe in die Struktur des Organisationssystems in der Tendenz gegen seine Selbststeuerungskräfte laufen. Behutsame Entwicklung des bestehenden ist damit eher geboten, als reformerischer Eifer (Luhmann 2011: 256–278). Daraus lässt sich schlussfolgern, dass die soziologische Systemtheorie für die strategische Planung eines Unternehmens und damit letztlich für die Handlungsorientierung seines Managements auf den ersten Blick kaum operative Anhaltspunkte im Sinne von Umsetzungsdirektiven bietet. Das Erklären der Logik sozialer Systeme als selbstreferenzielle, selbstorganisierende Einheiten und der in Kommunikationen gegebenen Selektionen und Kontingenzen machen den gesamten Gegenstand für Fragen der Organisation von Organisation relativ indifferent. Organisationen sind sich selbst gegenüber intransparent, da sie in jeder Beobachtung immer auch einen unbeobachtbaren Raum, einen blinden Fleck, produzieren. Dieser blinde Fleck kann nur durch Metakommunikation, den Einzug einer zweiten Beobachtungsebene, in den Blick geraten (Beobachtung 2. und 3. Ordnung). Daher wird die Frage nach den richtigen Managemententscheidungen oft zum Gegenstand von Unternehmensberatung (consulter) und Organisationsentwicklung. Das Entscheidungsproblem in Organisationsmanagement wird besonders als Versuch der Kontextsteuerung und des Wissensmanagements diskutiert.[12] Sein metakommunikatives Input kann als Irritationspotential dem Management zur Verfügung gestellt werden. Diese Irritationen sollen bei dem helfen, was der Unternehmer und Manager qua Funktion tun muss und der Unternehmensberater oder Organisationsentwickler qua Rolle nicht tun kann: entscheiden. Andererseits ist Management permanent auf Entscheidungen angewiesen und kann dies nicht einseitig vom Irritationspotential externer Beratungs- und Entwicklungsangebote abhängig machen. Daher benötigt Management ein eigenes Instrument der Management- und Unternehmensentwicklung. Dieses Instrument herzustellen wird mit dem vorliegenden Handlungsmodell beabsichtigt.

---

12 Auf Steuerungs- und Interventionsfragen bezogen vgl. besonders Willke (2001; 2011, c2004; 2005). Vgl. auch Baecker (2003).

Kapitel 3
Verknüpfung der beiden Ansätze

Die beiden vorgestellten systemtheoretischen Denkrichtungen haben jeweils ihre Vor- und Nachteile. Diese resultieren aus dem jeweils unterschiedlichen Blick auf soziale Systeme, genauer gesagt, auf ihre Entstehung. Für den systemtheoretisch-kybernetischen Ansatz sind alle Systeme, auch die sozialen, menschengemachte Ordnungsbildungen. Entsprechend traut man dem Subjekt bedingte Steuerungsmöglichkeiten zu. So fällt auf, dass in allen St. Galler Modellentwicklungen niemals der Anspruch aufgegeben wurde, wirtschaftliche Unternehmen als faktisch beherrschbare Systeme entwickeln zu können, und mit dieser Positionierung das Interesse zu verbinden, „die Lenkbarkeit von Systemen zu ermöglichen" (Malik 2008, c1984: 25) und „Lenkung" als unverzichtbaren Gegenstand von Management zu behandeln (Ulrich 2001: 27; Bleicher 2011: 73; Rüegg-Stürm 2009: 113). Das trifft auch auf daran anknüpfende Adaptionsversuche für Non-Profit-Organisationen (NPO) zu. Mit der paradoxen Formel einer Strategieentwicklung als „Coopetition"[13] geht man davon aus, NPO das „Überleben langfristig sichern" zu können (Sander/Bauer 2006: 11f.). Diese Sicht bringt Vor- und Nachteile.

Vorteil dieser Denkrichtung ist, dass das Subjekt gegenüber dem System eine gewisse Autonomie zuerkannt wird. Der Nachteil dabei ist, dass mit dieser Theorieleitung die Möglichkeiten des Subjektes schnell überschätzt werden. Völlig anders dagegen die systemtheoretisch-konstruktivistische Denkrichtung: Für sie sind alle Systeme, auch die sozialen, keine menschengemachten Ordnungsbildungen. Man geht vielmehr davon aus, dass sie gegeben sind. So, wie es Menschen gibt (mit jeweils selbstreproduzierendem organischen und psychischen System), gibt es soziale Systeme. Daher sind beide, Mensch und soziale Systeme, für sich jeweils Umwelt. In sozialen Systemen gibt es keine Subjekte, sie stehen sozusagen außerhalb von Gesellschaft bzw. ihrer Teilsysteme. Nachteil dieser Denkrichtung ist, dass das Subjekt, bezogen auf die Frage nach möglichen Steuerungspotenzialen, keine Bedeutung mehr hat. Nicht der Mensch, sondern Kommunikation kom-

---

13 Ein Neologismus geschaffen aus der Kombination von Cooperation und Competition.

muniziert. Vorteil bei dieser Denkrichtung ist, dass der Mensch vor Selbst-überschätzungen und Machbarkeitsphantasien geschützt ist.

Die hier grundlegende Frage, ob soziale Systeme gegebene oder vom Menschen geschaffene Phänomene sind, endet in eine erkenntnistheoretische Auseinandersetzung, die voraussichtlich kein Ende finden kann. Unentscheidbare erkenntnistheoretische Fragen zu klären, kann daher nicht Voraussetzung für die Entwicklung eines Anliegens sein, was an Handlungsorientierung interessiert ist. Management ist, wie jede Kommunikation, an Handeln und Erleben gebunden. Es steht allerdings in einem unmittelbaren, funktionalen Kontext von Entscheidungen in organisierten Sozialsystemen: Entscheidungshandeln also. Dieser in der Zeit-, Sach- und Sozialdimension pragmatisch zu nennende Kontext kann nicht an erkenntnistheoretischen Wahrheitsaussagen interessiert sein, sondern an alltagspraktischen Wirkungserfahrungen. Daher vertreten wir hier die Auffassung, dass beide Denkrichtungen in ein Ordnungsmodell für die Organisationsentwicklung von Management und Unternehmen zusammengeführt werden können. Dieses Modell bietet die Chance des wechselseitigen Abmilderns ihrer hier kurz angedeuteten Vor- und Nachteile. Die theorieleitenden Schnittmengen lassen dies durchaus zu, an manchen Stellen bedarf es jedoch einiger Nachjustierungen im Sinne konzeptioneller Einschränkungen und Erweiterungen. Diese sollen im Folgenden kurz vorgestellt werden.

3.1 Konzeptionelle Änderungen

Beiden Ansätzen gemein ist, dass Organisationen als nichttriviale Maschinen gesehen werden. Aufgrund ihrer Komplexität entziehen sie sich weitestgehend externen Lenkungsversuchen. In der betriebswirtschaftlichen Managementtheorie finden sich Bestrebungen, Erkenntnisse der soziologischen Systemtheorie mit Erkenntnissen der Kybernetik zu verbinden und damit der Vorstellung einer bedingten Steuerung von Organisationen mehr Raum zu geben. Die Analyse der Gestaltungs- und Steuerungsprobleme bezieht sich dabei nicht reduziert auf die Steuerungsversuche der Systemelemente (Personen, Aufbau, Ablauf, Wissen, Struktur, Kultur usw.) in der Unternehmung selbst, vielmehr erweitert auf die Analyse der Beziehungen der Unternehmung zu der sich ständig wandelnden Umwelt (Wirtschaft, Technologie, Politik, Interessengruppen usw.) und möglicher Einflussnahmen. Solche umweltbezogenen Sichtweisen von Management sind auch im Non-Profit Management nicht neu (Sander/Bauer 2006; Schwarz 2001; Schwarz/Bumbacher, 2005; Theuvsen 2001, 2003, 2003b, c).

Ebenso wie der systemtheoretisch-kybernetische Ansatz ist auch der systemtheoretisch-konstruktivistische Ansatz an der Entdeckung von Steuerungsoptionen interessiert, obwohl diese laut konstruktivistischer Sicht der Dinge unwahrscheinlich sind. Aber wie schon einer der bekanntesten Kybernetiker und Vertreter des radikalen Konstruktivismus, Heinz von Foerster, sagte: „Nur die Fragen, die im Prinzip unentscheidbar sind, können wir entscheiden" (von Foerster 1993b: 73). Solche im Grunde unentscheidbaren Fragen lauten auf die Unternehmenspraxis gewendet zunächst sehr einfach:

- Wie kann die Gesamtaufgabe einer Unternehmung in sinnvolle Teilaufgaben zerlegt und auf spezielle Aufgabenträger verteilt werden?
- Wie können die Teilaufgaben sinnvoll, effektiv und effizient zu einem Gesamtergebnis zusammengefügt und zusammengehalten werden?

Auf diese Ausgangsfragen werden unterschiedliche Antworten gefunden, die die einen eher in den Rückkoppelungsmechanismen von Unternehmen und Umwelt (kybernetische Perspektive) und die anderen eher in der Umwelt suchen (systemtheoretische Perspektive). Während im ersten Fall die Lösung eher in der unternehmensinternen Schaffung von Strukturen der Selbstorganisation gesehen wird[14], favorisiert man im zweiten Fall Versuche der Anregung von Selbststeuerung durch Beeinflussung der aus Sicht des Unternehmens systemexternen Bedingungen seiner Mitarbeiter (Kontextsteuerung).[15]

Dass dem systemtheoretisch-kybernetischem Ansatz nahestehende St. Galler Managementmodell nimmt teilweise Bezug auf Luhmanns Theorie sozialer Systeme (Rüegg-Stürm 2003 c2001: 15–17; 2009: 67). Das betrifft im Wesentlichen die Beschreibung von Systemkomplexität als Kommunikation unter selektiven und kontingenten Bedingungen. Luhmanns gesellschafts- und organisationstheoretische Erkenntnisse bleiben aber weitgehend unberücksichtigt. Mit dem vorliegenden systemtheoretisch reflektierten Managementmodell wollen wir eine Brücke zwischen den beiden Ansätzen bauen und sie konsequenter verschränken, als dies bislang der Fall ist. Der Anschluss an das St. Galler Modell bietet Vorteile in zweierlei Hinsicht: Zum ersten weist es Anschlussmöglichkeiten zur soziologischen Systemtheorie auf, zum zweiten ist es mit einigen Modifikationen auch für sozialwirtschaftliche Unternehmen geeignet. Das St. Galler Modell bietet den Vorteil eines konkreten Orientierungsrahmens für die Entwicklung von

---

14 Besonders Beer (1985) und Malik (2008, c1984; 2000, c1993).
15 An Luhmann'scher Theorie orientiert, vgl. besonders Willke zum Thema Wissensmanagement (2001: 247–357) und Organisationsentwicklung (2005: 141–215) sowie Baecker zum Thema Unternehmensmanagement (2003 und 2003b: 105–115).

Unternehmen und ihres Managements. Das Modell nimmt bewusst Abschied von einseitigen, nach innen gerichteten Optimierungsversuchen eines Unternehmens. Stattdessen lenkt es seine Aufmerksamkeit systematisch auf die Beobachtung von Umwelt und der Gestaltungsaspekte für das Unternehmen. Weiterhin wird für den Begriff „Unternehmen" der von Hans Ulrich weiter gefasste Begriff der „zweckorientierten soziotechnischen Organisation" (Rüegg-Stürm 2003a, c2001: 22) als metatheoretischer Reflexionspunkt eingeführt. Das St. Galler Managementmodell wird somit nicht nur für das Management von Körperschaften des privaten Rechtes als erwerbswirtschaftliche Unternehmen, sondern auch als sozialwirtschaftliche Unternehmen interessant.[16]

Der konstatierten Anwendbarkeit des St. Galler Modells auf sozialwirtschaftliche Unternehmen folgen wir mit einigen konzeptionellen Einschränkungen und Erweiterungen. Das betrifft insbesondere die gesellschaftstheoretische Fundierung. Unser theoretischer Einwand bezieht sich auf die unterkomplexe Konzeption von Umwelt. So wird die Unternehmensumwelt in dem St. Galler Modell relativ unspezifisch und wenig differenziert als „Umweltsphären" (Rüegg-Stürm 2003a, c2001: 21) konzipiert. Diese wird in Gesellschaft, Natur, Technologie und Wissenschaft unterschieden. Die theoretische Erklärung von Gesellschaft und ihren sozialen Ordnungsbildungen lässt sich jedoch in den vier genannten Dimensionen von Gesellschaft nicht hinreichend bestimmen. Die Suche nach einer Theorie, die die Bearbeitung gesellschaftlicher Probleme angemessen ermöglicht, führt uns zur Theorie sozialer Systeme, wie sie von Niklas Luhmann in Weiterführung der Theorie von Talcott Parsons (2012, c1951) vorgelegt wurde. Hingegen greift ein direkter Anschluss an Parsons Strukturfunktionalismus, wie er aktuell mit dem im sozialwirtschaftlichen Theoriediskurs hochgehaltenen „Social-Impact-Modell" (Fritze u. a. 2011; Uebelhart/Fritze 2012; Uebelhart/Zängl 2013) vorgelegt wird, unseres Erachtens zu kurz. Der Grund hierfür ist nicht, dass Parsons' Theoriemodell in der Soziologie heute kaum noch verfolgt wird (Kneer/Nassehi 1994: 36 f.). Entscheidend ist vielmehr, dass Parsons'sche Systemtheorie deutlich am Kausalfunktionalismus hängt. Das überfordert hingegen die Beschreibungsmöglichkeit moderner Gesellschaft und ihre Ausdifferenzierung in eine Vielzahl autonomer gesellschaftlicher Teilsysteme deutlich (Luhmann 1988: 127–139). Für sozialwirtschaftliche Unternehmen – insbesondere im Feld der Sozialen Arbeit, der Gesundheit und der Bildung – kommt hinzu, dass es kaum gesellschaftliche Funktionssysteme gibt, mit denen keine losen und strukturellen Kopplungen unterhalten werden (→ II. 1.1.1). Aus den genannten Gründen ist für das hier vorgestellte

---

16 Auch Körperschaften des öffentlichen Rechtes bezieht Ulrich mit ein (ebd.).

Managementmodell die Bezugnahme zu einem Theoriekonzept erforderlich, das den Funktionsbegriff dem Strukturbegriff vorordnet. Damit gelangt man zu der funktional-strukturellen Theorie sozialer Systeme, die den Parson'schen Strukturfunktionalismus zu überwinden sucht (Luhmann 1987). Luhmanns Konzept einer funktional differenzierten Gesellschaft (Luhmann 1998: 743–776) erlaubt eine entsprechende gesellschaftstheoretische Einbettung von Organisationssystemen in ihre unternehmensspezifische Umwelt ohne die gedankliche Zumutung direkter, linearer Kausalverhältnisse.

Unsere konzeptionelle Adaption des St. Galler Modell für sozialwirtschaftliche Unternehmen macht einen weiteren Einwand erforderlich. Er richtet sich gegen die spezifische Nomenklatur der Stakeholder von NPO. Unter Stakeholder versteht man die Personen und Gruppierungen, die bestimmte Interessen und Ansprüche mit einem Unternehmen verbinden und diese auch daran richten. Diese sind besonders in sozialwirtschaftlichen Unternehmen nicht ausschließlich monetärer Art. Wenngleich es durch die Bestrebungen der Ökonomisierung des Sozialen zu immer mehr Marktähnlichkeit kommt, müssen wir feststellen, dass NPO trotz ihrer zunehmenden Verschränkungen mit Staat und Markt immer noch einen eigenen, den sogenannten tertiären Sektor mit bedingen. Dabei handelt es sich allenfalls um einen Quasi-Markt. Darin wird das spezifische Verhältnis der Leistungserbringung zwischen Leistungsträgern, Leistungsanbietern und Leistungsnutzern nicht aufgelöst, vielmehr wird es in einen künstlichen Vermarktungszustand gebracht. Kernmerkmale dieses Vermarktungszustandes sind:

a) Ausweitung der freien und öffentlichen Träger um gewerbliche, erwerbswirtschaftliche Anbieter,
b) Aufweichung des Regionalprinzips,
c) Abkehr von der freien Vergabe und Übergang zu öffentlichen Ausschreibungsverfahren
d) Abkehr vom Kostendeckungsprinzip und Übergang zur Vergütung von Einzelleistungen und Fallspauschalen,
e) Steigende Konkurrenz um begrenzte Finanzmittel der öffentlichen und Sozialversicherungshaushalte (Bettig u. a. 2013: 78 f.).

So ist der mittlerweile im sozialwirtschaftlichen Diskurs eingenommenen Analyse nur teilweise zuzustimmen, dass die Grundtatbestände von Ökonomie auf Soziale Arbeit übertragbar seien. Der gemeinsame Nenner wird im „Umgang mit Knappheit" (Schellberg 2012: 23–42; Moos/Peters 2008: 13–17) gesehen (z. B. der Umgang mit knappen Gütern als Sache der Ökonomie und Umgang mit knappen individuellen Bewältigungsressourcen als Sache der Sozialen Arbeit/Sozialwirtschaft). Auf diese Weise wird Sozialer Arbeit der Charakter einer wirtschaftlichen Handlung attestiert. Wir schließen uns dieser Analyse nur eingeschränkt an (→ I. 3.3; II. 2.1.2 und 3.1.1). Generell ist zum Knappheitstheorem zu sagen, dass wir es hier mit einem Paradoxon zu tun haben. Bei der Beobachtung von Formen – hier der Ökonomie – geht es immer um die Bezeichnung einer Differenz, die klarstellt, welche Seite der Form man bezeichnet (Luhmann 1998: 60). Die Beobachtung der einen Seite der Form – Beseitigung von Knappheit – suggeriert, dass die damit verbundene Versorgung mit Gütern eine lösbare Frage von Verteilung ist. Übersehen wird auf dieser Beobachtungsseite, dass der Zugriff auf knappe Güter zum Zwecke der Minderung von Knappheit Knappheit vermehrt. „Reichlichere Versorgung des einen ist größere Not des anderen; und nur weil dies so ist, gibt es überhaupt das Problem der Knappheit" (Luhmann 1994: 98). Diese Logik trifft auf menschensorgende Organisationen nicht zu.

Der Umgang mit knappen individuellen Bewältigungsressourcen (Soziale Arbeit, Gesundheit) und der Vermeidung ihrer Entstehung (Bildung) ist typisches Merkmal moderner Menschensorge und unterliegt nicht zwingend der ökonomischen Versorgungslogik. Mehr soziale Kompetenzen, Gesundheit und Bildung des einen führen nicht zwangsläufig zu weniger solcher Ressourcen des anderen. Entscheidender ist aber nun, dass die Erwerbswirtschaft ihre Funktion für Gesellschaft nicht allein aus dem Umgang mit knappen Gütern und der Beseitigung von Knappheit mit möglichst geringem Mitteleinsatz und maximalem Gewinn bezieht. Moderne Erwerbswirtschaft hält ihre Autopoiesis vor allem damit in Gang, dass sie ständig neue Knappheiten produziert. Die ihr hier zur Verfügung stehenden Mittel sind im Wesentlichen die geplante Obsoleszenz und die Bedarfsweckung. Ersteres ermöglicht planmäßigen Verfall und Anlass für Ersatzbeschaffung, Zweites die Entstehung neuer Wünsche und Bedarfe, die ökonomisch dann als Befriedigung von Bedürfnissen bearbeitet werden können (Hirschle 2012; Rüegg-Stürm 2009: 69).

Das Entscheidende ist aber nun, dass Knappheitsproduktion und Knappheitszugriff nicht der Funktionslogik von Menschensorge entsprechen können. Sie bezieht ihre Autopoiese zwar aus der Beseitigung (Minderung) von Knappheit, kann dies aber nur erfolgreich gestalten, wenn sie dabei ihren Nutzer wieder verliert. Das wird auf der Ebene der Stakeholder – und der damit in den Blick zu nehmenden Interaktionsthemen – besonders deutlich. Die Stakeholder von Unternehmen Sozialer Arbeit – hier vor allem Nutzer/Adressaten, Leistungsträger und Politik – sind nicht daran interessiert, dass das Bedürfnis nach sozialen Dienstleistungen gesteigert wird. Knappheitsprobleme wiederum bestehen z. B. in der Sozialen Arbeit insofern, als dass die meritorischen Güter nicht von ihr selbst produziert werden können, da die Mittel hierfür aus öffentlichen, nicht von ihr selbst steuerbaren Quellen stammen. Dieser Umstand wird durch die oben genannten

Kernmerkmale des Vermarktungszustandes forciert. Die Stakeholder von sozialwirtschaftlichen Unternehmen sind hinsichtlich ihrer Machtpositionen – ihrem Willen und ihrer Fähigkeit zur Machtdurchsetzung – sowie hinsichtlich ihrer normativen und wirtschaftlichen Interessen nicht vergleichbar mit denen erwerbswirtschaftlicher Unternehmen (Wilbers 2009).

In diesem hier vorgelegten modifizierten Modell werden zudem die spezifischen Interessen- und Anspruchsgruppen sozialwirtschaftlicher Unternehmen benannt. Die Interessengruppen (Stakeholder) sind nicht als abschließender Katalog abgebildet. Jede soziale Unternehmung wird darauf angewiesen sein, bei der Erstellung eines Umweltkonzeptes und der Entwicklung entsprechender Unternehmensszenarien ihre spezifischen Interessengruppen zu identifizieren. Hierbei können Anspruchsgruppen auftreten, an die man vorher noch gar nicht gedacht hat oder die man ‚gerne‘ übersieht. Das können z. B. Bürger- oder Nachbarschaftsgruppen oder vielleicht eine Konkurrenzorganisation sein.

Eine weitere Abweichung vom St. Galler Modell verbinden wir mit dem Begriff der Steuerung. Bezüglich der auf ein Management bezogenen Steuerungsfunktion wird im St. Galler Konzept die Zuordnung zu bestimmten Handlungsebenen des Managements vorgenommen (normativ, strategisch, operativ). So wird die Unternehmenslenkung – Lenkung dort gleichgesetzt mit „Steuerung" und „Führung" (Rüegg-Stürm 2003a, c2001: 70) – dem operativen, die Unternehmensentwicklung dem strategischen und die Unternehmensgestaltung dem normativen Management zugeordnet. Dieser unseres Erachtens unterkomplexen Sicht von Unternehmenssteuerung schließen wir uns aus organisationstheoretischer Sicht nicht an. Vielmehr gehen wir davon aus, dass mit dem Interesse an Organisationssteuerung alle Systemebenen für die Lenkungsziele von Management beobachtungsfähig gehalten werden müssen, mithin Orientierungs-, Ziel- und Handlungssystem nicht isoliert und damit additiv auf Gestaltungs-, Entwicklungs- und Lenkungshandeln zugerechnet werden können. Kurz: Organisationssteuerung impliziert Gestaltung, Entwicklung und Lenkung. Hinzu kommen die Dienstleistungs- und dafür notwendigen Unterstützungsprozesse.[17]

Eine weitere Notwendigkeit zur Abweichung vom St. Galler-Modell schien uns die Tatsache nahezulegen, dass eine in der Organisationssoziologie relativ neue, zumindest aktuell wieder verstärkt diskutierte soziale Strukturbildung in dem St. Galler-Modell nicht als eigenständiger Prozess

---

17 Vgl. hierzu die in ähnliche Richtung verlaufenden Ausführungen im Kontext des General Managements von Rudolf Wimmer und Thomas Schumacher (Wimmer/Schumacher 2009: 169–193).

auftaucht: Vernetzung. Daher haben wir die Vernetzungsprozesse als ein weiteres Feld auf der Prozessebene aufgenommen.

3.2 Das systemtheoretisch reflektierte Managementmodell (SRM)

An den genannten Einwänden orientiert, sieht unsere Modifikation des St. Galler-Modells nun folgendermaßen aus (Abb. 2):

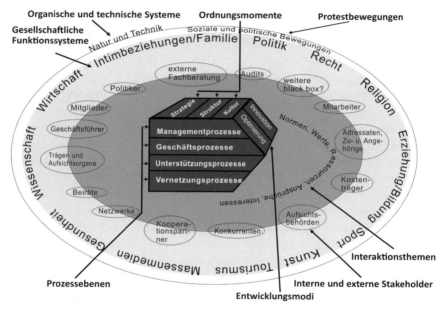

Abb. 2: Systemtheoretisch reflektiertes Managementmodell [sensu lato Rüegg-Stürm (2003a: 22), modifiziert Lambers (2010: 152) und weiterentwickelt)]

Mit dem Modell wird aufgezeigt, dass sich alle Ebenen des Unternehmens – im Kern der Abbildung als dreidimensionaler Pfeil dargestellt – gegenseitig durchdringen (Prozessebenen, Ordnungsmomente und Entwicklungsmodi). Weiterhin wird deutlich, dass das Unternehmen eine Systemgrenze zur Umwelt aufweist. Es handelt sich um ein Organisationssystem. Als solches unterhält es Systembeziehungen zu seiner Umwelt. Das sind Kopplungen mit anderen sozialen und personalen Systemen, die hier als Interaktionsthemen der Stakeholder gekennzeichnet sind. Bis hierhin weicht unser Modell nicht gravierend vom St. Galler Modell ab (Abb. 1). Unsere Modellmodifikation betrifft überwiegend die Beobachtung von Umwelt. Umwelt wird in unserem SRM als funktional differenzierte Gesellschaft dargestellt. Weiterhin werden Systembeziehungen der Stakeholder als unterschiedliche Kopplungsbeziehungen in einer funktional differenzierten Gesellschaft beobachtet. Die Komplexität derartiger Systembeziehung lässt sich nicht visualisieren und ist hier lediglich als ein ‚Raum' gesellschaftlicher Funktionssysteme angedeutet, in dem sich Stakeholder und gesellschaftliche Funktionssysteme ‚aufhalten'. Alles, was innerhalb des äußeren Kreises abgebildet ist, kann als Gesellschaft bezeichnet werden. Gesellschaft ist – sehr abstrakt gesprochen – alle füreinander erreichbare Kommunikation (Luhmann 1987).

Im SRM wird die Umwelt von Organisationen als eine Ansammlung autonomer gesellschaftlicher Funktionssysteme dargestellt. Wir müssen zunächst klären, was es mit dem Begriff „gesellschaftliches Funktionssystem" auf sich hat. Der Begriff geht auf die Gesellschaftstheorie bzw. Theorie sozialer Systeme von Niklas Luhmann zurück. Demnach hat die Komplexität moderner Gesellschaft sowohl für die Individuen als auch sozialen Gruppierungen derart zugenommen, dass die Bearbeitung gesellschaftlicher Probleme nur noch über relativ autonome gesellschaftliche Teilsysteme (besser: Funktionssysteme) möglich wird. So haben sich im Laufe des gesellschaftlichen Wandels Teilsysteme für rechtliche, andere für wirtschaftliche, wiederum andere für religiöse, pädagogische oder politische Problembearbeitungen entwickelt und mittels eigener Organisationen weiter ausdifferenziert. Diese Funktionssysteme unterscheiden sich durch Ausbildung und Anwendung spezifischer zweistelliger Codes (Leitunterscheidungen) über Teilnahme und Nichtteilnahme. So entscheidet der Code „Zahlen/nicht zahlen" z.B. über die Teilnahme am Wirtschaftssystem oder der Code „wahr/unwahr" über die Teilnahme am Wissenschaftssystem. Die Kommunikationsteilnahme geschieht über programmgesteuerte Kommunikation. Organisationen übernehmen diese Funktion, da sie entsprechende Programme hierfür entwickeln. Als „Programm" bezeichnet man alle Regelungen, die dem jeweils gültigen Code zur Anwendung verhelfen.[18]

Moderne Gesellschaften erleben mit Anstieg ihrer Eigenkomplexität also einen Prozess der Ausdifferenzierung in voneinander getrennte Funktionssysteme und ihren jeweils zugehörigen Organisationssystemen. Diese haben jeweils eigenständige Aufgaben für die Gesellschaft zu bearbeiten. Sobald eine Gesellschaft ein Teilsystem ausdifferenziert hat, in dem spezielle Probleme der Gesellschaft bearbeitet werden, die nur von diesem System bearbeitet werden können, sprechen wir von einem autonomen gesellschaftlichen

---

18 Am Beispiel des Wirtschaftssystems sind solche Programme, z.B. Wirtschaftspläne, Budgets, Marketingstrategien usw., im Falle des Wissenschaftssystems sind es z.B. die Theorien und Forschungsmethoden, im Falle des Rechtssystems die Gesetzbücher und Gesetzeskommentare.

Funktionssystem. Je komplexer eine Gesellschaft ist, desto ausdifferenzierter sind auch ihre Funktionssysteme. So lassen sich bspw. das politische, wirtschaftliche, rechtliche, religiöse und wissenschaftliche Funktionssystem voneinander unterscheiden. Weitere Funktionssysteme bilden das Kunst-, das Massenmedien-, das Medizin- und das Erziehungs-/Bildungssystem.

Das hier vorgelegte SRM berücksichtigt alle nach gegenwärtigem Stand identifizierbaren gesellschaftlichen Funktionssysteme. An dieser Stelle müssen wir uns fragen, weshalb eigentlich Sozialwirtschaft in unserem Modell nicht als autonomes gesellschaftliches Funktionssystem vorkommt. Schließlich haben wir festgestellt, dass für Organisationen eine entsprechende gesellschaftliche Funktionszugehörigkeit gilt. Das trifft jedoch nicht auf alle Organisationen zu. So gibt es durchaus Organisationen, die nicht einer primären, sondern einer mehrfachen Funktionsorientierung folgen. Das ist bei NPO in der Regel der Fall (Simsa 2001: 308–324). Man kann hier von „teilsystemischen Mehrfachzugehörigkeiten der Organisation" (ebd.: 312) sprechen. Dieses Phänomen steht mit dem bereits besprochenen Begriff der strukturellen Kopplung (→ II. 1.1.1) in enger Beziehung.

Wenn wir von teilsystemischen Mehrfachzugehörigkeiten der NPO sprechen, dürfen wir einen Bereich gesellschaftlicher Wirklichkeit nicht vergessen: die politischen und sozialen Bewegungen (Protestbewegungen). Viele NPO wären ohne diese sozialen Bewegungen gar nicht entstanden, sie kennzeichnen historisch betrachtet die Herkunft sozialwirtschaftlicher Unternehmen. Dies und die spezielle gesellschaftliche Funktion politischer und sozialer Bewegungen sprechen dafür, die sozialen und politischen Bewegungen ausdrücklich in die Umweltbeobachtung mit einzubeziehen. Politische und soziale Bewegungen sind keine primären gesellschaftlichen Funktionssysteme, vielmehr handelt es sich bei ihnen um sekundäre Funktionssysteme, die den primären Funktionssystemen anzeigen, was mit ihnen nicht stimmt, das heißt: Soziale und politische Bewegungen decken gesellschaftliche Funktionsdefizite auf (z.B. werden Themen eingebracht wie Umweltschutz, Frauenrechte, Frieden und Bewahrung der Schöpfung). Protestbewegungen stellen eine Form der Selbstbeobachtung von Gesellschaft dar, die es ihr ermöglicht, ihre eigene Autopoiese fortzusetzen. Politische und soziale Bewegungen sind mithin ein Faktum funktional ausdifferenzierter moderner Gesellschaften und gehören zu dem, was wir allgemein als Umwelt einer Organisation bezeichnen (Luhmann 1998: 847–865).

Zur Umwelt gehören natürlich auch die Natur und die Technik. Hierbei handelt es sich aber nicht um soziale, sondern um organische und technische Systeme. Die im St. Galler Modell eingebundene Dimension von Natur und Technik als Teile der Umwelt, kann in unserem Modell eigentlich nicht berücksichtigt werden. Der Grund dafür ist, dass auf Natur und Technik bezogene Sinnkonstitutionen erst dann beobachtbar werden, wenn sie als

Kommunikation auftreten, sozusagen mit Sinn ausgestattet werden. Nahe-liegend kann dies bei Natur und Technik nicht über autopoetische Sinn-konstituierung erfolgen. Natur und Technik konstituieren aus sich heraus keinen Sinn. Sinnkonstituierung ist auf Kommunikationen gesellschaftli-cher Funktionssysteme (z. B. Politik, Ökonomie, Wissenschaft, Religion, Massenmedien) angewiesen, die in Form von Organisationen sowie politi-schen und sozialen Bewegungen für Kommunikation zugänglich werden. Gleichwohl haben wir uns entschlossen, Natur und Technik in unserer Ab-bildung darzustellen, allerdings konsequent außerhalb von Gesellschaft. Nä-heres dazu an entsprechender Stelle (→ II. 1.1.3).

Bevor wir nun zu unserem systemtheoretisch-reflektierten Management-modell kommen, müssen wir noch eine Eingrenzung des von uns verwen-deten Unternehmensbegriffes vornehmen. Wir übernehmen aus dem St. Gal-ler Modell den Begriff ‚Unternehmen‘. Mit diesem Begriff wird allgemein der Profitsektor in den Blick genommen. Wir verwenden den Unterneh-mensbegriff jedoch auch für den sozialwirtschaftlichen Kontext. Das soll nachfolgend begründet werden.

3.3 Organisation, Betrieb, Unternehmen? Begriffliches

Dass Organisationen der Menschensorge mittlerweile als Unternehmen be-zeichnet werden, ist ein kaum problematisierter Tatbestand, ebenso die An-nahme, dass diese Unternehmen einer sogenannten Sozialwirtschaft zuzu-rechnen seien. Diese Feststellung trifft sowohl auf die Praxis als auch auf viele ihrer Theorieproduzenten zu. So wird trägerseits von „Unternehmen und Verbänden der Sozialwirtschaft" (BAGFW 2010: 80) gesprochen, und die Theorielieferanten verwenden den Begriff „Sozialunternehmen" (Schell-berg 2012; Bachert u. a. 2008; Bachert/Schmidt 2010). Dort, wo man sich scheut, von Unternehmen zu sprechen, spricht man gerne von Non-Profit-Organisationen, obwohl man sich an diesem Begriff inhaltlich so abarbeitet, als würde man damit eine besondere Form von Unternehmen meinen (San-der/Bauer 2006). Für Befürworter des Sozialwirtschaftsbegriffes (→ I. 1) wie-derum sind Organisationen, die einen Versorgungsauftrag erfüllen, bereits Unternehmen und rechnen diese der Sozialwirtschaft zu (Wendt 2013: 11).

Die Akzeptanz des Unternehmensbegriffes mag zunächst erstaunen, da er definitorisch doch eng mit Gewinnerzielung verbunden wird. Die klassi-sche Betriebswirtschaft spricht von „Betrieben". Damit meint sie jede in sich abgeschlossene Organisation oder Organisationseinheit, die durch Ein-satz und Verbindung von Produktionsmitteln Güter und Dienstleistungen für die menschliche Bedarfsdeckung herstellt. Der Begriff „Betrieb" sagt aber noch nichts über die Rechtsform und vor allem nichts darüber aus, ob der Betrieb mit Gewinnerzielungs- oder Gemeinwohlabsichten verbunden ist. Ist Ersteres der Fall, spricht die Betriebswirtschaft von Unternehmen bzw. „Unternehmung" (Gutenberg 1929). Es mag daher nicht verwundern, dass der Begriff des Unternehmens im Fachdiskurs nicht durchgängig akzeptiert wird; so vor allem in der Sozialen Arbeit. Joachim Merchel zeigt z.B. auf, dass selbst die Zuordnung zum Begriff der Non-Profit-Organisation und eine Verortung im Dritten Sektor[19] Schwierigkeiten bereitet (Merchel 2006: 32–40). Stattdessen bevorzugt er den Begriff von Organisationen personenbezogener Dienstleistungen (Merchel 2006: 45; Merchel 2014). Ob mit dem Dienstleistungsbegriff der Unternehmensbegriff umgangen werden kann, der Begriff Non-Profit-Organisation möglicherweise geeigneter oder genauso ungeeignet wie der Begriff „Unternehmen" ist, sei dahingestellt. Solche Fragen sollen uns an dieser Stelle nicht weiter beschäftigen. Stattdessen wollen wir versuchen, Klarheit über den auch in unserem Managementmodell verwendeten Unternehmensbegriff herzustellen.

Soziologisch gesehen spricht in der Tat zunächst nichts dafür, Organisationen der Menschensorge als Unternehmen zu bezeichnen. Von einem Unternehmen im klassischen Sinne ist dann zu sprechen, wenn der mit ihm verfolgte, ausschließliche oder primäre Zwecke erstens die Gewinnerzielung (Weber 2004, c1922: 1603) und zweitens eine entsprechende Kapitalrechnung im Sinne von Gewinn- und Verlustermittlung ist (Weber 2004, c1922: 1564). Wenngleich heute viele menschensorgende Organisationen keine Organisationen zum Zwecke der Gewinnerzielung sind und allenfalls unter den restriktiven steuerlichen Regelungen der Abgabenordnung Überschüsse erwirtschaften (dürfen), tragen sie mittlerweile deutliche Merkmale von Unternehmen im klassischen Sinne, so vor allem die Kapitalrechnung zum Zwecke der Bildung bilanzfähiger Aussagen sowie die dafür notwendige Einführung der kaufmännischen Buchführung (doppelte Buchführung, Doppik). Das trifft infolge der Verwaltungsstrukturreform mittlerweile sogar auf Organisationen der öffentlichen Verwaltung zu. Hintergrund ist sicher die Erkenntnis, dass der Tatbestand von „Wirtschaften" auf all diese Organisationen zutrifft. Auch wenn der Tatbestand des Wirtschaftens ein Sozialsystem nicht zwingend zum Unternehmen macht, spricht de facto aus unserer Sicht nichts dagegen, den Unternehmensbegriff weit auszulegen. Präziser wäre es wohl, von *unternehmensorientierten* Betrieben zu sprechen. Viele Einrichtungen der heutigen Sozialen Arbeit haben geschichtlich gesehen durchaus unternehmensorientierte Wurzeln, die bis heute deutlich

---

19 Gemeinschaft als dritter Sektor neben den Sektoren Markt und Staat.

erkennbar sind.[20] Dennoch ist nicht alles, was Soziale Arbeit ist auch Sozialwirtschaft. Umgekehrt gilt das Gleiche. Sozialwirtschaft ist weiter gefasst als Soziale Arbeit (→ I. 1). Entscheidendes Merkmal einer Zugehörigkeit ist die unternehmensorientierte Form der Leistungserbringung. Begrifflich von Vorteil scheint uns zu sein, diese Unternehmensorientierung mit „sozialwirtschaftliches Unternehmen" zu bezeichnen. Das bringt zwei Vorteile: Erstens wird die Differenzbezeichnung zu erwerbswirtschaftlichen Unternehmen erleichtert, zweitens wird der Begriff Organisation für die Theoriereflexion freigehalten. Weiterhin ist heute nicht mehr zu leugnen, dass auch sozialwirtschaftliche Organisationen ein Unternehmensmerkmal erfüllen müssen, und zwar das des Kapitalrisikos. Das ist besonders in den Fällen gegeben, wenn die wirtschaftliche Grundlage der Organisation über unterschiedliche Mischfinanzierungen gesichert werden kann. Mit solchen Finanzierungsformen ist unmittelbar auch die Übernahme eines unternehmerischen Risikos verbunden (→ II. 2.1.3).

Bezüglich unserer Theorieleitung stellt die Verwendung des Unternehmensbegriffes den Begriff Organisation für die soziologisch reflektierte Analyse aller organisierten Sozialsysteme zur Verfügung, gleichgültig, ob es sich im betrieblichen Sinne um Vereine, Verbände, Einrichtungen, öffentliche Körperschaften oder Unternehmen im klassischen Sinne handelt. Wir hatten bereits festgestellt, dass die Betriebswirtschaft von Betrieben und Unternehmen spricht. Damit hält sie sich den Begriff „Organisation" frei zur Beschreibung interner betrieblicher Aufbau- und Ablaufstruktur, was aus soziologischer Perspektive freilich zu kurz springt (Luhmann 2006, c2000: 302). Unternehmen sind aus soziologisch-systemtheoretischer Perspektive organisierte Sozialsysteme (Organisationssysteme) (→ I. 2.4). Die soziologische Beschreibung von Unternehmen als eine Form sozialer Systeme, die mit Organisation bezeichnet wird, hat den Vorteil, dass Unternehmen als autopoietische, selbstorganisierende soziale Systeme erkannt werden können. Für die Bearbeitung von Fragen des Managements ist das folgenreich: Die Beantwortung von Fragen der Steuerung und Strukturveränderung organisierter Sozialsysteme hängt schließlich vom gewählten Theoriestandpunkt ab. Insgesamt kommen wir zu dem Ergebnis, dass uns weniger die Frage nach der Unternehmenscharakteristik als die Klärung spezifischer Formen des Wirtschaftens weiter führt.

---

20 Heute noch lebende Beispiele hierfür sind die sogenannten „erwerbenden Anstalten" in Halle von August Hermann Francke (1663–1727), das „Rauhe Haus" in Hamburg von Johann Hinrich Wichern (1808–1881), die „Von Bodelschwinghschen Anstalten Bethel" von Friedrich von Bodelschwingh (1831–1910) und, als jüngeres Beispiel, die SOS-Kinderdörfer von Hermann Gmeiner (1919–1996) (Lambers 2010: 74, 101, 114, 124).

Wir gehen davon aus, dass sich unternehmensorientierte Betriebe bzw. Unternehmen der Sozialwirtschaft von Unternehmen der Erwerbswirtschaft unterscheiden. Wäre dem nicht so, könnte es keine Sozialwirtschaft geben. Um also zu einer hinreichenden Differenzierung zu gelangen, müssen wir klären, um welche Form des Wirtschaftens es sich bei der Sozialwirtschaft handelt. Lohnenswert hierfür ist die Untersuchung des Begriffes „Wirtschaftsbetrieb". Von einem „Wirtschaftsbetrieb" können wir nach Max Weber dann sprechen, wenn es sich um die Organisation einer spezifischen Wirtschaftsform handelt. Diese Spezifik ist durch „ein autokephal ... betriebsmäßig geordnetes kontinuierliches Wirtschaften" (Weber 2004, c1922: 1500f.) gekennzeichnet. Autokephalie[21] bzw. autokephales Wirtschaften sind demnach das entscheidende Merkmal von Wirtschaftsbetrieben. Entscheidend für unseren Klärungsbedarf ist nun, dass der Wirtschaftsbegriff nach der Weber'schen Definition auch für die Sozialwirtschaft zutrifft. Zu klären ist damit die Frage, was Sozialwirtschaft von anderen Formen des Wirtschaftens unterscheidet.

Wirtschaftlich orientiertes Handeln ist ein Handeln, sofern es „an der Fürsorge für ein Begehr nach Nutzleistungen orientiert ist" (Weber 2004, c1922: 1500). Wirtschaftliches Handeln ist also – allgemein gesagt – der Umgang mit „Knappheit im Verhältnis zum Begehr" (Weber 2004, c1922: 2017). So gesehen unterscheiden sich privatwirtschaftliche und sozialwirtschaftliche Unternehmen nicht. Beide bieten „knappe Güter oder [knappe] mögliche Handlungen" (Weber 2004, c1922: 2017)[22] im Interesse einer Nutzenleistung gegen Entgelt an. Sozialwirtschaft unterscheidet sich von Privatwirtschaft (Marktwirtschaft, Erwerbswirtschaft) allerdings in der Wie-Frage. Nicht das Wirtschaften als Handlungstatbestand macht den Unterschied, vielmehr die Frage, wie gewirtschaftet wird.

Sozialwirtschaft erfüllt einen Versorgungsauftrag für Gesellschaft. Sie umfasst all die „Organisationen, Unternehmen, Dienste, Einrichtungen und Veranstaltungen, die nach ihrer Zweckbestimmung der sozialen und gesundheitlichen Versorgung von Menschen dienen" (Wendt 2014: 11). Sie kümmert sich demnach um personenbezogene Versorgungsbedarfe im Feld der sozialen und gesundheitlichen Wohlfahrt. Sozialwirtschaft wird dem

---

21 „Autokephalie bedeutet, dass der Leiter und der Verbandsstab nach den eignen Ordnungen des Verbandes, nicht, wie bei Heterokephalie, durch Außenstehende bestellt wird (gleichviel wie sonst die Bestellung erfolgt)." (Weber 2004, c1922: 1487).

22 Weber bezieht sich mit der Formulierung „mögliche Handlungen" nicht nur auf die Her- oder Bereitstellung von Gütern, sondern auch auf nichtmaterielle Güter – wir würden heute sagen: Dienstleistungen – wie z. B. „Gebete und Seelenmessen", sofern „die für ihre Veranstaltung qualifizierten Personen und deren Handeln knapp und daher nur ebenso gegen Entgelt zu beschaffen sind wie das tägliche Brot" (ebd.).

Dritten Sektor zugeordnet, ist also Teil des Dritten Sektors. Der Dritte Sektor reicht jedoch über die Bereiche von sozialer und gesundheitlicher Wohlfahrt hinaus. Er leistet all das, was Staat und Markt nicht leisten können. Mögliche Beispiele hierfür sind: Kultur, Sport, Freizeit, Bildung, Forschung, Umwelt-, Natur-, Tier- und Katastrophenschutz, Entwicklungsförderung, Wohnungs-, Spenden- und Rechtswesen (Wendt 2013: 18 f.). Der Dritte Sektor deckt also mehr ab, als Sozialwirtschaft. Aufzählungen, was alles zum Dritten Sektor und nicht zum Staat und Markt gehört, sind natürlich nie ganz trennscharf. So stellt der Markt durchaus auch auf den meisten genannten Handlungsfeldern (besonders Kultur, Sport, Freizeit, Bildung, Forschung und Wohnungswesen) Leistungen her, aber eben nur solche, die mit Gewinnerzielungsabsichten verbunden werden können. Alle anderen fallen dem Dritten Sektor zu. Was den gesamten Dritten Sektor, und damit auch die Sozialwirtschaft, kennzeichnet, ist schließlich die besondere Organisationsform: die Nicht-Gewinnorientierung. Soziologisch lässt sich dies mit Max Webers Differenzierung von Bedarfsdeckungswirtschaft und Erwerbswirtschaft (Weber 2004, c1922: 1501) oder mit Niklas Luhmanns Unterscheidung „Marktwirtschaft/Subsistenzwirtschaft" (Luhmann 1994: 98) fassen. Subsistenzwirtschaft kennzeichnet das ökonomische Prinzip der Selbstversorgung ohne Überschussproduktion. Reziprozität, Gegenseitigkeit und/ oder Wirtschaften soweit dies für die Subsistenzsicherung unumgänglich ist, ist hier maßgebend. Beispiele dieser Wirtschaftsform sind kleine landwirtschaftliche Familienbetriebe und Selbstversorger. Klassische Figur ist hier der sogenannte *Oikos*[23] (Weber 2004, c1922: 1619, 1679, 2117–2125). Subsistenzwirtschaft fehlt „die über den Geldmechanismus laufende Zentralisierung, und ihre fehlt vor allem das durch Preise ermöglichte Beobachten des Beobachtens" (Luhmann 1994: 97). Markt- bzw. Erwerbswirtschaft wiederum sind durch das ökonomische Prinzip der Produktion und des Tausches mit Gewinnorientierung gekennzeichnet. Wirtschaft zum Erwerb bedeutet „die Ausnutzung des spezifisch ökonomischen Sachverhalts; der Knappheit begehrter Güter, zur Erzielung eigenen Gewinns an Verfügung über diese Güter" (Weber 2004, c1922: 2017). Der Vorteilstausch zwecks

---

23 Von griechisch οἶκος = Haus. Max Weber bezeichnet mit *Oikos* die „Naturalleistungswirtschaft" (Weber: 2004, c 1922: 1572), wie sie in der Antike typischerweise von fürstlichen Haushalten in eigenwirtschaftlicher, grundherrschaftlicher Form betrieben wurde. Erstmalig verwendete der Nationalökonom Johann Karl Rodbertus den Begriff *Oikos* zur Kennzeichnung einer Haus- und Wirtschaftsgemeinschaft, dessen zentrales Merkmal die „prinzipielle Autarkie der Bedarfsdeckung durch Hausangehörige oder haushörige Arbeitskräfte, welchen die sachlichen Beschaffungsmittel tauschlos zur Verfügung stehen" ist (ebd. 1619). Wendt geht in seiner theoretischen Fundierung von Sozialwirtschaft ebenfalls von diesem Begriff aus (Wendt 1982: 10–17; 2013: 14).

„Gewinnung von neuer Verfügungsgewalt über Güter" (Weber 2004, c1922: 1553) ist hier maßgebend. Diese Wirtschaftsform ist auf Markt angewiesen. Beispiele hierfür sind alle privatrechtlichen, wirtschaftlich selbstständigen Unternehmensformen, die Markt- und Kapitalrisiken zum Zwecke der finanziellen Gewinnerzielung eingehen.

Wenn wir nachfolgend nun die Unternehmensformen hinsichtlich ihrer sektoralen Zugehörigkeit unterscheiden wollen, können wir sensu lato von der Differenz sozial- bzw. bedarfswirtschaftliche/erwerbswirtschaftliche Unternehmen (Weber) oder sozial- bzw. subsistenzwirtschaftliche/marktwirtschaftliche Unternehmen (Luhmann) sprechen. Wir haben uns entschlossen, in unserem SRM zwischen sozial- und erwerbswirtschaftlichen Unternehmen zu unterscheiden, da mit dem Begriff der Sozialwirtschaft die Aspekte der Bedarfsorientierung, Subsistenzsicherung und Nicht-Gewinnorientierung zum Tragen kommen. Der Begriff der Erwerbswirtschaft wiederum transportiert die mit der Erwerbsabsicht intendierten Aspekte von Marktorientierung, Gewinnerzielungsabsicht, Gewinnung neuer Verfügungsgewalt über Güter sowie das zu diesem Zweck frei eingegangene Markt- und Kapitalrisiko. Wir gehen mit dem hier abgegrenzten Begriff sozialwirtschaftlicher Unternehmen davon aus, dass es sich in der Regel um Unternehmen handelt, die überwiegend keine Renditeabsichten verfolgen. Dem steht nicht entgegen, dass auch sozialwirtschaftliche Unternehmen zur Bedarfsdeckung in Teilen erwerbswirtschaftliche Unternehmen mit Renditeabsicht unterhalten können, aber eben nicht primär bzw. nicht überwiegend (Weber 2004, c1922: 2117 f.). Bezüglich der Renditeorientierung muss an dieser Stelle eingeschränkt werden, dass das Renditethema auch in sozialwirtschaftlichen Unternehmen angekommen ist und zwar in der Form der Sozialrendite. Solche Interessen kommen irritierenderweise stärker aus den Reihen der sozialwirtschaftlichen Unternehmen als aus den Anforderungen, die die Leistungsträger an sie stellen. Wir gehen auf diese spezielle Problematik an anderen Stellen kritisch ein (→ II. 2.1 und 4).

Das nun folgende Managementmodell bedarf abschließend noch einer kurzen Einordnung hinsichtlich der Abgrenzung von Sozialmanagement und Management in der Sozialwirtschaft. Eingedenk der Trennung dieser beiden Managementfelder (Wöhrle u.a. 2013b) bewegen wir uns mit unserem Konzept eher im Feld von Sozialmanagement, da wir uns begrifflich häufiger auf Organisationen der Sozialen Arbeit beziehen. Aufgrund der gewählten gesellschafts- und organisationstheoretischen Perspektive spricht aber nichts dafür, das Modell nur für ein Sozialmanagement zu reklamieren. Es trifft auf alle Unternehmen zu, die keine primäre Gewinnorientierung verfolgen. So gesehen handelt es sich um ein Modell der Management- und Unternehmensentwicklung, das auch einen Nutzen für das Management in der Sozialwirtschaft hat.

Teil II

Praxis: Konzept einer systemtheoretisch reflektierten Management- und Unternehmensentwicklung

Management war für Hans Ulrich – dem Gründer des St. Galler Modells – „in erster Linie Komplexitätsbewältigung" (Ulrich 2001: 486). Diese theoretische Bestimmung von Management bedeutet auf Praxis bezogen, die umfassende Gestaltung, Lenkung und Entwicklung des Unternehmens als Ganzheit (ebd: 269f., 281). Ganzheitliches, vernetztes Denken in der Praxis stellte sich Ulrich in sechs Schritten vor:

1. Angestrebte Ziele bestimmen, Problemsituationen modellieren und Netzwerke der hiermit verbundenen Faktoren aufstellen.
2. Untersuchung der Wirkungsverläufe im Netzwerk.
3. Klärung, welche zukünftigen Veränderungen für die Problemlösung erwartet werden können.
4. Daraus resultierende Lenkungsmöglichkeiten ausloten.
5. Beurteilung der erfolgversprechendsten Lösungsalternativen.
6. Umsetzung der Problemlösung.

Ulrichs 6-Punkte-Programm zeigt, dass sein Konzept der Theorie offener Systeme verbunden ist. Dieser auf die *General Systems Theory* (Bertalanffy 1973, c1968) zurückreichende Ansatz geht von einem Doppelcharakter der Systeme aus. Das bedeutet, dass Systeme sowohl als eigenständige, selbstorganisierende Einheiten gesehen werden, als auch als Komponente übergeordneter Systeme (Ulrich 2001: 64, 509). Demnach stehen Systeme und Umwelt in einem ständigen direkten Austausch. Die bedingte Steuerbarkeit von System und Umwelt rückt in dieser Perspektive in den Vordergrund. Im Gegensatz zu dieser Systemvorstellung hat die soziologische Theorie sozialer Systeme (Luhmann) herausgearbeitet, dass soziale Systeme vielmehr als operativ geschlossene Systeme verstanden werden müssen, die jedoch nach außen kognitiv offen sind. Das bedeutet, dass Kommunikation die Gesamtheit von Erleben und Handeln umfasst und als autopoietischer, selektiver Vorgang gesehen wird. Weiterhin findet, sofern mit Kommunikation Anschlusskommunikation hergestellt wird, Systembildung statt. Das soziale System entscheidet selber, was es aus der Umwelt zur Aufrechterhaltung seiner Autopoiese inkludiert und was nicht. In dieser Perspektive wird Steuerung von Systemen durch Umwelt nicht mehr möglich, vielmehr steuern soziale Systeme sich selber. Wenn man sich vor Augen führt, dass mit jeder Problemlösung in Organisationen veränderte Wirkungsverläufe und Wirkungszusammenhänge produziert werden, wird schnell klar, dass soziale Systeme ihrer eigenen Funktionslogik folgen. Sie besteht u.a. darin, dass jede Intervention auf die Organisationsdynamik dergestalt wirkt, dass sie eben nicht mehr berechenbar wird. Mit jeder Intervention wird nicht nur Komplexität reduziert, sondern Komplexität zunächst erhöht. Wie diese Komplexitätsbewältigung jeweils vonstattengeht, hängt nicht allein von der

Unternehmensgestaltung, -entwicklung und -steuerung ab, sondern von den Möglichkeiten der hieran anschließenden komplexitätsbearbeitenden Kommunikationssysteme im Unternehmen.

Gefragt ist also ein Modell, in dem Komplexitätsbewältigung integrativ in den jeweiligen Handlungsdimensionen des Unternehmens abgestellt gelingen kann. Integrativ bedeutet, dass die Gestaltung, Entwicklung und Steuerung eines Unternehmens als zwar auf einander aufbauender, aber gleichwohl sich wechselseitig beeinflussender Prozess verstanden wird. Dieses Verständnis liegt konzeptionell in der Weiterentwicklung des Ursprungsmodells von Hans Ulrich vor. In diesem Modell werden Entscheidungsprobleme in drei Dimensionen eines Unternehmens betrachtet:

- Gestaltungsdimension
- Entwicklungsdimension
- Steuerungsdimension

Diese drei Handlungsdimensionen bilden zugleich die drei Konzeptebenen einer integrierten Management- und Unternehmensentwicklung:

- Umweltanalyse (Gestaltungsdimension)
- Unternehmenskonzept (Entwicklungsdimension)
- Steuerungskonzept (Steuerungsdimension)

Nachfolgend werden die einzelnen Konzeptelemente und Bausteine des adaptierten Modells für ein sozialwirtschaftliches Management (Abb. 2) systematisch vorgestellt. Die visuelle Darstellung der Bausteine orientiert sich am zuletzt aktualisierten Modell einer integrierten Management- und Unternehmensentwicklung (Rüegg-Stürm 2003a, c2001; 2009).

Kapitel 1
Unternehmensumwelt

„Dank Chester Barnards 1938 erschienenem Werk *Function of the Executive* wissen wir heute, dass alle Organisationen, ob Wirtschaftsunternehmen, Non-Profit-Organisationen oder staatliche Institutionen, nicht durch Besitz oder Autorität zusammengehalten werden, sondern durch Informationen" (Drucker 2004: 18). Genau darum soll es hier gehen. Wir stellen uns die Frage, wie sich Unternehmen systemerhaltend informieren; Informationen also als Mitteilung verstehen. Vor allem aber geht es um die Frage, welche Selektionen das Unternehmen dann vornimmt und Mitteilungen als selbstreferenzielles, systemerhaltendes Verstehen – als Wissen also – in den eigenen „Erfahrungsschatz" einstellt. Wissen dieser Art ist die Verfestigung nützlicher, d.h. auf Wirkung ausgerichteter „brauchbarer Beobachtung" (Willke 2001: 252; Luhmann 1992, c1990: 123). Im Organisationswissen manifestiert sich, welche Strategien zur Sicherung des Überlebens des Unternehmens erworben wurden (Wimmer 2012: 220) und welche Möglichkeiten einer „strategischen Überwachung der Umwelt" selbst schwacher Signale von Unternehmen genutzt werden (Ortmann 2009: 225).

In dem vorliegenden Modell wird das Unternehmen als soziales System untersucht, welches einen spezifischen Blick auf seine Umwelt entwickelt und Informationen als Mitteilung versteht, oder auch nicht. Unternehmensgestaltung bedeutet die Schaffung und Erhaltung einer Organisation und ihre Aufrechterhaltung als zweckgerichtete Einheit. Dies geschieht in ständiger Auseinandersetzung mit Umweltkomplexität. In der spezifischen Auseinandersetzung mit der Umwelt des Unternehmens erfüllt sich der spezifische Zweck der Organisation. Umwelt ist gleichzeitig von steigender Komplexität gekennzeichnet. Für das Unternehmen bedeutet dies: Auseinandersetzung mit steigender Komplexität sowie Versuche, diese Komplexität für das Unternehmen zu reduzieren und sie seinem Zweck zugänglich zu machen. Somit sind die Umweltsphären und die Interessen- und Anspruchsgruppen (Stakeholder) aus dem näheren Umfeld des Unternehmens von entscheidender Bedeutung für die Frage nach der Unternehmensgestaltung. Bevor wir zu den Stakholdern kommen, schauen wir uns die Umwelt von Organisationen an.

1.1 Gesellschaft

Wie bereits festgestellt, muss das, was im St. Galler Modell relativ unspezifisch als „Umweltsphären" bezeichnet wird, theoretisch genauer bestimmt werden (→ I. 3.1). Das trifft besonders auf den dort verwendeten, aber nicht weiter konkretisierten Begriff „Gesellschaft" zu. Was ist Gesellschaft? Woran soll sich ein Unternehmen wenden, wenn es Kontakt zur Gesellschaft aufnehmen will? Hat Gesellschaft eine soziale Adresse? Mit der Theorie Sozialer Systeme liegt ein Konzept vor, mit dessen Hilfe es möglich ist, Gesellschaft konkreter zu fassen. Gesellschaft ist demnach ausdifferenziert in eine Vielzahl autonomer Teilsysteme, sogenannte gesellschaftliche Funktionssysteme; ein Prozess, der – sozialevolutiv betrachtet – nicht abgeschlossen ist und solange andauert, wie es Menschen gibt (Abb. 3).

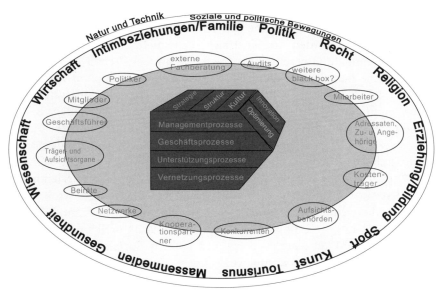

Abb. 3: Gesellschaft [sensu lato Rüegg-Stürm (2003a: 24).
Eigene Darstellung, modifiziert und ergänzt)]

1.1.1 Gesellschaftliche Funktionssysteme und strukturelle Kopplungen

Die Strukturbildungsprozesse moderner Gesellschaften verlaufen in einem Modus – besser: Regime – funktionaler Ausdifferenzierung. Die Komplexität von Gesellschaft hat in modernen Gesellschaften einen Grad angenommen, mit dem die Bearbeitung gesellschaftlicher Teilprobleme nur noch durch relativ autonome gesellschaftliche Teil- bzw. Funktionssysteme möglich wird. So haben sich gesellschaftliche Funktionssysteme für rechtliche, andere für wirtschaftliche, wiederum andere für religiöse, pädagogische oder politische Problembearbeitungen ausgebildet. Für die konkrete Problembearbeitung haben sich in den jeweiligen gesellschaftlichen Funktionssystemen spezifische Organisationen ausgebildet. Der Mensch nimmt hierbei als Person – in Organisationen also als Organisationsmitglied – teil und das entweder in der Leistungsrolle (z. B. Lehrer) oder in der Publikumsrolle (Schüler). Diese Teilnahme geschieht über Kommunikation. Moderne Gesellschaften erleben mithin einen Prozess der Ausdifferenzierung in unterschiedliche, autonome Funktionssysteme und ihren jeweils zugehörigen Organisationssystemen. Wir haben es also nicht mit *der* Gesellschaft, sondern mit der „Gesellschaft der Gesellschaft" (Luhmann 1998) zu tun, d.h: eine Vielzahl potentieller sozialer Adressen von Gesellschaft, die aus unterschiedlichen, operativ geschlossenen sozialen Systemen besteht. Moderne Gesellschaft hat dabei weder eine Spitze noch ein Zentrum. Vielmehr ist sie hyperkomplex geworden und lässt sich nicht mehr mono-, sondern nur noch polykontextural beschreiben. Das heißt: in Gesellschaft gibt es keine „gute Gesellschaft", an die man sich wenden könnte (Luhmann 1980: 72 f.; 1998, c1997: 802, 866 ff.). Selbst die Politik ist nur ein Funktionssystem unter vielen anderen (Wirtschaft, Wissenschaft, Bildung, Gesundheit, Recht, Religion, Massenmedien, Sport, Tourismus, Kunst/Kultur, Familie).

Was wir als Umwelt einer Organisation bezeichnen, liegt auf der Organisationsebene nicht allein als systemfremde Umwelt vor. Vielmehr befinden sich Organisationen in einer Vielzahl struktureller Kopplungsbeziehungen zu anderen sozialen Systemen, die für sie jeweils Umwelt sind. Strukturelle Kopplung bezeichnet den Zustand, wenn soziale Systeme bestimmte Eigenarten ihrer Umwelt – d.h.: anderer Systeme – strukturell und dauerhaft voraussetzen und auf diese zurückgreifen können. Soziale Systeme greifen im Kopplungsfall auf die Komplexität anderer Systeme zurück, um Eigenkomplexität zu bewältigen. Dies erzeugt die Möglichkeit von Systemerhaltung. Strukturelle Kopplungsbeziehungen sind auf relative Dauer gestellt und wirken als bemerkter oder unbemerkter Gründungszusammenhang für System-zu-System-Beziehungen. Aufgrund der operativen Geschlossenheit sozialer Systeme sind strukturelle Kopplungen nicht beliebig herstellbar. Sie ergeben sich nur, wenn sie für die jeweils eigene Systemrationalität sinnvoll sind, zur Zweckerfüllung des eigenen Systemsinns also benötigt werden. Strukturelle Kopplungen erfolgen über Personen, Programme und Organisationen. Um dies zu veranschaulichen, wollen wir die Kopplungsbeziehungen am Beispiel der Sozialen Arbeit in den Blick nehmen (Tab. 1). Wir sind uns bewusst, dass mit dieser exemplarischen Betrachtung lediglich ein Ausschnitt sozialwirtschaftlicher Unternehmen in den Blick genommen wird und die jeweils unterschiedlichen Kopplungsbeziehungen von Organisationen anderer Funktionssysteme (z. B. Bildung, Medizin, Kultur oder Religion) einer gesonderten Betrachtung unterzogen werden müssten.

Gesellschaftliche Funktionssysteme	Handlungsfelder (Beispiele)
Bildung und Erziehung	Schulsozialarbeit/-sozialpädagogik, Jugendbildung, Erwachsenenbildung, Bildung und Erziehung im Kindesalter, Erlebnispädagogik
Gesundheit	Krankenhaussozialdienst, klinische Sozialarbeit, Gesundheitspädagogik, Sozialpsychiatrie, tiergestützte Therapie
Intimbeziehungen/ Familie	Familienberatung, Erziehungsberatung, Lebensberatung, Betreuungshilfe, Hilfen zur Erziehung, Vollzeitpflege, sozialpädagogische Familienhilfe, Heimerziehung
Kunst	Theaterpädagogik, Kunstpädagogik
Massenmedien	Fachzeitschriften, Straßenzeitungen, Internetblogs
Politik	Fachverbände, Wohlfahrtsausschüsse
Recht	Jugendgerichtshilfe, Straffälligenhilfe, Gefängnissozialarbeit, Bewährungshilfe, Insolvenzberatung
Religion	Pfarr- und kirchengemeindliche Sozialarbeit, Gemeindecaritas, -diakonie
Sport	Sport- und Freizeitpädagogik in Sportvereinen, Sportsozialarbeit, Fanprojektarbeit
Tourismus	Freiwilligenarbeit im Ausland, Voluntourism
Wirtschaft	Betriebssozialarbeit, arbeitsweltorientierte Soziale Arbeit, sozialpädagogische Beschäftigungsförderung, Jugendberufshilfe
Wissenschaft	Forschung und Entwicklung in Hochschulen/Universitäten und Instituten

Tab. 1: Strukturelle Kopplungen (Lambers 2014: 130)

Soziale Arbeit ist kein autonomes gesellschaftliches Funktionssystem, sie ist vielmehr in eine Reihe gesellschaftlicher Funktionssysteme eingebunden, insbesondere in das Rechtssystem und in das Politiksystem. Die theoretisch-analytischen Gründe, die für diese Aussage sprechen, können wir hier nicht vertiefen (Bommes/Scherr 2012, c2000: 142–151; Lambers 2014: 124–128). Soziale Arbeit ist als Systemtyp auf der Ebene von Organisationen anzusiedeln. Als solche nimmt sie jedoch eine prominente Stellung unter den Organisationen ein. In der Sozialen Arbeit lassen sich strukturelle Kopplungen mit im Prinzip allen gesellschaftlichen Funktionssystemen beobachten.[1] Hier geraten – praktisch gewendet – die operativen Kopplungsbezie-

---

1 Bei der Aufstellung handelt es sich um beispielhafte Nennungen und somit nicht um einen abgeschlossenen Katalog.

hungen in den Blickpunkt unternehmerischen Handelns. Während strukturelle Kopplung nicht einseitig herstellbar ist, bezeichnet operative Kopplung strukturelle Kopplung im Vollzug (Luhmann 1995b: 440 f.). Das heißt: operative Kopplung ist an Interaktionen beobachtbar. Im weitesten Sinne kann man die Bezeichnung „strukturelle Kopplung" und „Interaktion zwischen System und Umwelt" gleichsetzen, wenn damit die Beziehungen zwischen System und Umwelt bezeichnet werden sollen, die nicht strukturbestimmend in das soziale System eingreifen, seine Autopoiese also nicht betreffen, aber auf lange Sicht die im System selbst produzierten Strukturen beeinflussen. Man nennt dies „structural drift" (Luhmann 2011, c2000: 397). Und um die Risiken und Chancen dieses *structural drift* wird es gehen müssen, wenn die Anspruchsgruppen und die von ihnen ausgehenden Interaktionsthemen in ein Unternehmenskonzept eingebaut werden sollen (→ II. 1.3).

Gesellschaftliche Funktionssysteme (Sinnsysteme) sind von Interaktions- und Organisationssystemen nur sehr begrenzt erreichbar. Soziale Arbeit operiert als Sensor von Problemstellungen gesellschaftlicher Inklusion und Exklusion. Diese Beobachtungen bringt Soziale Arbeit als Aufklärungsthemen in die Mikroebene ein (z. B. Deutung von Lebensplänen, Aufklärung über prekäre Folgen usw.). Erst auf der Makroebene können diese Beobachtungen in den Organisationen Sozialer Arbeit zu regulativen, werturteilsgebundenen Ideen umformuliert und in Richtung gesellschaftliche Funktionssysteme (z. B. Politik, Wirtschaft, Recht) kommuniziert werden. Direkte Eingriffe, Steuerung und Veränderung der autonomen gesellschaftlichen Funktionssysteme, können Organisationen dabei nicht bewirken. Mithin müssen sich Unternehmen mit Umweltfaktoren auseinandersetzen, die sie selbst nicht ändern können, die jedoch potenzielle Auswirkungen auf ihre Unternehmenstätigkeit haben können.

Jede Organisation wird zur Erhaltung ihres spezifischen Unternehmenszwecks Beobachtungen anstellen, was aus ihrer Umwelt – der Vielzahl gesellschaftlicher Funktionssysteme – für die eigene Systemerhaltung bedeutsam ist bzw. zukünftig bedeutsam werden könnte. Dieser pro-aktive, antizipierende, auf Zukunft gerichtete Blick ist ein wesentlicher Baustein der Unternehmensgestaltung. Als Ausgangsbedingungen für Veränderungen in Organisationen (Change Management) werden in der Organisationstheorie zwei genannt:

a) erstens müssen Veränderungen vom Topmanagement eines Unternehmens ausgehen,
b) zweitens muss bei dem Topmanagement eine Drucksituation vorliegen, damit Veränderungsbedarf überhaupt in den Blick kommt (Schreyögg 2008: 419).

Dieser Druck kann sich als wirtschaftlicher, rechtlicher oder politischer Handlungsanlass manifestieren und mittelbar über die Interessen- (Stakeholder) und Anteilseigner (Shareholder) äußern. Ein systemtheoretisch reflektiertes Managementmodell wird hingegen einwenden können, dass ein Druck-Reaktions-Modell niemals aus einem kurzfristigen Reaktionshandeln herausführen kann. Eine auf Zukunft bezogene Unternehmensgestaltung wird durch reines Reaktionshandeln kaum möglich sein. Statt jeweils kurzfristig auf die Zumutungen von Unternehmensumwelt zu reagieren, müsste ein Ordnungsrahmen geschaffen werden, der den Blick für eine proaktive Unternehmenssicht öffnet, das heißt: es wird ein Konzept benötigt, dass eine auf Kontingenz behandelnde Unternehmensentwicklung abzielt. „Die Prämisse von Organisationen ist das Unbekanntsein der Zukunft, und der Erfolg von Organisationen liegt in der Behandlung dieser Ungewissheit" (Luhmann 2011, c2000: 10). Der Stakeholderansatz bietet hierfür den geeigneten Rahmen. Wir werden gleich darauf zurückkommen (→ II. 1.2). Doch zunächst zwei weitere Beobachtungsfelder, die für Organisationen Bedeutung haben können: politische/soziale Bewegungen und Natur und Technik.

1.1.2 Politische und soziale Bewegungen

Neben den primären gesellschaftlichen Funktionssystemen sind für soziale Unternehmen auch die sozialen und politischen Bewegungen (Protestbewegungen) in den Blick zu nehmen. Sie spielen eine nicht unwesentliche Rolle für ein Unternehmen. Soziale und politische Bewegungen zeigen an, was in Gesellschaft nicht gut läuft. Allerdings dürfen wir die Funktionslogik von solchen sekundären Systemen der kritischen Öffentlichkeit nicht beliebig vermischen mit der Funktionslogik vom System der Sozialwirtschaft. Die soziale Funktion von Protest und Dissidenz wird in Organisationen moderner Gesellschaft natürlich nicht mehr erwartet. In geschlossenen sozialen Systemen kommt diese Funktion schon lange nicht mehr vor, genau genommen nicht mehr seit dem Ende des höfischen Absolutismus. In der Zeit zwischen dem ausgehenden Mittelalter (Neuzeit) und höfischen Absolutismus erfüllte in den Fürstenhäusern der Hofnarr die Rolle des geduldeten Protestes. Auch konnte sich gesellschaftliche Kritik in der im 16. Jahrhundert aufkommenden Narrenliteratur Gehör verschaffen. In den geschlossenen Systemen heutiger, moderner Gesellschaft – ihren Organisationen – vertraut man hingegen den Stimmen evidenzbasierter Wirkungsnachweise. Dem sich keiner Theorie beugenden Beobachter oder einfacher formuliert: dem Skeptiker, traut heute kaum noch jemand. Skeptiker tragen in Organisationen offensichtlich nicht zur Unsicherheitsabsorption und damit zur

Erhaltung von Entscheidungsfähigkeit bei, sie sind zu Narren ohne soziale Funktion geworden. Es sei dahin gestellt, ob sich ihre ursprüngliche Funktion in moderner Gesellschaft reaktivieren lässt, so, wie es von einigen Vertretern konstruktivistisch orientierter Organisationsentwicklung postuliert wird.[2] Wir gehen in unserem Konzept davon aus, dass Protest und Dissidenz in funktional ausdifferenzierten Gesellschaften den politischen und sozialen Bewegungen vorbehalten ist. Der Sinn von Protest und Dissidenz liegt in der Verweigerung (Luhmann 2011, c2000: 404) für die sich die sozialen Bewegungen eigene Organisationen schaffen (Simsa 2001: 257–286). Sie erfüllen als System kritischer Öffentlichkeit die Funktion, wahrgenommene Mängel zu skandalisieren. Ganz im Gegensatz dazu können sozialwirtschaftliche Organisationen der Sozialen Arbeit lediglich ‚Reparaturleistungen' erfüllen, die als Inklusionsmängel aus den Folgerisiken funktionaler Differenzierung entstehen (Luhmann 1973). Auch wenn diese Feststellung normativen Vorstellungen von einer menschengerechten, humanen Gesellschaft widerstrebt, ändert dies nichts an der Tatsache, dass es hierfür in den Organisationen keine soziale Adresse geben kann, die es vermag, die systemspezifische Funktionslogik außer Kraft zu setzen. Das gilt für alle sozialwirtschaftlichen Organisationen, insbesondere auch der der Medizin und der Psychotherapie.

Aus der Gegenüberstellung von Systemen der kritischen Öffentlichkeit und Systemen der Sozialwirtschaft müssen wir schließen, dass aus sozialwirtschaftlichen Unternehmen keine sozialen oder politischen Bewegungen gemacht werden können. Allerdings muss das nicht bedeuten, dass Systeme der Sozialwirtschaft blind gegenüber Systemen kritischer Öffentlichkeit sind. Historisch gesehen drängt sich die gegenteilige Schlussfolgerung geradezu auf. Hierzu ein kleiner Ausblick: Für das Funktionssystem Politik mag die Entwicklung von Protestbewegungen die höchste Relevanz haben, kann sie diese doch direkt als Instrument der Selbstbeobachtung nutzen, indem sie die für sich als relevant erachteten Inhalte in ihr Politikprogramm einbindet oder auch nicht (Inhalte aus der Umweltbewegung, der Frauenbewegung, der Anti-Globalisierungsbewegung usw.). Ein Beispiel für kirchliche Organisationen des Funktionssystems Religion mögen die Friedens- und die Umweltbewegung sein (Kontext: Bewahrung der Schöpfung). Aber nicht nur für Politik und Religion entfalten Protestbewegungen ein gewisses Irritationspotenzial. Auch für die Soziale Arbeit gibt es entsprechende Beispiele, die zeigen, dass soziale Bewegungen eine Rolle bei der Ausdifferenzierung von Programmen und Organisationen der Sozialen Arbeit spielen.

---

2 Zu derlei Konzepten vgl. „Die Rückkehr des Hofnarren". Wüthrich/Winter/Philipp (2001).

Ein historisches Beispiel hierfür ist die Jugend- und Arbeiterbewegung, die wiederum die sozialpädagogische Bewegung der Weimarer Zeit inspirierte, für eine Verbesserung der Wohlfahrtspflege einzutreten. Auf der Organisationsebene erhielt dies durch die Gründung der „Gilde Soziale Arbeit" ihre entsprechende Form. Strukturbildend wurde dies wiederum mit ihrem Einsatz für die Etablierung eines Jugendwohlfahrtsgesetzes (erstes Reichsjugendwohlfahrtsgesetz von 1922/1924) sowie der darin verankerten Verpflichtung zur Gründung von Jugendämtern. Ein weiteres historisches Beispiel ist die bürgerliche Frauenbewegung, die die Ausbildung von sozialer Arbeit als Beruf erst denkbar machte. Ebenso anzumerken ist die Heimreform der Jugendhilfe in den 1968er Jahren. Sie war stark von der Studenten- und Jugendbewegung inspiriert (Arbeitsgruppe Heimreform 2000: 67 f.). Als ein aktuelles Beispiel für die Relevanz der Beobachtung sozialer Bewegungen kann die Menschenrechtsbewegung gelten. Diese Bewegung inspirierte die Methodenbildung in der Sozialen Arbeit, was am Beispiel der Karriere des Empowermentbegriffes deutlich wird. Ebenso sind Auswirkungen in der Theoriebildung beobachtbar, was wiederum am Beispiel des Entwurfes einer Sozialen Arbeit als Menschenrechtsprofession gezeigt werden kann (Staub-Bernasconi 1995, 2007). Soziale Bewegungen haben immer wieder politische Impulse für die Entwicklung Sozialer Arbeit gesetzt (Wagner 2009). Auch für die interne Entwicklung von Unternehmungen Sozialer Arbeit ist die Beobachtung sozialer Bewegungen von Bedeutung. Sie spielt u. a. eine Rolle in der Entwicklung der eigenen Organisationskultur (z. B. *diversity, gender, sustainability*) und hat damit auch eine Bedeutung für die strategischen und strukturellen Planungen und Entscheidungen eines Unternehmens. Wir werden darauf zurückkommen (→ II. 2).

1.1.3 Natur und Technik

Das St. Galler Modell verortet Natur und Technologie in den sogenannten Umweltsphären eines Unternehmens. Einerseits ist dies mit Blick auf die Ziehung einer Grenze zwischen System und Umwelt nachvollziehbar, andererseits handelt es sich bei Natur und Technik um Formen komplexer Systeme, mit denen Kommunikation nicht möglich ist. Gleichwohl können wir Technik als ein Medium der Selbstbeobachtung von Gesellschaft beschreiben. Natur wird in Technik verwandelt und wird auf diese Weise zu einer eigenen „Form des gesellschaftlichen Umgangs mit Kontingenz" (Halfmann 2005: 234). Beobachtbar wird Technik hingegen nicht als Form, sondern als Akteur, zum Beispiel dadurch, dass Nutzung von Technik stärkere, zunehmende Vernetzung von Kommunikation ermöglicht (Globalisierung von Gesellschaft). Weiterhin ist in Technik- und Technologieentwicklung zu beobachten, dass Technik immer mehr von Natur inspiriert wird. Beispiele hierfür sind die Energienutzung und -gewinnung sowie – in zunehmendem Ausmaß – die Bau-, Stadt- und Landschaftsplanung. Natur wird im urbanen Leben sozusagen technisch neu gedacht. Natur und Technik als Medium der Selbstbeobachtung stellen somit auch für jedes Unternehmen eine Inspirationsquelle für die Strategieplanung dar; hier vor allem bei der Entwicklung des sozialen Konzeptes (→ II. 2.1.1).

Wie schon festgestellt, muss Beobachtung von Natur und Technik erst kommunizierbar gemacht werden. Solche Aktualisierungsmöglichkeiten erfordern soziale Sinnbildung bzw. Sinnsysteme; das heißt: psychische und soziale Systeme, die Sachverhalte aus Natur und Technik in Form einer Mitteilungsabsicht selektieren. Hier sind wir wieder bei den gesellschaftlichen Funktionssystemen. In der Regel werden diese Themen vom Wirtschaftssystem, dem Politiksystem, zunehmend auch vom Religionssystem und ganz besonders vom System der Verbreitungsmedien (Massenmedien) kommuniziert. Ebenso spielen in diesem Kontext die sozialen und politischen Protestbewegungen eine Rolle. So gesehen bräuchten wir triviale Systeme (Technik) und komplexe organische Systeme (Natur) hier nicht gesondert aufzuführen. Gleichwohl haben wir uns entschlossen, sie hier zu benennen, da sie für Beobachtung, wenn auch nur mittelbar, zugänglich sind und ihre Bedeutung über die Kopplung zu jeweils relevanten gesellschaftlichen Funktionssystemen transportiert wird. Dies trifft für Technik und Natur als Medien der Selbstbeobachtung von Gesellschaft zu.

Für die systematische Beobachtung funktional ausdifferenzierter Gesellschaft stehen nur sehr begrenzte Analysetechniken zur Verfügung. Als gängiges Verfahren ist die STEP-Analyse bekannt (→ III. 1.3). Als ein Versuch, hierüber hinaus zu gehen, schlagen wir die funktional-strukturell orientierte Umweltbeobachtung vor (→ III. 1.1).

1.2 Stakeholder

Wir haben bereits kurz von dem sogenannten *structural drift* gesprochen (→ II. 1.1.1). Er bezeichnet die hohe Wahrscheinlichkeit von Strukturbeeinflussungen eines sozialen Systems durch Interaktionsbeziehungen zu seiner Umwelt (strukturelle Kopplungen). Diese Wahrscheinlichkeit ist bei stakeholdergeführten Unternehmen von vornherein eingebaut, da die Selektion und Inklusion von Interaktionsinteressen, der das Unternehmen betreffenden Anspruchsgruppen, Teil des Unternehmenskonzeptes ist.

Der Stakeholderansatz geht auf den US-amerikanischen Philosophen und Ökonom R. Edward Freeman (2010, c1984) zurück. Als Stakeholder werden alle Personen und Gruppen bezeichnet, die einen beobachtbaren und nennenswerten Einfluss auf das Unternehmen ausüben. Freeman geht davon aus, dass die Interessen und Bedürfnisse der Anspruchsgruppen eines Unternehmens von werthaltiger Bedeutung für das Überleben der Organisationen sind. Hier finden sich Träger von Leistungsrollen (direkte Mitglieder der Organisation, wie z.B. Mitarbeiter und Vorstandsmitglieder) und Publikumsrollen (nicht direkte Mitgliedern der Organisation, wie z.B. Adressaten oder Politiker). Stakeholder sind über jeweils spezifische Interessen (Interaktionsthemen) mit dem Unternehmen verbunden (Abb. 4).

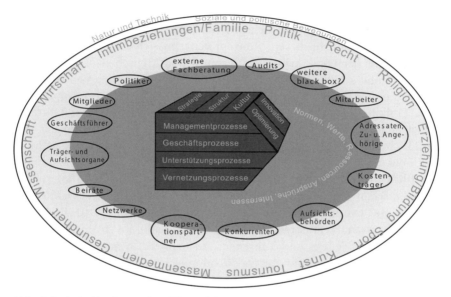

Abb. 4: Stakeholder [sensu lato Rüegg-Stürm (2003a: 28). Eigene Darstellung, modifiziert und ergänzt)]

Man kann allgemein zwischen internen und externen Stakholdern unterscheiden. Bei den internen Stakeholdern handelt es sich um strikte Kopplungsbeziehungen. Es geht hierbei um Beobachtungen von Beziehungen zwischen Unternehmen und Stakeholdern als Kausalbeziehungen (z.B. Mitarbeiter, Vorstand, Mitglieder). Bei den externen Stakeholdern handelt es sich um lose Kopplungsbeziehungen (Luhmann 1998: 1111; 2011, c2000: 374). Es geht hierbei um Beobachtung von Beziehungen zwischen Unternehmen und Stakeholdern als nicht-lineare Beziehung (z.B. Parteien, Leistungsträger, Konkurrenten). Das besondere an erwerbswirtschaftlichen Unternehmen ist, dass ihr Output (linear und auch nicht-linear) der Befriedigung der Ansprüche der Stakeholder dient und somit die Gestaltung der Beziehungen zu ihnen einen elementaren Wert für das normative und strategische Management (→ II. 3.1.1 und 3.1.2) besitzt. Stakeholder nichtprivater sozialwirtschaftlicher Unternehmen unterscheiden sich von erwerbswirtschaftlichen Unternehmen nur insofern, als dass sie keine marktüblichen Renditeerwartungen an das Unternehmen richten.[3] Insofern unterscheiden sich die beiden Unternehmensformen hinsichtlich ihres Anspruchsgruppenkonzeptes.

Das Anspruchsgruppenkonzept kann strategisch-ökonomisch oder normativ-kritisch ausgelegt sein. Das strategisch-ökonomische Anspruchsgruppenkonzept folgt der Funktionslogik ökonomischer Rationalität. Die Normativität des Entscheidens wird durch die Logik des Marktes bestimmt. Das normativ-kritische Anspruchsgruppenkonzept folgt der Funktionslogik ethischer Vernunft. In diesem Konzept versucht sich die Normativität des Entscheidens der Logik kritischer Vernunft und Menschensorge zu unterstellen (Wilbers 2009: 332). Erwerbswirtschaftliche Unternehmen verfolgen dagegen in der Regel ein strategisch-ökonomisches Anspruchsgruppenkonzept. Ethik hat hier keinen Platz, es sei denn, es gibt einen Markt dafür. An dieser Stelle sei darauf hingewiesen, dass auch eine Kombination der beiden, dichotomen Anspruchsgruppenkonzepte anzutreffen ist. Sie befindet sich aber noch in einem sehr jungen Stadium. Sie ist z. B. allgemeinwirtschaftlich im Kontext der Permakultur-Bewegungen und ihren alternativ-ökonomischen Unternehmungen im Bereich Landwirtschaft, Architektur, Garten- und Landbau und Soziales anzutreffen (Mollison 2010). In diesem Kontext ist auch das aufstrebende Modell der kollaborativen Wirtschaft, der Ökonomie des Teilens und Tauschens, zu nennen (Weitzman 1984). Die Suche nach einer Verbindung von ökonomischem und normativem Anspruchsgruppenkonzept lässt sich auch im sogenannten „Sozialunternehmertum" (Social Entrepreneurship) beobachten. Eine Entwicklung, die wohl die engste Verbindung zur Sozialwirtschaft hat. Social Entrepreneurship ist keinesfalls auf Unternehmensträger der klassischen Wohlfahrtspflege zu reduzieren (Brinkmann 2014). Unter dem Leitbegriff „Soziale Investition" (Anheier u. a. 2012) wird der Brückenschlag zu privaten, nicht-öffentlichen Beiträgen zum Gemeinwohl gesucht.

---

3 Auch wenn die EBITDA-Margen beispielsweise bei Krankenhäusern im Jahr 2010 durchschnittlich bei 8 Prozent lagen (Augurzky u. a. 2012), so betrugen sie differenziert betrachtet bei kommunalen Krankenhäusern 2,6, bei freigemeinnützigen 3,8 und lediglich bei privaten 9,4 Prozent (DIE ZEIT, 37/2012). (EBITDA steht für *earnings before interest, taxes, depreciation and amortization;* d. h. Gewinn vor Zinsen, Steuern und Abschreibungen auf Sachanlagen und Vermögensgegenstände).

Zusammenfassend lässt sich feststellen: Sozialwirtschaftliche Unternehmen fühlen sich eher einem normativ-kritischen als einem strategisch-ökonomischen Anspruchsgruppenkonzept verbunden.

Das Besondere an der Stakeholderlage sozialwirtschaftlicher Unternehmen ist jedoch nicht allein, dass sie sich eher dem normativ-kritischen Konzepttypus zuordnen. Eine weitere Besonderheit ist ihre Hybridstruktur bzw. ihre teilsystemische Mehrfachzugehörigkeit (→ I. 1.2). Sie ergibt sich aus dem Aufeinandertreffen von strategisch-ökonomischen und normativ-kritischen Interaktionsthemen, die von den Anspruchsgruppen in ein Unternehmen hineingetragen werden können. Das bedeutet: in dem Maße, wie diese Unternehmen unter Wettbewerbsdruck gesetzt werden, geraten sie in ein Spannungsfeld miteinander konkurrierender Anspruchsgruppenkonzepte. Damit stehen sie vor einer kaum lösbaren Aufgabe der Entparadoxierung. Man sieht: *structural drift* sagt noch nichts über die damit eingeleiteten Chancen aus. Weiterhin sind sozialwirtschaftliche Unternehmen durch die polykontexturale Differenz der Interessengruppen gekennzeichnet. Öffentliche Geldgeber bzw. Kostenträger, Aufsichtsbehörden, trägereigene Aufsichtsorgane und Fachgremien (Beiräte), politische Interessen- und Regierungsgruppen sowie Netzwerke interorganisationaler Zusammenarbeit, haupt- und ehrenamtliche Mitarbeiter; sie alle treten mit jeweils spezifischen Kontexten und damit unterschiedlichen, manchmal auch miteinander schwer vereinbaren Interessen an das Unternehmen heran.

1.3 Interaktionsthemen

Interaktionsthemen entstehen aus Erwartungen, die Interessen- und Anspruchsgruppen (Stakeholder) an ihr Unternehmen richten. Die Anliegen und Interessen ergeben sich aus der Selbstbetroffenheit der Stakeholder im Kontext unterschiedlich motivierter Interessen, von denen angenommen werden kann, dass diese mit dem Unternehmen sozial adressierbar werden (Abb. 5). Stakeholdergeführte Unternehmen benötigen Wege und Formen der Beobachtung von Kopplungsbeziehungen, insbesondere der losen Kopplungen. Von losen Kopplungen sprechen wird dann, wenn soziale Systeme es mit Kopplungen zu tun haben, die nicht strikt und damit verlässlich gekoppelt sind, sondern wenn es sich um Kopplungen handelt, deren Bedeutung für das System sich sprunghaft verändern kann (Luhmann 1998: 1111; 2011, c2000: 374). Das ist, wie wir schon feststellen mussten, bei externen Anspruchsgruppen der Fall. Lose Kopplungen stellen mithin ein hohes Irritationspotenzial für Organisationen dar. Organisationen benötigen Wege, wie sie mit ihren eigenen Kommunikationsmedien ihre Umwelt nach irritationsrelevanten Informationen abtasten. Lose Kopplungen steigern die „Irritabilität" sozialer Systeme um ausreichende Systemstabilität zu erreichen (Luhmann 2011, c2000: 394). Mithin sind soziale Systeme auf lose Kopplung angewiesen (ebd: 346). Eine Schwierigkeit hierbei ist sicherlich die Tatsache, dass es Organisationen schwer fällt, mit Personen zu interagieren. Ein Merkmal von Organisationen ist, dass sie Personen und Interaktionssysteme, die sich nicht in der Leistungs- sondern in der Publikumsrolle befinden, so behandeln, als wären sie ebenfalls Organisationen (Luhmann 1998: 834). Dieser funktionsorientierte Kommunikationsstil lässt sich durch sogenannte Stakeholderdialoge ein wenig abfangen. Eine in diese Richtung gehende Form der Abtastung von irritationsrelevanten Informationen stellen die web-basierten sozialen Netzwerke dar (Clausen 2009: 46). Aber auch persönliche Treffen (Hearings, Versammlungen usw.) können diese Funktion erfüllen. Entscheidend ist weniger die Form, als vielmehr das von den Stakeholdern wahrgenommene Organisationsinteresse. Ist dieses lediglich taktisch, statt offen und risikofreudig motiviert, sind systemrelevante Informationen für ein Unternehmen kaum erwartbar (Leitschuh-Fecht 2005: 599–607).

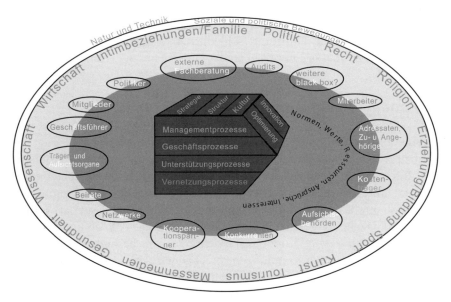

Abb. 5: Interaktionsthemen [sensu lato Rüegg-Stürm (2003a: 32).
Eigene Darstellung, modifiziert und ergänzt)]

Um mit Stakeholdern zu kommunizieren, muss naheliegenderweise geklärt werden, wer eigentlich zu den Stakeholdern eines Unternehmens gehört. Erst dann kann ein Weg gesucht werden, die Interessen und Ansprüche, die die Stakeholder gegenüber dem Unternehmen verfolgen, je nach Erkenntnisinteresse der Organisation näher zu beleuchten. Aber genau hier liegt das Problem, das sozialwirtschaftliche von erwerbswirtschaftlichen Unternehmen unterscheidet. Wie wir schon festgestellt haben, unterscheiden sich die Unternehmen hinsichtlich des von ihnen verfolgten Anspruchsgruppenkonzepts, das entweder normativ-kritisch, strategisch-ökonomisch oder als deren Kombination ausgelegt ist. In beiden Fällen entsteht die Frage nach der Abgrenzung der Interaktionsthemen der Anspruchsgruppen, allerdings mit erheblichen Unterschieden: Im strategisch-ökonomischen Konzept muss nach dem Einflusspotenzial der Anspruchsgruppen gefragt werden (Wer kann wirkmächtigen – positiven oder negativen – Einfluss auf das Unternehmen ausüben?); bei einem normativ-kritischen Konzept hingegen entsteht die Frage nach der Legitimität der Ansprüche (Wer hat Ansprüche an das Unternehmen, die übereinstimmen mit der ethisch bestimmten Funktionslogik des Unternehmens und erst durch ihre Übereinstimmung legitim und damit zumutbar sind?).

Als ein Verfahren zur Beobachtung der Stakeholderinteressen bietet sich die Stakeholderanalyse an. Dazu werden für jeden identifizierten Stakeholder Informationen hinterlegt hinsichtlich der Ressourcen, Normen und Wertvorstellungen, Nutzenerwartungen sowie Machtstellung. Macht ist eine „lebensweltliche Universale gesellschaftlicher Existenz" (Luhmann 2003, c1975: 90). Stakeholder ohne Macht gibt es nicht. Deutliche Unterschiede sind allerdings in der Verfügung über Mittel zur Durchsetzung von Macht zu beobachten. Dazu gehören in organisierten Sozialsystemen auch die Konvertierungsmöglichkeiten von anderen Kommunikationsmedien in das Medium Macht; also z.B. der Umtausch von Geld, Wissen oder Recht in Macht (Luhmann 2003, c1975: 101). Perspektivisch muss durch eine Stakeholderanalyse die Frage der Legitimität der Interaktionsthemen der Anspruchsgruppen geprüft werden. Referenzrahmen für solche Entscheidungsprozesse ist das gültige Anspruchsgruppenkonzept des Unternehmens (→ II. 1.2 und III. 1.2).

1.4 Szenarienbildung

Die Verarbeitung unternehmensrelevanter Umweltinformationen stellt den Grundstein für die Unternehmensgestaltung und die weitere Unternehmensentwicklung dar. Die Frage, die sich dabei stellt, ist: Welche Bedeutung haben die Informationen für die potenzielle Unternehmensentwicklung und wie kann sich das Unternehmen hierauf vorausschauend einstellen?

Der strategische Versuch, einen Blick in die Zukunft zu wagen, ist der Versuch eines prospektiven Umgangs mit Kontingenz. Da dies erwartungssicher zu realisieren unmöglich ist, gibt es hierfür keinen sicheren Weg, nur einen probabilistischen[4]: die Szenariotechnik (→ III. 1.5). Verschiedene Szenarienbildungen können Auskunft darüber geben, welche Umweltbedingungen zukünftig auf das Unternehmen und seine Geschäftsfelder einwirken. Das sogenannte Trendszenario stellt die zukünftige Unternehmensentwicklung unter der Annahme stabiler Umweltentwicklungen dar. Positiv- und Negativszenario bilden dementsprechend die zukünftige Entwicklung bei sich verbessernden bzw. verschlechternden Umweltbedingungen ab. Der besondere Nutzen der Szenariotechnik liegt in der Sensibilisierung für Chancen und Risiken, die sich durch neue Entwicklungen in der Unternehmensumwelt ergeben können. Aus den vorliegenden Trendszenarien lassen sich Handlungsempfehlungen zur Gestaltung der Unternehmensumweltbeziehungen sowie für die weitere strategische Unternehmensplanung erarbeiten.

1.5 Auf den Punkt gebracht

Das Umweltkonzept liefert Informationen und Anhaltspunkte für die weitere Unternehmensentwicklung und Unternehmenssteuerung, ersetzt diese aber nicht. Bei der Entwicklung eines Umweltkonzeptes geht es um die Frage, wie eine Organisation, die – wie alle sozialen Systeme – sich selbst gegenüber intransparent ist *(black box)* trotzdem zu einer Außenperspektive gelangen kann, die ihr relevante Informationen für die Entwicklung einer auf Zukunft gerichteten Unternehmensplanung und der hierfür angemessenen Unternehmenssteuerung geben kann.

> Die Umweltanalyse ersetzt nicht eine Unternehmens- und Steuerungsplanung. Sie dient vielmehr dem Versuch der Selbstirritation eines Unternehmens, um Entwicklungen antizipieren zu können, die für den Unternehmenserfolg potenziell kritisch verlaufen können.

---

4   Nicht jedoch im Sinne mathematischer Probabilistik.

Unternehmensplanung kann zur Frage von Unternehmensberatern (consultern) und Organisationsentwicklern gemacht werden. Sie erfüllen die Funktion, dem Management zusätzliches Irritationspotenzial zur Verfügung zu stellen. Angesichts des unumgehbaren Kostenfaktors ist damit allerdings eine für sozialwirtschaftliche Unternehmen nicht regelhaft herstellbare Lösung verbunden. Realistischer scheint hier die Frage nach der Einbindung von Stabsfunktionen zu sein, wie sie durch ein strategisches Controlling gegeben sind. Aber auch diese Lösung ist mit zusätzlichen, oft nicht deckungsfähigen Kostenaufwendungen verbunden. In solchen Fällen wird das Unternehmensmanagement nicht umhin können, sich dieser Aufgabe zu widmen. Umwelt-, Stakeholder- und Szenarioanalyse dienen als probate Hilfsmittel für Versuche, eine Außenperspektive auf das Unternehmen und damit auch in Teilen auf sich selbst zu entwickeln.

Mit der Unternehmensumwelt ist der erste basale Baustein einer sozialwirtschaftlichen Management- und Unternehmensentwicklung abgehandelt. Dieser Baustein besteht aus vier Frageschritten:

1. Welche Umweltbedingungen des Unternehmens sind in den Blick zu nehmen und welche Bedeutung haben diese für das Unternehmen? (Umweltanalyse)
2. Welche Interesseneigner (Stakeholder) sind auszumachen und welche Themen sind für das Unternehmen von interaktiver Bedeutung? (Stakeholderanalyse)
3. Welche möglichen Auswirkungen haben die Analysen zu 1 und 2 auf das Unternehmen in den nächsten (x) Jahren? (Szenarioanalyse)
4. Welche Auswirkungen haben die Ergebnisse der Umweltanalyse auf die Unternehmensstruktur?

Aus der Reflexion der Außenperspektive eines Unternehmens müssen also Schlüsse für die Unternehmensplanung und -steuerung gezogen werden. Damit kommen wir zum nächsten Baustein unserer Managementmodells: zur Unternehmensstruktur.

Kapitel 2
Unternehmensstruktur

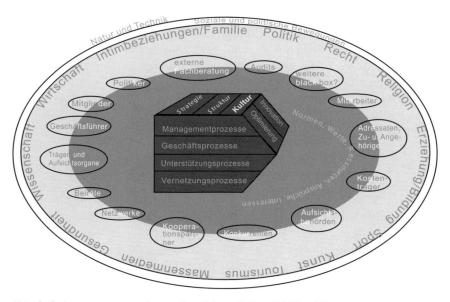

Abb. 6: Ordnungsmomente [sensu lato Rüegg-Stürm (2003a: 36).
Eigene Darstellung, modifiziert und ergänzt)]

Bei den Ordnungsmomenten handelt es sich um die etablierten Struktur-
bestandteile einer Organisation (Unternehmensstruktur). Hierzu gehören
die Strategieplanungsstruktur, die Aufbau-, Prozess- und Rechtsstruktur sowie die Organisationskultur eines Unternehmens (Abb. 6). Das Unterneh-
mensstrukturkonzept befasst sich mit der Sicherung der basalen Grundlagen
für einen langfristigen Unternehmenserfolg. Das Strukturkonzept erfüllt
dabei eine notwendige, aber keineswegs hinreichende Aufgabe. Nicht allein
die zugrunde gelegten, organisationalen Strukturvorgaben begünstigen das
Eintreten der gewünschten Unternehmenseffekte, vielmehr werden diese
durch die strategisch passende Ausgestaltung von Strukturen bestimmt. Es
geht also nicht allein um die Unternehmensstruktur, sondern auch um die
Unternehmensperformanz. Eine klare Organisationsarchitektur ist kein
Selbstläufer. Die Performanz eines Unternehmens hängt letztlich von den

Prozessen der Unternehmenssteuerung ab, ist aber von ihnen nicht beliebig herstellbar (Kap. II. 3.).

Die strukturellen Festlegungen bezeichnen wir in unserem Modell ebenfalls mit „Ordnungsmomente" (Rüegg-Stürm 2003a, c2001: 36). Es werden drei Ordnungsmomente unterschieden: Strategie, Struktur und Kultur.

2.1 Strategie

Mit dem Strukturmoment Strategie geht es noch nicht um den Prozess der Strategieentwicklung. Dieser ist auf der Steuerungsebene angesiedelt (→ II. 3). Hier geht es zunächst um die strukturelle Festlegung von Strategieentwicklung. Das bedeutet, dass die Frage der Wertschöpfung strukturell und noch nicht prozessual geklärt sein muss. Das trifft hier im Besonderen zu, da wir die Frage der Wertschöpfung für die spezifische Operationsweise unseres Unternehmens als ein sozialwirtschaftliches beantworten müssen.

Mit der Klärung der Strategieentwicklung sind wir an einem sozialwirtschaftlich neuralgischen Punkt angelangt. Allgemeiner Fokus von Strategieentwicklung ist die Sicherung der Wertschöpfung eines Unternehmens. Dabei ist eine erwerbswirtschaftliche Perspektive strukturell auf sozialwirtschaftliche Unternehmen nur sehr eingeschränkt übertragbar. Die Wertschöpfung eines sozialwirtschaftlichen Unternehmens lässt sich im weitesten Sinn als ein Wertschöpfungsprozess der „Wohlfahrtsproduktion" (Wendt 2013: 28) verstehen. Ausgangspunkt sozialwirtschaftlicher Unternehmen ist dabei aber nicht die Suche nach einem Absatzmarkt, auf dem die ‚Wohlfahrtsprodukte' verkauft werden können. Sozialwirtschaftliche Unternehmen sind stattdessen auf Quasimärkte angewiesen, die die Produkte abnehmen, sofern diese politisch bzw. sozialgesetzlich legitimiert und bezahlbar gehalten werden, oft durch von den Leistungsträgern künstlich hergestellten Wettbewerb. Damit scheiden für sozialwirtschaftliche Unternehmen zwei zentrale Strategieentwicklungsmöglichkeiten aus, die den erwerbswirtschaftlichen Unternehmen zu Verfügung stehen: a) hochattraktive Märkte aufzuspüren und sich hier mit einer eigenen Wettbewerbsstrategie zu behaupten (Outside-in-Perspektive) oder b): sich Wettbewerbsvorteile durch nicht substituierbare Alleinstellungsmerkmale zu verschaffen (Inside-out-Perspektive). Entsprechend bestätigt sich auch in der Forschung nicht das Bild, das sich Träger der Freien Wohlfahrtspflege angesichts der sozialwirtschaftlichen Transformationsprozesse zu Sozialkonzernen entwickeln würden, „die wie kommerzielle Wirtschaftsunternehmen auf einem Markt sozialer Dienstleistungen nach Rentabilitätskriterien agieren" (Wohlfahrt 2005: 92).

Strategieplanung in der Sozialwirtschaft ist also nicht von einer Sichtweise der Maximierung des für die Kapitalgeber geschaffenen Wertes *(Shareholder Value)* bestimmt. Das eingesetzte Geld fließt nicht in Form einer Rendite an die Investoren zurück. Sozialwirtschaftliche Wertschöpfung lässt sich nicht als *Return on Investment* darstellen. Versuche, hierfür äquivalente Berechnungsmodelle zu entwickeln, stehen noch eher in ihren Anfängen. Mit dem Begriff der Sozialrendite – *Social Return on Investment* (SROI) – liegen erste Berechnungsmodelle zur Bewertung des gesellschaftlichen Mehrwertes für Unternehmen vor (Franssen/Scholten 2008; Reichelt 2009; Nicholls/Cupitt 2009; Buchholz/Lasar 2012; Ehrenbrandtner 2013, Kehl u.a. 2012). Ihre Aussagefähigkeit ist jedoch begrenzt. Sie mögen für soziale engagierte Profit-Unternehmen einen gewissen Marktwert haben, geben aber keine Auskunft, die in irgendeiner Weise für strategische Fragen der Marktentwicklung und Marktsteuerung ausreichend wären. Aus diesem Grund, aber auch aus Gründen der Theorieleitung von Sozialwirtschaft, muss der SROI-Ansatz für sozialwirtschaftliche Unternehmen kritisch gesehen werden (→ II. 2.1 und 4). Die gesellschaftliche Funktion von Sozialwirtschaft ist nicht monetäre Wertschöpfung, sondern lebensdienliche Wohlfahrt. Damit sind die Möglichkeiten von Strategieplanung recht eingeschränkt bzw. durch einen spezifisch anderen Wert bestimmt. Sozialwirtschaftliche Unternehmen sind zwar ebenfalls auf Strategieplanung angewiesen, aber diese Planung wird von normativ-ethischen Werten bestimmt. Dieser Wert (Stakeholder-Value) wird durch die Interessen- und Anspruchsgruppen des Unternehmens repräsentiert.

Dem Stakeholder-Value liegt die Erkenntnis zugrunde, dass sich die Anspruchsgruppen eines Unternehmens von diesem ab- und einem anderen zuwenden, wenn ihre spezifischen Erwartungen, die sie mit dem Unternehmen verbinden, auf Dauer nicht oder nicht befriedigend erfüllt werden. In erwerbswirtschaftlichen Unternehmen sind diese Erwartungen sowohl immaterieller als auch materieller Art (letzteres wohl primär).[5] Aufgabe eines sogenannten „Stakeholder Managements" (Müller-Stewens/Lechner 2005: 171) ist es, die spezifischen Interessen seiner Stakeholder zu identifizieren, untereinander auszuloten und Strategien zu entwickeln, die geeignet sind, den Interessen und Erwartungen der Anspruchsgruppen befriedigend entsprechen zu können. Das gilt für sozialwirtschaftliche Unternehmen in besonderer Weise. Die Existenz sozialwirtschaftlicher Unternehmen ist davon abhängig, inwieweit es gelingt, der Polykontexturalität seiner Anspruchs-

---

5   Dennoch hat sich auch in Shareholder-Value geführten Unternehmen herumgesprochen, dass die Unternehmen langfristig die größere Rendite erzielen, die ihre Stakeholder gut behandeln und ihre Interessen Ernst nehmen.

gruppen, dem Mix aus politischen, weltanschaulich ideellen, wertebezogen kulturellen und auch ökonomisch finanziellen Interessen gerecht zu werden und diese als Interaktionsthemen zum Teil der strategischen Planung werden zu lassen. Hier wird noch einmal deutlich, wie sehr Strategieplanung in sozialwirtschaftlichen Unternehmen auf eine dauerhafte Stakeholderanalyse angewiesen ist (→ II. 1.2). Der Stakeholderanalyse, als ein Ausgangspunkt von Strategieplanung, müssen dann aber Schritte folgen, mit denen die Definition des Leistungsangebotes und der Leistungserstellung (z. B. Güte, Preis und Nutzen) festgelegt werden. Wie schon festgestellt, kann dies nicht – zumindest nicht durchgängig – mit erwerbswirtschaftlichen Strategien geschehen (Böttcher/Merchel 2010: 13–18). Wenn Sozialwirtschaft es nicht mit einem freien Markt, sondern mit einem Quasimarkt zu tun hat, so ist damit gleichzeitig angedeutet, dass sie eben nicht frei von betriebswirtschaftlichen Anforderungen agieren kann. Diese liegen im Kern darin begründet, dass auch sozialwirtschaftliche Unternehmen wirtschaften und sich Klarheit über ihre leistungs- und finanzwirtschaftliche Situation und damit auch über entsprechende Strategien ihrer Absicherung verschaffen müssen.

Betriebswirtschaftliches Denken und Handeln wird durch die seit den 1990er Jahren anhaltenden Anstrengungen zur Reform der öffentlichen Verwaltung gefördert. Hinwendung zur Outputsteuerung, das heißt: Abkehr vom zentralistischen Steuerungsdenken und Hinwendung zu einer Steuerung durch Produkte und Qualität mit entsprechenden Leistungsvereinbarungen. Auch wenn mittlerweile wissenschaftlich gesichert ist, dass das Neue Steuerungsmodell meist nur in Teilaspekten umgesetzt wird – mithin kaum vollständig in reiner Lehre als Zusammenführung von Ressourcen- und Fachverantwortung – und zudem begründete Zweifel anzumelden sind, ob eine Kommune wie ein Dienstleistungsunternehmen aufgestellt werden kann (Böttcher/Merchel 2010: 30–34), muss man konstatieren, dass die Neue Steuerung den sozialwirtschaftlichen Unternehmen die Notwendigkeit einer exakten Kosten- und Leistungsrechnung abverlangt, letztlich auch gestützt durch die im Sozialgesetzbuch verankerte rechtliche Norm des Abschlusses von Leistungsvereinbarungen zwischen Kostenträgern und Leistungserbringern.

Angesichts der hier einerseits eingeschränkten erwerbswirtschaftlichen Erfordernisse und Möglichkeiten der Strategieplanung sozialwirtschaftlicher Unternehmen sowie der andererseits durch Sozialgesetzbuch und Neue Steuerung gegebenen betriebswirtschaftlichen Implikationen, benötigen wir einen etwas anderen Bezugsrahmen für die Strategieplanung, als dies bei erwerbswirtschaftlichen Unternehmen der Fall ist. Die erste Fassung des von Hans Ulrich entwickelten St. Galler Modells bietet hierzu eine

Orientierung. Strategieplanung wird dort als Zusammenspiel von drei Zielperspektiven verstanden:

a) leistungswirtschaftliche Ziele,
b) finanzwirtschaftliche Ziele und
c) soziale Ziele.

Aus diesen drei Konzeptbausteinen besteht die strategische Unternehmensplanung (Ulrich/Krieg 1974: 34, c1972; Ulrich 1978: 249).

Unter den leistungswirtschaftlichen Zielen (a) werden die sozialen Dienstleistungen und die damit verbundene wohlfahrtliche Wertschöpfung erfasst und unter den finanzwirtschaftlichen Zielen (b) die für die Dienstleistungserbringung erforderlichen Vergütungen. Mit den sozialen Zielen (c) werden schließlich die für die Dienstleistungserbringung erforderlichen gesellschaftlichen Bezüge konzipiert (Tab. 2). Modifiziert für eine sozialwirtschaftliche Strategieplanung stellt sich dieses Konzept wie folgt dar:

	Soziales Konzept	Leistungswirtschaftliches Konzept	Finanzwirtschaftliches Konzept
Ziele	**Gesellschaftsbezogen** • soziale Verantwortung (extern) **Mitarbeiterbezogen** • soziale Verantwortung (intern)	**Sachziele** (Sachzieldominanz) • Zweck-Mittel-Relationen für die Produktion von staats- und sozialversicherungsfinanzierten Gütern. **Formalziele** (sekundäre Produktziele) • Art und Qualität	**Finanzplanung:** **Liquiditätsplanung** • Liquidität • Liquiditätsreserve **Investitionsplanung** Ertrags- und Quasi-Renditeziele • Absolut • Relativ (Rentabilität, Umsatz- und ggf. Kapitalrendite)
Leistungspotenzial	**gesellschaftsbezogen** • finanziell • personell • materiell **mitarbeiterbezogen** • Personalpolitik	**Potenzialenwicklung** • räumlich • personell • technisch • organisationell • konsumptionell	**Kapital- und Finanzierungsstruktur** • Finanzierungsgrad • Kostendeckungsgrad • Kapitalvolumen
Strategien	**Corporate Governance** • Unternehmenspolitik, • Unternehmensverfassung, • Unternehmensleitbild, • Personalrichtlinien	der Leistungserstellung der Leistungsverwertung der Leistungspotenzialbeschaffung und -verwaltung	**Kapital- und Finanzierungsbedarfsdeckung:** **Objektfinanzierung** • Zuwendungen • Zweckerträge aus öffentlichen Gewinnspielen **Subjektfinanzierung** • Leistungsentgelt (Pflegesätze, Fachleistungsstunden)

Soziales Konzept	Leistungswirtschaftliches Konzept	Finanzwirtschaftliches Konzept
		Nichtöffentliche Finanzierung • Spenden • Nachlässe • Fundraising • Sponsoring • Innenfinanzierung durch Erträge aus eigenem Vermögen, Zweckbetrieben oder wirtschaftlichen Geschäftsbetrieben und Beteiligungen • Außenfinanzierung durch Kredite und Anleihen

Tab. 2: Strategiekonzept (sensu lato Ulrich 1978)

2.1.1 Soziale Ziele

Der Gedanke, soziale Ziele als Teil der Unternehmensstrategie zu planen, ist für Wirtschaftsunternehmen zunächst funktionsfremd. Wirtschaftsunternehmen operieren als Organisation des gesellschaftlichen Funktionssystems ‚Wirtschaft' nach dem dort gültigen binären Code *zahlen/nicht zahlen* im Kommunikationsmedium *Geld* (Luhmann 1994, c1988). Insofern interessiert sich das Wirtschaftssystem für Sinnkonstituierungen anderer Funktionssysteme (z. B. Politik, Recht) oder ggf. sozialer Bewegungen (z. B. Umwelt, soziale Gerechtigkeit, Moral, Frieden) nur in dem Maße, wie sich diese funktionsfremden Sinnkonstituierungen im funktionseigenen Code herstellen lassen. Einige Beispiele für solche Entwicklungen sind der Handel von Unternehmen mit Immissionsrechten oder das finanzielle Engagement für soziale Projekte zur Hebung des Unternehmensimage. Soziale Ziele, die ein Unternehmen nach innen (Personal) und außen (Gesellschaft) formuliert, sind immer an den primären Funktionscode rückgebundene und damit sekundäre Ziele. Dennoch – und hier mag Luhmann'sche Theorie zu kurz greifen – sind Unternehmen nicht nur in eine zweckrationale, materielle Welt eingebunden. Auch Ulrich hat dieser Gedanke in der Entwicklung seiner systemischen Betriebswirtschaftslehre beschäftigt. Er wies darauf hin, dass Unternehmen ebenso „Bestandteil einer viel schwerer fassbaren geistigen Welt" (Ulrich 2001: 435) sind. Mit der „geistigen Welt" meint Ulrich die „sehr wirksame Sphäre menschlicher – individueller und kollektiver –

Werthaltungen" (Ulrich 2001: 436). Somit ist anzunehmen, dass neben den leistungs- und finanzwirtschaftlichen Zielen auch die sozialen Ziele eines Unternehmens geplant werden müssen. Für sozialwirtschaftliche Unternehmen hat dies sogar Priorität, da ihre Sinnkonstituierung an sich sozialer Zweckgebundenheit unterstellt ist. Daher haben wir die sozialen Ziele hier auch in die erste Spalte gestellt.[6]

Unternehmen, die sich ihrer sozialen Verantwortung bewusst werden, reflektieren soziale Ziele sowohl im Innen- als auch Außenverhältnis. Themenstellungen sind z.B. Gleichstellung, *diversity,* Lohnpolitik und Umwelt. Bei solchen Fragestellungen ergeben sich immer Verschränkungen und Wechselwirkungen mit dem normativen und strategischen Management (→ II. 3.1.1 und 3.1.2) sowie der Organisationskultur (→ II. 2.3). Organisationskultur lässt sich normativ nicht planen, aber strategisch beeinflussen. Aus systemtheoretischer Sicht ist zwar das Paradoxe an schönen Wahrheiten, dass „sie es nötig haben, kommuniziert und gefördert zu werden" (z.B. sei natürlich, sei spontan!) (Luhmann 2011, c2000: 115). Ebenso steht fest, dass es die „Einheit eines psychisch-sozialen Systems" nicht geben kann (Luhmann 2011, c2000: 116). Aber das alles spricht nicht für den Verzicht auf die Entwicklung eigener, sozialer Unternehmensziele. Vielmehr wird damit nur die limitierte Erfolgswahrscheinlichkeit solcher Bemühungen deutlich. Das Bewusstwerden von Limitierungen hat aber durchaus Vorteile. Wenn z.B. alle Organisationsmitglieder sich klar darüber sind, dass ein Optimum, ein Konsens nie erreicht werden kann, sind die Bemühungen um das, was kommunikativ gelten soll, sehr viel realitätsnäher und damit zumutbarer, als nie enden wollende Visionierungen. Beispielsweie ist dies eine strategisch bedeutsame Perspektive bei der Erstellung von Unternehmensleitbildern, um Leitlinien eines Unternehmens formulieren zu können, die realisierbar erscheinen.

Was in einem sozialen Unternehmenskonzept möglich ist, ist letztlich eine Frage der *Corporate Governance* (CG). Darunter versteht man die Summe all der Regelungen, die sich mit der Organisation des Unternehmens und seiner Unternehmensstruktur befassen, hier insbesondere seinen Kontrollmechanismen und den Kompetenzen der Unternehmensorgane. Leitorientierung von CG ist die freiwillige Entwicklung von Grundsätzen gesellschaftlich verantwortlichen Unternehmerhandelns. Die Europäische Kommission formulierte im Jahr 2001 rechtlich unverbindliche Rahmenbedingungen für die soziale Verantwortung von Unternehmen. Hierbei griff sie auf den bereits 1973 im sogenannten „Davoser Manifest" formulierten

---

6   In Ulrichs Konzept sind sie als dritte Spalte neben den leistungs- und finanzwirtschaftlichen Konzepten berücksichtigt (Ulrich 2001: 56, 434).

„Kodex des ethischen Wohlverhaltens für die Unternehmensführung" zurück (Tietze 2011: 77). Bereits in den 1970er Jahren wurde eine Reihe von Modellen der *Corporate Social Responsibility* (CSR) entwickelt und hinsichtlich der normativen, strategischen und operativen Unternehmensprozesse ausdifferenziert.[7] Der Grundgedanke von CSR ist also absolut nicht neu, und angesichts der häufig negativen Schlagzeilen in den Massenmedien mag man sich fragen, was davon in der Privatwirtschaft in den letzten vierzig Jahren eigentlich umgesetzt worden ist.

Konzepte der freiwilligen Selbstverpflichtung scheinen nicht ausreichend zu sein. Offensichtlich sind Unternehmen darüber hinaus auf rechtliche und politische Irritationen angewiesen, um *Corporate Social Responsibility* in ihre *Corporate Governance* aufzunehmen. Als Beispiel sei hier das Gesetz zur Kontrolle und Transparenz im Unternehmensbereich (KonTraG) aus dem Jahre 1998 genannt. Ziel von KonTraG ist, die *Corporate Governance* in Unternehmen zu verbessern. Deshalb wurden mit diesem Artikelgesetz etliche Vorschriften aus dem Handels- und Gesellschaftsrecht verändert. KonTraG präzisiert und erweitert dabei hauptsächlich Vorschriften des Handelsgesetzbuches (HGB) und des Aktiengesetzes (AktG). Mit dem KonTraG wurde letztlich die Haftung von Vorstand, Aufsichtsrat und Wirtschaftsprüfer in Unternehmen erweitert. Kern des KonTraG ist eine Vorschrift, die Unternehmensleitungen dazu zwingt, ein unternehmensweites Früherkennungssystem für Risiken (Risikomanagementsystem) einzuführen und zu betreiben, sowie Aussagen zu Risiken und zur Risikostruktur des Unternehmens im Lagebericht des Jahresabschlusses der Gesellschaft zu veröffentlichen. Auf diese Weise verspricht man sich eine Regulierung der riskanten Beziehungen, die Aktionäre zum Unternehmensmanagement eingehen. In sozialwirtschaftlichen Unternehmen dürften derartige gesetzgeberische Aktivitäten nur in wenigen Fällen eine Bedeutung haben. Das KonTraG gilt zwar nicht nur für Aktiengesellschaften, sondern auch für Gesellschaften mit beschränkter Haftung (GmbH) für den Fall, dass diese aufgrund ihrer Größe rechtsverbindlich eines Aufsichtsrates bedürfen. Erwähnung finden sollte in diesem Zusammenhang aber, dass auch in der Sozialwirtschaft der Fall des Auseinanderfallens von Eigentum und Kontrolle (z. B. bei Stiftungen und Gesellschaften mit beschränkter Haftung) gegeben sein kann (Teske 2010: 87–92). Unabhängig von solchen rechtsformalen Kriterien besteht für die meisten großen Träger sozialwirtschaftlicher Unternehmen heute Einigkeit darin, dass Risikominimierung (Risikomanagement) mithilfe eines *Corporate Governance*-Konzeptes zu den unverzichtbaren Aufgaben des normativen Managements gehört (Bachert u. a. 2008; BAGFW 2010).

---

7   Vgl. die Übersicht von Loew u. a. (2004) in Tietze (2011: 78).

Mittlerweile liegen auch erste Ansätze einer theoriebasierten *Corporate Governance*-Orientierung für die Sozialwirtschaft vor (Grunwald/Roß 2014: 17–64).

2.1.2 Leistungswirtschaftliche Ziele

Wie bereits festgestellt, ist die Zieldefinition einer Strategieplanung sozialwirtschaftlicher Unternehmen mit erwerbswirtschaftlichen Unternehmen nicht vergleichbar. Deutlich wird dies u. a. bei der leistungswirtschaftlichen Konzeptentwicklung. Sie stellt sich nicht als Bearbeitung von Fragen der Beseitigung und Produktion von Knappheit (z. B. von Konsumgütern oder Dienstleistungen) dar. Sie stellt sich zudem auch nicht allein in der Ausgestaltung meritorischer Güter dar.[8] Vielmehr geht es in der Sozialwirtschaft um Fragen der Erfüllung von sozialgesetzlich kodifizierten Leistungsansprüchen, die sich aus entweder zwangsversicherten oder nichtversicherungsfähigen Lebensrisiken herleiten. Mithin geht es auf der leistungswirtschaftlichen Konzeptebene primär um die Erreichung bedarfswirtschaftlicher, karitativer, diakonischer, humanitärer oder weltanschaulicher Sachziele und Antworten darauf, welche Zweck-Mittel-Relationen für die Produktion von staats- und sozialversicherungsfinanzierten Gütern anzusetzen sind. Wir müssen daher nicht von einer Formalziel-, sondern von einer Sachzieldominanz ausgehen (Kramer 2006).

Sozialwirtschaftliche Unternehmen sind jedoch nicht immer frei von der Erreichung erwerbswirtschaftlicher Produkt- bzw. Formalziele. Beispiele hierfür sind außerschulische Bildungseinrichtungen, Krankenhäuser und Pflegeeinrichtungen. Sie sind infolge ihrer Finanzierungsstruktur zunehmend auf die Erreichung von Produktzielen angewiesen. Diese Notwendigkeit ergibt sich allein schon aus der Konkurrenz um sozialgesetzlich definierte Versicherungsressourcen. Das bedeutet, dass sich diese Unternehmen fortlaufend mit der strategischen Frage um Art und Qualität ihrer Produktziele auseinandersetzen müssen (sekundäre Formal- bzw. Produktziele).

Das für die Strategieziele zu erschließende Leistungspotenzial ist hingegen mit erwerbswirtschaftlichen Unternehmen vergleichbar. Strategieziele erfordern für ihre Umsetzung räumliche, personelle, technische, organisationelle und oft auch konsumptionelle Ressourcen (z. B. Pflegematerial). Sie bilden die Basis für die Erstellung und Verwertung der Leistungen und er-

---

8   Als meritorische Güter werden solche Leistungen bezeichnet, die zwar individuell „konsumiert", aber nicht vom Kunden/Adressaten selbst bezahlt, sondern öffentlich bereitgestellt und finanziert werden (Finis Siegler 2009: 132 f.).

fordern Strategien der Beschaffung, Entwicklung und Verwaltung entsprechender Leistungspotenziale. In erwerbswirtschaftlichen Unternehmen wird Potenzialentwicklung über Qualitätsmanagementsysteme entfaltet. Diese wiederum erfahren ihre Vorgaben in der Qualitätspolitik des normativen Managements. Die normativen Grundlagen von Qualitätspolitik sind in sozialwirtschaftlichen Unternehmen hingegen durch die sozialgesetzlich vorgegebenen, jedoch auf der Kontraktebene auszufüllenden Vereinbarungen zur Leistung und Qualität bestimmt. Welche Systeme zur Qualitätsentwicklung, Qualitätssicherung und Qualitätsprüfung – kurz: Qualitätsmanagement (→ III. 3.6) – hierfür implementiert werden, ist damit in der Regel Sache von Qualitätsvereinbarungen zwischen Leistungserbringern und Leistungsträgern.

2.1.3 Finanzwirtschaftliche Ziele

Bei der finanzwirtschaftlichen Planung geht es um die Frage der Vergütung der erbrachten Leistungen. Die finanzwirtschaftliche Strategieplanung stellt sich in sozialwirtschaftlichen Unternehmen ebenfalls anders dar, als in erwerbswirtschaftlichen. Während hier öffentliche Gelder in Form von Subventionen zwar eine Rolle spielen können, sind sozialwirtschaftliche Unternehmen überwiegend auf eine Finanzierungssystematik angewiesen, die sich aus der Sicherung von hauptsächlich öffentlichen und sozialgesetzlichen Mitteln sowie der ergänzenden Bereitstellung von Eigenmitteln zusammensetzt. In den Leistungsbeziehungen sozialwirtschaftlicher Unternehmen und ihren Leistungsträgern stehen eine Reihe unterschiedlicher, teilweise untereinander verknüpfter Finanzierungsformen zur Verfügung. Sie speisen sich aus Zuwendungsverträgen (Zuschüsse, Förderung, Zuwendung, Anteils- und Fehl- oder Festbetragsfinanzierung) und Leistungsverträgen (Leistungsentgelt als Fallpauschale, Bettenpauschale, Tages- bzw. Pflegesatz, Stundensatz bzw. Fachleistungsstunde). Als Finanzgeber agieren hier die im Sozialgesetzbuch jeweils zuständigen öffentlichen Sozialleistungsträger sowie die europäischen Strukturfonds und Aktionsprogramme.

Eine weitere Form der Außenfinanzierung stellen verschiedene Arten der Fremdfinanzierung durch kurz- und langfristige Kredite und Anleihen dar (z.B. Geldeinlagen, Sacheinlagen in Form von Immobilien, Fahrzeugen und Betriebsausstattungen, Nutzrechten und Wertpapieren). Daneben gibt es alternative Finanzierungsformen, wie z.B. Spenden, Nachlässe, Fundraising, Sponsoring sowie Erträge aus eigenen Zweck- und/oder wirtschaftlichen Geschäftsbetrieben und Beteiligungen (Bettig u.a. 2013: 19–74; Bachert/Schmidt 2010: 49–88; Böttcher/Merchel 2010: 102–107). Die Kopplung der Finanzierung aus Eigen- und Fremdmitteln stellt eine weitere Finanzierungsform dar. Sie ist auch unter der Bezeichnung „Mezzanine-Finanzierung" bekannt (Müller-Känel 2009). Entsprechend komplex gestaltet sich die Finanzplanung in sozialwirtschaftlichen Unternehmen. Fragen der Liquiditäts- und Investitionsplanung hängen von der gewählten bzw. erreichbaren Form der Kapital- und Finanzierungsbedarfsdeckung ab und können zu höchst unterschiedlicher Bewertung der Kapital- und Finanzierungsstruktur führen.

2.2 Strukturen

Unter organisationssoziologischen Gesichtspunkten spricht nichts dafür, sozialwirtschaftliche Unternehmen von anderen Unternehmensformen zu unterscheiden. Organisation ist die überwiegende Form der Leistungserbringung in hochkomplexen Gesellschaften. Organisationen sind sozusagen Orte von auf Dauer gestellter Kommunikation unterschiedlicher gesellschaftlicher Problembearbeitung (Wirtschaft, Politik, Bildung, Wissenschaft, Recht, Medizin, Religion usw.). Als solche müssen sie Rahmenbedingungen schaffen, um zu Organisationshandeln fähig zu sein. Es geht sozusagen um die „Organisation der Organisation" (Luhmann 2011, c2000: 302). Damit Organisationen ihre systemspezifische Funktion in Gesellschaft wahrnehmen können, müssen sie entsprechend erwartungssichere Strukturen ausbilden. Hier sind solche Strukturen basal, die es ermöglichen, Aussagen darüber zu treffen, nach welchen geltenden Kriterien die Aufgabenbearbeitung verteilt und koordiniert werden und in welcher zeitlichen Abfolge diese zu erfüllen sind. Diese beiden Fragestellungen werden unter den Begriffen Aufbaustruktur und Ablaufstruktur behandelt.

2.2.1 Aufbaustruktur

Mit der Aufbaustruktur wird festgelegt, wie die Leitung und die ihnen zugeordneten operationellen Einheiten einer formalen Organisation gegliedert sind. Das betrifft sowohl die dauerhaften als auch die temporären Einheiten (Projekte). Hier sind unterschiedliche Organisationsarchitekturen bekannt. In der Regel werden Linearstrukturen von mehrdimensionalen Strukturen unterschieden. Linearstrukturen werden als Ein-, Mehr- oder Stab-Liniensysteme unterschieden (z.B. Fachbereichs-, Geschäftsfeld-, Sparten-, Produkt- oder Projektgruppen). Mehrdimensionale Organisationsstrukturen sind die Kreuzlinien- bzw. Matrixstruktur (Picot u.a. 2008, c1997: 250–256). In wettbewerbsintensiven Branchen wird immer mehr die Prozessorganisation diskutiert, sie ist in der Unternehmensrealität aber noch nicht häufig anzutreffen (Nagel 2009: 94–98; Rüegg-Stürm 2009: 108). In großen Unternehmen sind Sparten-, Produkt- oder Projektgruppenorganisationen in der Regel als Matrixstruktur aufgestellt (Ulrich 2001: 56 f.; Nagel 2009: 80–100).

Die visualisierte Form solcher Festlegungen ist bekanntermaßen das Organigramm. Die Frage der Organisationsarchitektur ist unmittelbar verbunden mit der Frage nach den operativen Führungsprozessen (Managementprozessen). Zur Entwicklung eines geeigneten Organisationsdesigns gehört auch die Frage, wie die dazu passende Personalführungsstruktur aufgebaut wird (Nagel 2009: 98). Das Thema der Führungsstruktur im Kontext von Managementprozessen wird uns später noch beschäftigen (→ II. 3.1).

Ein zentrales Thema der Aufbaustruktur (→ III. 2.2) ist immer wieder die Frage nach der Leitungsspanne und Leitungstiefe (→ III. 2.3). Eine früher weit verbreitete Form der Aufbaustruktur entsprach der funktionalen Organisationsarchitektur (Nagel 2009: 82–85). Ihre Funktionslogik wird durch drei Grundprinzipien gekennzeichnet: Spezialisierung, Hierarchisierung und Entscheidungszentralisierung. Schwachstellen dieses Organisationsdesigns liegen hauptsächlich:

- in der Schwerfälligkeit und der Tendenz zur bürokratischen Erstarrung in den Abläufen,
- in zu langen Reaktionszeiten auf neue Bedarfserfordernisse,
- in den Entscheidungsüberlastungen der Spitzen,
- in dem problematischen Kostenanstieg durch Wachstum von Stabsstellen (bei Stab-Linien-Organisationen) und Gefahr der Entstehung von Parallelstrukturen
- in der insgesamt geringen Komplexitätsbewältigung.

Die Schwächen sind im Wesentlichen auf die Grundprinzipien von Hierarchisierung und Zentralisierung zurückzuführen. Den genannten Schwachstellen entgegenwirkend hat sich das Bauprinzip der Geschäftsfeld- oder Produktgruppengliederung durchgesetzt. Es ist mittlerweile sogar in der öffentlichen Verwaltung anzutreffen (z. B. als Fachbereichgliederung). Grundprinzipien sind hier:

a) die Orientierung am Kunden und den Nachfrageerfordernissen,
b) die Zunahme von Eigenverantwortung innerhalb der Geschäftsfelder und
c) das Prinzip der Selbstähnlichkeit.

Das bedeutet, dass die Bauprinzipien der Subeinheiten nach dem Grundprinzip der Gesamteinheit (Unternehmen) gebildet werden (Unternehmen im Unternehmen). Einerseits können die zentralen Schwachstellen einer funktionalen Organisationsarchitektur damit abgebaut werden, andererseits handelt man sich eine neues Problem ein. Es besteht aus der paradoxen Herausforderung, den Gegensatz von Eigenverantwortung und zentraler Steuerung zu bearbeiten. Beide Elemente sind in diesen Organisationstypus eingebaut. Es besteht die Gefahr, dass die Gesamtbelange des Unternehmens Gefahr laufen, im Verhältnis zu ihren Subsystemen (Geschäftsfelder) unterbelichtet zu bleiben (Nagel 2009: 87). Die Steuerung der voneinander nicht abhängigen, selbständigen Subeinheiten ist kaum möglich und damit auch nicht die potenziell von den Subeinheiten produzierten Gefährdungen für das Gesamtsystem.

Ein weiterer, nicht ausschließlich temporärer Organisationstyp ist die Projektorganisation. Er wird bestimmt von den Grundprinzipien:

a) Leistungserbringung durch Projektteams,
b) zeitdeterminierte Ablaufstruktur und
c) kontinuierliche Versorgung mit Unterstützungsdiensten (z. B. Controlling, Marketing, Personalentwicklung).

Herausforderungen dieses Organisationstypus liegen in der strukturell angelegten Fragmentierung des Gesamtunternehmens. Die im Grunde virtuelle Zugehörigkeit der Projektteammitglieder zum Gesamtunternehmen lassen nur wenig bis gar keine Identifikation mit den Unternehmen und damit entsprechend geringe Loyalitätserwartungen zu. Es kommt also darauf an, einen Raum zu erzeugen, der den Blick über den Tellerrand der eigenen Projektperspektive für die strategischen Entwicklungsbedarfe des Gesamtunternehmens frei macht. Hier kommt dann schnell der nicht immer überzeugende Begriff der „gemeinsamen Vision" ins Spiel.

In der Bilanz muss man wohl zu der Einsicht gelangen, dass der Wandel der bekannten Organisationsarchitekturen durch das Prinzip der Optimierung von organisationalen Subeinheiten bestimmt ist, der Optimierungsertrag selber hingegen an seine Grenzen stößt. Ein neuer, bislang anscheinend noch nicht realisierter Organisationstyp wird mit der Bezeichnung „Prozessorganisation" diskutiert (Nagel 2009: 94). Das Grundprinzip dieser Organisationsarchitektur wird durch das Interesse an einer optimalen Bewältigung der Kernprozesse und der ihnen zulaufenden Teilprozesse bestimmt. Es entspricht in etwa dem Konzept der flachen Hierarchien *(lean management)* und damit geringer Leitungstiefe mit entsprechend hohen Leitungsspannen (Hentze u. a. 2005: 450). Lineare und damit in der Regel auch hierarchische Entscheidungsmodelle haben den Nachteil, dass sie langsam und schwerfällig sind, was für Unternehmungen, die schnell reagieren müssen, gefährlich – da existenzbedrohend – sein kann.

Die zentralen Merkmale von Prozessorganisationen deuten sich in den organisationalen Kulturelementen an, die Karl Edward Weicks Forschungen zu *High Reliability Organizations* (HRO) zu Tage förderten (Weick/ Sutcliffe 2010). Unter HRO sind Unternehmen zu verstehen, die aufgrund ihrer Zwecksetzungen mit hohen Risiken für Mensch und Umwelt umgehen müssen (z. B. Atomkraftwerke, Öltanker und Förderstationen, Flugzeugträger, Notfallmedizin). Diese sogenannten Kulturelemente sind:

1. Fehlerkultur: Fehler und Fehlleistungen als Entwicklungschance. Konzentration auf Fehler, Interesse an Schwachstellen.
2. Sensibilität für betriebliche Abläufe: Achtsamkeit gegenüber Veränderungen. Erschwerung von Vereinfachung und Abneigung gegen vereinfachende Interpretationen (Reduzierung blinder Flecken).
3. Einbindung von Expertenwissen der Basis: Keine einsamen Entscheidungen des Topmanagements.
4. Intraorganisationale Vernetzung: Schnelle und dennoch qualitativ gute Antworten auf kurzfristige Herausforderungen erfordern ein entsprechendes personelles Leistungspotenzial.
5. Fachwissen vor Formalhierarchie: Formalhierarchie spielt gegenüber Expertise eine untergeordnete Rolle.

Wir plädieren dafür, dass diese Merkmale von Hochverantwortungsunternehmen auch in sozialwirtschaftlichen Unternehmen eine Berechtigung haben. Schließlich sehen sich diese Unternehmen verschiedenen Verdachtsmomenten ausgesetzt:

1. Motivverdacht: Warum helfen Organisationen? Um sich selbst zu erhalten oder wegen der Hilfebedürftigkeit ihrer Klienten?
2. Effizienzverdacht: Trägt organisierte Hilfe möglicherweise dazu bei, dass Potenziale der Selbsthilfe und der individuellen, sozialen Autonomie verkümmern?
3. Stigmatisierungsverdacht: Werden Klienten das „Stigma" der Hilfsbedürftigkeit wieder los, wenn sie es in Form unterschiedlicher Bewertungen (z. B. Diagnosen) erst einmal „besitzen"? (Baecker 1994b: 93–110; Luhmann 2011, c2000: 314 f.).

Die genannten Grundprinzipien (Kulturelemente) von Prozessorganisation müssten angesichts der genannten Verdachtsmomente – zumindest theoretisch begründbar – ein für die Sozialwirtschaft ergiebiges Organisationsdesign abgeben. Mit dem Organisationstyp der Prozessorganisation ergeben sich im Übrigen Querverbindungen zur Organisationskultur, auf die wir noch zurückkommen werden (→ II. 2.3). Zunächst aber behandeln wir die Ablaufstruktur.

2.2.2 Ablaufstruktur

Unabhängig davon, welches Organisationsdesign zugrunde gelegt wird: die für die Erstellung der Dienstleistungen notwendigen Abläufe müssen für alle Prozessbeteiligten transparent und nachvollziehbar festgelegt werden. Organisationsabläufe bestehen aus unverzweigten oder verzweigten Folgebeziehungen, die als Ablaufkette visualisiert werden. Eine bekannte Form ist das Flussdiagramm (→ III. 2.4).

Zum Führungsverhalten gehört das Paradoxon, über gute Aufbau- und Ablaufprozesse zu verfügen und dennoch im Einzelfall gegen Regeln verstoßen zu können. Problembearbeitung in Unternehmen kann nicht ausschließlich auf die streng regelbefolgende Logik formaler Organisation reduziert werden. Angesichts der komplexen Herausforderungen durch stets zunehmende Umweltkomplexität könnte dies den Erhalt des Unternehmens sogar gefährden (Luhmann 1964). Ein Unternehmen ist zwar ein operativ geschlossenes System, hinsichtlich der Aufrechterhaltung seiner Autopoiese jedoch auf Umweltirritationen und gegebenenfalls auf schnelle Adaptionsleistungen angewiesen (Blessin/Wick 2014: 444). Dies verweist auf die Prozessebene von Führung, die sich nicht allein auf Strukturen verlassen kann, vielmehr vor der ständigen Herausforderung steht, Entscheidungen unter hochkontingenten Bedingungen treffen zu müssen (→ I. 2.4). Sozialwirtschaft ist Entscheidungshandeln unter Bedingungen hoher Unsicherheit. Gleichwohl ist eine klare Aufbau- und Ablaufstruktur unverzichtbar. Hierzu gehört auch die Rechtsstruktur eines Unternehmens.

2.2.3 Rechtsstruktur

Neben Aufbau-, Prozess- und Führungsstruktur zählt die Rechtsstruktur zu den basalen Strukturmerkmalen eines sozialwirtschaftlichen Unternehmens. Im Bereich der Einrichtungen der freien Wohlfahrtspflege ist in Deutschland der eingetragene Verein (e. V.) die traditionell am häufigsten vertretenen Rechtsformen, in der Regel nicht in der eigennützigen sondern der gemeinnützigen Form. Die Rechtsform der Stiftung, eine bis auf das Hochmittelalter zurückreichende Einrichtung, spielt neben den gemeinnützigen Vereinen eine bedeutsame Rolle, zumindest wenn es um operative Unternehmen geht. Außer dem eingetragenen Verein und der Stiftung ist in der Sozialwirtschaft zunehmend auch die Rechtsform von Kapitalgesellschaften anzutreffen. An erster Stelle steht hier die Gesellschaft mit beschränkter Haftung (GmbH), die auch in gemeinnütziger Form geführt werden kann (gGmbH). Die GmbH erlebte angesichts der Ökonomisierungswelle einen regen Zulauf in der Sozialwirtschaft. An zweiter – eher untergeordneter Stelle – ist die Aktiengesellschaft (AG) anzutreffen. Seit der Novellierung des Aktiengesetzes aus dem Jahr 1994 können auch Aktiengesellschaften die Gemeinnützigkeit beantragen.[9] Eine weitere, bislang noch randständige, aber durch die Privatisierung von Sozialunternehmen zunehmende Rechtsform, ist das Personenunternehmen, entweder als Einzelunternehmen oder Personengesellschaft bzw. Gesellschaft bürgerlichen Rechtes (GbR). Weiterhin ist die zunehmende Gründung von Genossenschaften (eG) zu beobachten.[10] Ähnlich wie Stiftungen geht die Rechtsform von Genossenschaften auf organisatorische Vorbilder zurück, die bereits im Hoch- bzw. Spätmittelalter eine Rolle spielten (Knappschaften, Bruderschaften).

Die richtige Wahl der Rechtsform ist aus systemtheoretischer Perspektive nicht zu beantworten. Mit Blick auf den mittlerweile hohen Grad der Komplexitätsbewältigung sozialwirtschaftlicher Unternehmen spricht allerdings einiges dafür, solche Modelle zu favorisieren, die die Aufsicht und Geschäftsführung deutlich trennen. Sie entlasten die in der Regel von Ehrenamtlichen geführten Vereinsfunktionen von haftungsrechtlichen Risiken und verleihen den professionellen Steuerungskräften mehr Einfluss bei der Gestaltung, Entwicklung und Führung des Unternehmens. So gesehen bietet sich für große gemeinnützige Vereine, die Unternehmen mit hohem Haftungsrisiko betreiben, die Gründung einer Trägergesellschaft in Form einer Gesellschaft mit beschränkter Haftung (GmbH) an, entweder mit alleinigem oder Hauptgesellschafteranteil. Die GmbH kann auch als gemeinwohlorientierte Gesellschaft geführt werden, sofern Satzung und Gesellschaftervertrag den Anforderungen des Gemeinnützigkeitsrechts entsprechen (gGmbH). Allerdings sollte klar sein, dass ein am Stakeholder-Ansatz orientiertes Unternehmen jeden Wechsel der Rechtsform und jedes Vorhaben der rechtlichen Ausgründung von organisatorisch eigenständigen Betriebseinheiten oder Teilfunktionen (*outsourcing*) mit allen relevanten Interessen- und Anspruchsgruppen kommunizieren sollte (→ II. 1.2 und 1.3). Der Entwicklungsmodus einer Organisation (→ II. 3.6) hat Auswirkungen auf alle Stakeholder, zumal er von einzelnen Stakeholderinteressen dominiert werden kann (z.B. vom Vorstand oder Aufsichtsrat).

---

9   Eine Zusammenfassung der wichtigsten Rechtsformen z.B. bei Pracht 2013: 61.
10 Zum Beispiel Sozialgenossenschaften, die im Gegensatz zu Konsum- oder gewerblichen Genossenschaften nicht rein kapitalorientierte Interessen verfolgen (z.B. Seniorengenossenschaften oder Arbeitslosengenossenschaften).

2.3 Organisationskultur

Organisationen bilden immer sichtbare und unsichtbare Ordnungsmuster aus. Die Organisationskultur gehört zu den unsichtbaren, informellen Handlungsmustern (Schreyögg 2012: 146) und ist gerade deshalb eine mächtige Ordnungskraft in einem Unternehmen. In der Organisationskultur eines Unternehmens manifestiert sich nicht die postulierte, sondern die tatsächliche Erfüllung des systemeigenen Sinns, dem das Unternehmen folgt. In der Organisationskultur werden die in ihr geteilten, nicht hinterfragten semantischen Übereinkünfte, wie Werte und Normen, Einstellungen, Haltungen und Überzeugungen gelebt. Sie machen sich im alltäglichen Verhalten, den Umgangsformen, der Sprache und mancherorts auch der Bekleidung bemerkbar. Organisationskultur als ein gemeinsam geteilter kultureller Sinnhorizont ist aber von außen nicht direkt herstellbar und ebenfalls nicht extern steuerbar. Soziale Systeme sind Sinnsysteme und steuern sich über die eigene Sinnkonstituierung selbst, das unterscheidet sie von Umwelt. Soziale Systeme besitzen emergente Eigenschaften. Emergenz bezeichnet die Fähigkeit sozialer Systeme, ihren Systemzustand selber zu verändern (aus der Außenperspektive positiv oder negativ). Organisationskultur emergiert aus der Anschlussfähigkeit der unter Organisationsmitgliedern stattfindenden Kommunikationen. So gesehen ist die Kultur einer Organisation nur indirekt steuerbar (Rüegg-Stürm 2003a, c2001: 54–59; Wimmer u. a. 2009: 219 ff.). Management hat hier insofern eine wichtige Funktion, als dass sie die Kontexte, an denen sich kulturelle Eigenheiten entwickeln, wesentlich mit beeinflussen kann. Damit ist vor allem die Personalpolitik angesprochen (z. B. *gender, diversity*). Ein weiteres, wenn auch mittlerweile nicht sehr neues Beispiel, ist die Frage des Umganges von Unternehmen mit natürlichen Ressourcen.

Auch auf den Prozess der Dienstleistungserbringung wirken organisationskulturelle Einflüsse. So kann das Interesse an Wirkungserfolgen durchaus unterschiedlich justiert werden. Eine radikale Nutzer- bzw. Adressatenorientierung wird z. B. ein am materiellen Output orientiertes Wirkungsinteresse deutlich in Frage stellen. Gleiches gilt für die Frage einer sogenannten Kultur der Fehlerfreundlichkeit. Ein aktuelles Beispiel, was demographisch gesehen leider auch zukünftig an Aktualität nicht einbüßen wird, ist die Fehlerquote in Pflegeeinrichtungen der Altenhilfe. Ein Teil des Pflegenotstandes ist auch durch die mangelnde Ermutigungs- und Fehlerkultur bedingt (Buchinger 2012: 111).

Bei der Frage nach der Entwicklung der Organisationskultur gerät eine Vielzahl von Themen, die das unternehmerische Selbstverständnis im Sinne seines politisch-gesellschaftlichen Bezuges betreffen, in den Blick. Das für die Organisationskultur nötige Irritationspotential liegt dabei nicht selten in den sozialen und politischen Bewegungen, die quer zu den gesellschaftlichen Funktionssystemen anzeigen, was in dieser „Gesellschaft der Gesellschaft" (Luhmann 1998) nicht gut läuft. Bei der Frage nach den Gestaltungsmöglichkeiten einer Organisationskultur ergeben sich Querverbindungen zum sozialen Konzept eines Unternehmens (→ II. 2.1.1). Auch wenn wir feststellen müssen, dass sich eine Organisationskultur nicht planen lässt, wird es einen Unterschied machen, ob im Zuge der leistungs- und finanzwirtschaftlichen Strategieplanung bereits soziale Ziele, die auf eine Organisationskultur niederschlagen können, mitentwickelt wurden oder nicht. Weiterhin sind die Managementprozesse (→ II. 3.1) in ihren Verschränkungen zur Aufbau-, Prozess- und Rechtsorganisation gleichermaßen gefordert (→ II. 2.2.1, 2.2.2 und 2.2.3).

Strategien der Beeinflussung der Organisationskultur eines Unternehmens sind sehr begrenzt. Zur Wahl stehen:

a) Selektion bei Einstellung von Mitarbeitenden,
b) Versuche direkter Verhaltenssteuerung durch Vorbildwirkung,
c) Versuche von Sinnstiftung (Wunderlich 2009: 476).

Selektion bei Einstellung von Mitarbeitenden (a) folgt der Überlegung, dass solche Mitarbeitenden eingestellt werden, von denen angenommen werden kann, dass sie zur Unternehmenskultur passen oder diese – im Fall problematisch empfundener Unternehmenskultur – positiv verändern können. Die zweite genannte Variante ist allerdings kaum operationalisierbar und geht in der Regel zu Lasten der eingestellten Person und des Unternehmens, da mit baldigem Verlassen des Unternehmens zu rechnen ist. Versuche direkter Verhaltenssteuerung durch Vorbildwirkung (b) richten sich an Führungspersonen. Um eine Vorbildwirkung zu erzielen, müssen die Führungspersonen die Werte und Ziele des Unternehmens im Alltag vorleben und sich um eine Rückmeldungskultur bemühen. Wird dies als Strategie verfolgt, handelt man sich jedoch ein Paradoxon ein. Führungspersonen, die sich im Einklang mit den Werten und Zielen des Unternehmens befinden, braucht man nicht aufzufordern, das auch vorzuleben. Somit richtet sich diese Aufforderung an solche Führungspersonen, die nicht vollständig mit den Werten und Zielen eines Unternehmens übereinstimmen. Diese Differenz lässt sich jedoch habituell nicht auflösen und wird bei Mitarbeitenden als nicht authentisch erlebt. Auch hier trifft zu, was wir bereits bei der Entwicklung des sozialen Unternehmenskonzeptes feststellen mussten: „Das Paradoxe von schöner Wahrheit ist, dass sie es nötig hat, kommuniziert und gefördert zu werden" (Luhmann 2011, c2000: 115). Die dritte Strategie der Beeinflussung von Unternehmenskultur ist der Versuch von Sinnstiftung (c). Die Konstituierung von Sinn ist immer einer selbstreferenzieller Vorgang. Fremdreferenzielle Sinnstiftung ist mithin auf Anschluss-fähigkeit selbstreferenziellen Sinns angewiesen. In Unternehmen kann das annäherungsweise gelingen, wenn basale Voraussetzungen hierfür erfüllt werden können:

a) Nachvollziehbarkeit der Unternehmensstrategie für alle Mitarbei-tenden,
b) genügende Aufmerksamkeit gegenüber den Interaktionsthemen,
c) stimmig erlebtes Zusammenspiel der Ordnungsmomente Strate-gie und Struktur mit den Prozessen (Management-, Geschäfts-, Unterstützungs- und Vernetzungsprozesse).
d) stimmig zu den genannten Punkten erlebtes Verhalten der Perso-nen mit Führungsverantwortung (Glaubwürdigkeit, Verlässlich-keit, Berechenbarkeit, Offenheit und Verantwortungsübernahme) (Wunderlich 2009: 475 ff.).

2.4 Auf den Punkt gebracht

Mit der zu etablierendem Strategieplanungsstruktur, der Aufbau-, Prozess- und Rechtsstruktur sowie der Wahrung und Entwicklung einer Organisa-tionskultur sind lediglich die basalen Grundlagen für die Zweckerfüllung ei-nes Unternehmens gelegt. Das Strukturkonzept erfüllt eine notwendige, aber keineswegs hinreichende Aufgabe. Nicht allein die grundlegenden, or-ganisationalen Strukturvorgaben führen die gewünschten Effekte eines Un-ternehmens herbei. Sie unterliegen den emergenten Eigenschaften eines Unternehmens als soziales System selber. Für das Management bedeutet das, dass die passende Ausgestaltung von Strukturen strategisch beeinflusst werden muss. Es geht also nicht allein um die Unternehmensstruktur, son-dern auch um die Unternehmensperformanz.

> Eine klare Organisationsarchitektur ist kein Selbstläufer. Die Per-formanz eines Unternehmens wird letztlich von den Prozessen der Unternehmenssteuerung beeinflusst.

Mit der Unternehmensstruktur ist der zweite Baustein einer sozialwirt-schaftlichen Management- und Unternehmensentwicklung abgehandelt. Sechs Themenfelder sind zu bearbeiten:

1. Welche sozialen Ziele soll das Unternehmen verfolgen (gesellschaftliche, personell)?
2. Welche leistungswirtschaftlichen Ziele werden verfolgt?
3. Welche finanzwirtschaftliche Ausstattung wird dafür benötigt?
4. Welche Unternehmensstruktur ist angemessen (Aufbau, Ablauf, Rechtsform)?
5. Welche Organisationskultur wird angestrebt?
6. Welche Konsequenzen hat der Unternehmensplan für das Steuerungskonzept?

Wir stellen fest: Umweltbeobachtung und Strukturbildung hängen zusammen. Was das für die Unternehmenssteuerung bedeutet, soll uns im nachfolgenden Kapitel beschäftigen.

Kapitel 3
Unternehmenssteuerung

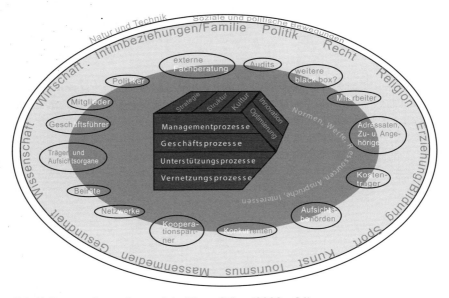

Abb. 7: Prozessebenen [sensu lato Rüegg-Stürm (2003a: 64).
Eigene Darstellung, modifiziert und ergänzt)]

Kommunikation in – oder besser von – Organisationen ist Entscheidungshandeln (Luhmann 2011, c2000: 256–278). Unternehmenssteuerung bedeutet mithin das permanente Fällen von Entscheidungen, als Ergebnis der
Auseinandersetzung mit der Eigenkomplexität des Unternehmens. Managementhandeln ist somit eine soziale Konstruktions- und Interpretationsleistung. Das St. Galler Modell unterscheidet dabei drei Prozessebenen: Managementprozesse, Geschäftsprozesse und Unterstützungsprozesse (Rüegg-
Stürm 2003, c2001: 70–79; 2009: 107–122) (Abb. 7). Bei der Steuerung eines
Unternehmens wird demnach zwischen Führung, Umsetzung und Unterstützung der Umsetzung unterschieden. Diese Untergliederung kann auch
auf sozialwirtschaftliche Organisationen übertragen werden (Theuvsen
2003b). Wie bereits festgestellt, binden wir in unser Handlungsmodell ein
weiteres, bislang noch zu wenig berücksichtigtes Ordnungsmoment ein: die

Vernetzungsprozesse (→ II. 3.3). Vernetzungsprozesse sind als Teil des Wertschöpfungsprozesses eines Unternehmens nicht mehr wegzudenken.

Management-, Geschäfts-, Unterstützungs- und Vernetzungsprozesse stehen mit den bereits vorgestellten Ordnungsmomenten – Strategie, Struktur und Kultur – in einem wechselseitigen Beeinflussungsverhältnis (→ II. 2). Die Ordnungsmomente arrangieren die Prozesse und werden selbst durch das Handeln des Managements und die Umsetzung in Geschäftsprozesse sowie die sie begleitenden Unterstützungs- und Vernetzungsprozesse beeinflusst. Die Managementprozesse sollen für den gerichteten Ablauf eines Geschehens sorgen, das heißt: sie organisieren innerhalb der Wertschöpfung bestimmte Aufgaben. Die Geschäftsprozesse betreffen die markt-, bzw. in unserem Kontext besser gesagt, die bedarfsbezogenen Kernaktivitäten. Das sind die Aktivitäten der Leistungserstellung, die Adressatennutzen und damit sozialwirtschaftliche Wertschöpfung produzieren. Unterstützungsprozesse wiederum ermöglichen die Durchführung der Geschäftsprozesse durch interne Dienstleistungen und Bereitstellung von Infrastruktur (z. B. Personalmanagement, interne und externe Pressearbeit, Rechtsabteilung, Qualitätsmanagement). Vernetzungsprozesse eröffnen dem Unternehmen neue Chancen der sozialen Adressierung, aber auch neue Risiken.

3.1 Managementprozesse

Das Steuerungsfeld der Managementprozesse wird hinsichtlich funktional verschiedener Gegenstandsbereiche unterschieden. Grund hierfür ist, dass jedes Unternehmen drei Leitfragen mit jeweils von ihnen abhängigen Programmthemen zu bearbeiten hat. Diese wiederum erfordern entsprechende Steuerungseinheiten bzw. -ebenen, mit denen Entscheidungshandeln in Organisation (Kommunikationssysteme) erst möglich wird:

1. Was ist der Zweck unseres Unternehmens?
2. Womit kann der Zweck erzielt werden?
3. Wie muss die Zweckerzielung umgesetzt werden?

Dergestalt ergeben sich drei verschiedene Steuerungsebenen: die normative, die strategische und die operative (Bleicher 2011: 423f., c1991: 87f.) (Tab. 3).

Die drei genannten Steuerungsebenen unterscheiden sich hinsichtlich ihrer Sachthematik und ihrer vertikalen Stellung im Kontext von übergeordneter Steuerungsabhängigkeit und dezentraler Verantwortungszunahme. Auf diesen drei Ebenen (normativ, strategisch, operativ) vollzieht sich Kommunikation als Entscheidungshandeln. Organisationen benötigen hierfür sogenannte Entscheidungsprogramme (Luhmann 2011, c2000: 256).

Diese sind in sozialwirtschaftlichen Unternehmen überwiegend zweckrationaler Art (Zweckprogramme), da die Auslösebedingung des Handelns auf die Erfüllung eines Zweckes zielt, der in der Zukunft liegt und die Beurteilung der Zweck-Mittel-Relation unsicher ist. Zweckprogramme dienen genau dieser Differenzminderung.

Leitfrage	Programmthema	Steuerungsebene	Entscheidungs-handeln
Was ist der Zweck unseres Unternehmens? Was soll geschehen?	Einen gesellschaftlichen Zweck erfüllen	normativ	Sinn- und Orientierungssystem
Womit kann der Zweck erfüllt werden? Was sind die Ziele?	Die richtigen Dinge tun	strategisch	Zielsystem
Wie können Zweck und Ziel umgesetzt werden? Was müssen wir tun?	Die Dinge richtig tun	operativ	Handlungssystem

Tab. 3: Steuerungsmatrix (eigene Darstellung)

3.1.1 Normatives Management

Das normative Management bietet dem Unternehmen das Sinn- und Orientierungssystem für seine gesellschaftliche Zweckerfüllung. Was ist der Zweck unseres Unternehmens? Was soll geschehen? Normative Positionen erwerbswirtschaftlicher Unternehmen dienen dem Zweck, betriebswirtschaftliches Gewinnstreben zu rechtfertigen. Hierbei wird unterstellt, dass das Interesse des Unternehmens im Interesse der Menschen selbst läge. Damit legitimiert sich ein Unternehmen, ohne sich legitimieren zu müssen. Das was ist, soll so sein. Diese Vorstellung einer im *homo oeconomicus* sich selbst ordnenden Gesellschaft ist angesichts der erfahrbaren Folgerisiken einer kapitalistischen Gesellschaftsordnung mehr als fraglich geworden. Die Folgeprobleme, die funktionale Ausdifferenzierung von Gesellschaft beschäftigen und weiter vorantreiben, sind hinreichend bekannt. Die immer größer werdende Spanne zwischen arm und reich, weltweit steigende Arbeitslosigkeit, die Zunahme prekärer Beschäftigungsverhältnisse und gesundheitlicher Risiken, ökologische Bedrohungen und wachsende Ohnmacht der Politik gegenüber globalem Marktwettbewerb, all dies sind nur einige Beispiele für die zunehmenden Forderungen nach einer Ethik in Wirtschaft und Unternehmen, die über eine rein betriebswirtschaftliche Begründung hinausgehen müssen (P. Ulrich 2008, 2009: 143 ff.). Im Kontext sozialwirtschaftlicher Managementlehre werden solche Überlegungen unter dem programmatischen Begriff „Wertschöpfung durch Wertschätzung" (Maelicke 2004) postuliert und konzeptionell als „Management der Achtsamkeit" (zf. Tietze 2011: 109–136) entfaltet. Solche Konzepte bescheren Praxis und Theorie die Auseinandersetzung mit einem Paradoxon, denn: ökonomische und ethische Rationalität sind normativ grundverschieden. Erstere folgt der Logik des Vorteilstausches, Zweitere der Logik der Menschensorge. Die Frage ist zu beantworten: Wie kann etwas in ein System gebracht werden, was das System aus seiner Funktionslogik heraus selber nicht hervorbringen kann? Das St. Galler Konzept versucht diese Frage mit einem Wechsel vom Anteilseigner- zum Anspruchsgruppenkonzept (vom *Shareholder-* zum *Stakeholder-Value*) zu beantworten (→ II. 1.2).

In dem Wechsel vom Anteilseigner- zum Anspruchsgruppenkonzept wird die Möglichkeit gesehen, dass ein Unternehmen mittels strategischer Einbindung von Stakeholderinteressen sowohl die ökonomische als auch die lebensweltliche Dimension von Gesellschaft einbinden kann. Das damit entstehende Paradoxon ist damit zwar nicht aufgelöst, aber es ist strukturell im Unternehmen verankert und zwingt auf diese Weise das Organisationssystem zu seiner Bearbeitung, die zwangsläufig konflikthaft verlaufen muss. Das spricht nicht gegen den Ansatz, vielmehr für die realistische Erwartung, dass sich damit die Probleme nicht in Harmonie auf- oder gar von alleine lösen. Stattdessen ist ein Rahmen gegeben, der für Problembearbeitungen akzeptiert werden kann.

Wie wir bereits festgestellt haben, operieren in einer funktional ausdifferenzierten Gesellschaft relativ autonome gesellschaftliche Funktionssysteme mit je eigener Funktionslogik (→ I. 2.4 und II. 1.1.1). So auch die Ökonomie. Ihre Funktion ist Knappheitsminderung und Knappheitsproduktion mittels Vorteilstausch. Dabei tritt sie im Kommunikationsmedium *Geld* auf und ihr funktionsspezifischer Code ist *zahlen/nicht zahlen* (Luhmann 1992, c1990). Symbolisch generalisierte Kommunikationsmedien anderer gesellschaftlicher Funktionssysteme, wie z. B. Recht, Politik, Wissenschaft, sind im System Ökonomie nur dann und nur solange strukturell kopplungsfähig, wie der eigene funktionsspezifische Code anwendbar bleibt. Nicht jedes soziale System operiert für sich. Soziale Systeme unterhalten strukturelle Kopplungen zu anderen Systemen zwecks Aufbau und Aufrechterhaltung der eigenen Systemkomplexität. Das Funktionssystem Wirtschaft operiert nicht ohne das Funktionssystem Politik, die Politik nicht ohne das Funktionssystem Recht usw. Soziale Systeme halten ihre Selbstorganisation mit Hilfe einer relativ verlässlichen Kopplung mit anderen Systemen aufrecht.[11]

---

11 Zu einer ähnlichen Beurteilung kommt Winkler aus subjekttheoretischer Sicht mit seiner „Topologie des sozialen Sektors" (Winkler 1988: 85).

Das geschieht hauptsächlich über Organisationen, Programme und Personen. Strukturelle Kopplungen können Einfluss auf die Programme der Funktionssysteme haben, sie verändern aber nicht die Codes der Funktionssysteme.[12] Eine außengesteuerte Metacodierung des funktionsspezifischen Codes ist also bei keinem gesellschaftlichen Funktionssystem möglich. Das schafft weder das Politik- noch das Rechtssystem und ebenso wenig das System von Wissenschaft und Philosophie, dem Ethik zuzurechnen ist. Die naheliegende Frage ist nun: Wie kann Ethik trotz ihrer zur Ökonomie systemunspezifisch verfassten Eigenlogik in Unternehmen eingebunden werden und dort eine normative Kraft entfalten?

Systemtheoretisch gesehen steht damit eine Organisation vor der paradoxen Aufgabe, ein Potenzial der Selbstirritation strukturell in sich verankern zu müssen. Der *Stakeholder-Value* soll genau diese Funktion erfüllen. Wie wir festgestellt haben (→ II. 1.3), ist mit diesem Ansatz die Erkenntnis verbunden, dass Unternehmen nicht nur die Funktion ökonomischer Wertschöpfung erfüllen, sondern auch eine gesamtgesellschaftliche, gemeinwohlfördernde Funktion öffentlicher Wertschöpfung wahrnehmen können. Diese manifestiert sich in den normativ und wertebezogen unterschiedlichen Interessen- und Anspruchsgruppen eines Unternehmens. Sich für diese Interessen und Ansprüche ansprechbar zu halten, ist Aufgabe eines normativen Managements. Die normative Ebene betrifft die Wertebasis eines Unternehmens und die Gewichtung der Stakeholderinteressen. Die Gestaltungsaufgabe des normativen Managements liegt also in der Entwicklung eines normativen Rahmens für das Unternehmen. Die ethischen, normativen und faktischen Dimensionen der Unternehmensumwelt und die Interaktionsthemen mit den Anspruchsgruppen sind hier auszuloten. Normatives Management ist für die Festlegung der Ausrichtung des Anspruchsgruppenkonzeptes verantwortlich, an dem sich strategisches Management orientieren und operatives Management ausrichten kann (II. 1.2, 1.3 und III. 1.2).

Diese systemgestaltende, normative Selektionsaufgabe ist für strategisches und operatives Entscheidungshandeln von grundlegender Bedeutung, da Strategie und operative Umsetzung dem folgen soll, was die normative Rahmung vorgibt. Konkret werden solche Rahmensetzungen in Begriffen wie Unternehmensverfassung, Unternehmenspolitik und Unternehmenskultur (→ II. 2.1.1 und 2.3) bearbeitet (Bleicher 2011, c1991: 154–248). Es gehört zur Unternehmenspolitik und gelebten Unternehmenskultur, dass

---

12 Die Programme (Curricula, Therapien, Parteiprogramme, Preispolitik, Theorien usw.) können sich ändern, die Codes der Funktionssysteme bleiben davon aber unberührt. Der Code im System Politik bleibt unverändert „Regierung/Opposition", der Code im System Wirtschaft bleibt unverändert „zahlen/nichtzahlen", der Code im System Recht bleibt unverändert „recht/unrecht" usw.

das normative Management in seiner Unternehmensverfassung geeignete Formen der Berücksichtigung von Interessen seiner Anspruchsgruppen und Verfahren des Interessenausgleiches festschreibt (→ III. 1.2). Das kann auch durch die Klärung der sogenannten *corporate identity* (CI) im Rahmen eines nach innen und außen wirkenden Unternehmensleitbildes erfolgen (→ III. 3.8). Mit CI wird so getan, als könne ein Unternehmen eine Persönlichkeitsidentität besitzen und weiterentwickeln. Diese ‚Persönlichkeit‘ und schon der Prozess der Leitbildentwicklung selber sollen der Organisation als identitätsbildend im Innenverhältnis – in Richtung Stakeholder – und vertrauensbildend im Außenverhältnis – in Richtung der kritischen Öffentlichkeit – dienen. *Corporate design* (CD) oder auch *corporate imagery* kann dieses Interesse mittels Marken, Logos, Präsentationslayouts usw. bildhaft transportieren (Herbst/Scheier 2004, Herbst 2009).

Systemtheoretisch betrachtet geht es bei Leitbildern um Versuche der Komplexitätsreduktion durch Bildung von Vertrauen mittels Selbstbeschreibung (Luhmann 2009, c1968). Kommunikationstheoretisch liegt der Schluss nahe, dass Selbstbeschreibungen deshalb vorgenommen werden, weil sich die Operationen eines Systems nicht verlässlich hierarchisch ordnen lassen. Ein Leitbild wäre demnach ein anderer Modus der Koordination hochkomplexer Vorgänge in Organisationen (Luhmann 2011, c2000: 420). Die besondere Herausforderung bei der Entwicklung einer Unternehmensidentität ist, dass das zu generierende Leitbild kompatibel mit den identitätsstiftenden Merkmalen von Personidentität sein muss. Personenidentität und Unternehmensidentität müssen sich wechselseitig zulassen. Das führt in eine nicht gänzlich auflösbare Paradoxie, die bei der Erstellung von Leitbildern (→ III. 3.8) nicht außer Acht gelassen werden darf.

3.1.2 Strategisches Management

Das strategische Management entwickelt das Zielsystem eines Unternehmens auf der Grundlage der vom normativen Management festgelegten Zwecksetzung. In Anlehnung an Heinz von Foerster geht es darum, stets so zu handeln, dass die Anzahl der Handlungsoptionen größer wird (von Foerster 1993a).

Strategieentwicklung findet in drei Sinndimensionen statt: der Zeitdimension, der Sozialdimension und der Sachdimension (Glatzel/Wimmer 2009: 201). In der Zeitdimension geht es um die zeitliche, personelle und räumliche Festlegung der an der Strategieplanung beteiligten Faktoren. Hierzu gehören z.B. Ortsvereinbarungen, personelle Zusammensetzungen (Strategieteams) und zeitliche Taktungen der Arbeitseinheiten der Strategieteams sowie die prozessualen Festlegungen von Rückkopplungsschleifen der Arbeitsergebnisse an die Steuerungsgruppe und Managementspitzen. In der Sozialdimension geht es um die „reflektierte gezielte Schaffung des sozialen Rahmens für die Auseinandersetzungen im Führungsteam" (ebd.: 206). Das strategische Management trägt Sorge dafür, dass die organisationskritischen Themen offen und besprechbar gehalten werden. Offenheit bedarf jedoch eines Klimas der „emotionalen Sicherheit der Beteiligten" (ebd.) im Prozess der Strategieentwicklung. In der Sachdimension schließlich geht es um die konkrete inhaltliche Arbeit. Hier werden Antworten auf die Fragen nach den unternehmerischen Kernaktivitäten erarbeitet: Womit kann der Zweck erfüllt werden? Was sind die richtigen Dinge, die dafür zu tun sind[13]? Was sind die Leistungsangebote, die Nutzen sowohl auf der gesellschaftlichen als auch auf der individuellen Ebene produzieren?

Der gesamte Prozessablauf der Strategieentwicklung lässt sich, angelehnt an die Strategieschleife von Glatzel und Wimmer (2009: 212), in sechs Schritten zusammenfassen (Tab. 4).

Schritte	Thema	Tätigkeit
1	Strategische Analyse	Umweltanalyse, Stakeholderanalyse, Szenarioanalyse, Stärken/Schwächen/Chancen/Risiken-Analyse
2	Zukunft	Strategische Optionen erarbeiten, Strategische Ziele formulieren, Portfolioentwicklung
3	Entscheidungen treffen	Betriebswirtschaftliche und normativ-ethische Bewertung, Prämissenorientierung
4	Zukunftsbild	Elemente bestimmen, Leitbild entwickeln, Vision formulieren, strategische Programme, Konzepte entwickeln
5	Organisationsumbau	Strukturveränderungen (Aufbau, Prozesse, Rechtsform), Kooperationen und Vernetzungen, Organisationskultur beachten
6	Implementierung	Strategisches Controlling (Unterstützungsprozesse)

Tab. 4: Strategieschleife

Der Prozessablauf ist nicht linearer, sondern zirkulär zu verstehen. Das bedeutet, dass zum einen Rückwirkungen auf solche Schritte in den Blick genommen werden, die sich auf folgende Schritte auswirken können und zum anderen, dass die Implementierung und das strategische Controlling nicht als letzter, abschließender Schritt angesehen werden. Vielmehr wird die zu-

---

13 „Die richtigen Dinge tun" und „Die Dinge richtig tun" ist eine in der heutigen Managementliteratur weit verbreitete Unterscheidung von Drucker (1967). Vgl. auch Rüegg-Stürm (2003, c2001: 37).

künftige Strategieanalyse hier wieder anknüpfen müssen (Wimmer/Schuhmacher 2009: 178; Glatzel/Wimmer 2009: 194, 211).

Dem strategischen Management steht eine Reihe von Analyse- und Planungsinstrumenten zur Verfügung. Stärken/Schwächen/Chancen/Risiken-Analyse (SWOT) (→ III. 3.11) und Portfoliotechnik (→ III. 3.10) sind die bekanntesten unter ihnen. Mittelbar zählen auch die Instrumente zur Umweltanalyse (→ III. 1) und Unternehmenssteuerung (→ III. 3) dazu.

3.1.3 Operatives Management

Das operative Management ergibt sich aus den Entscheidungen des strategischen Managements. Es ermöglicht dem Unternehmen die Entwicklung eines Handlungssystems zur Umsetzung der strategischen Festlegungen. Wie können Zweck und Ziel des Unternehmens richtig umgesetzt werden? Was müssen wir tun, um die richtigen Dinge richtig zu tun?

Die zwei Seiten einer Organisationsarchitektur (Organisationsaufbau) heißen: Organisationsdesign und Führungsstruktur (→ II. 2.2). Es werden zwei Formen der Führung unterschieden:

a) die strukturelle und damit indirekte Führung,
b) die interaktive und damit direkte Form der Führung (Wunderer/ Bruch 2009: 85).

Bei der interaktiven Führung geht es um Fragen des Führungsstils und der Führungsmethode *(leadership)*. Fragen der strukturellen Führung betreffen die organisationale Aufbau-, Prozess- und Rechtsstruktur sowie die Personalführungsstruktur, sofern es um die personenbezogenen operativen Führungsprozesse geht *(management)*.

Wie bereits festgestellt (→ II. 2.2.1), gehört zur Entwicklung eines geeigneten Organisationsdesigns auch die Frage, wie die dazu passende Personalführungsstruktur aufgebaut wird (Nagel 2009: 98). Personalführung ist nur ein Aspekt unter mehreren einer sogenannten Personalwirtschaft bzw. eines Personalmanagements (→ II. 3.3.1). Der Erfolg einer Organisation bemisst sich an der Erfüllung ihrer normativen Zwecksetzung und operativen Umsetzung der damit verbundenen strategischen Ziele. Dazu benötigt eine Organisation Mitglieder, die unterschiedliche Leistungsrollen in der Organisation übernehmen, um ihren Zweck und ihre Zielsetzung zu erfüllen. Allerdings muss dies so geschehen, dass es als kollektives Handeln zustande kommt, andernfalls wäre die Stabilität der Einheit des Organisationssystems nicht gewährleistet. Es geht also um die Frage, wie das Verhalten der Organisationsmitglieder beeinflussbar bzw. führbar gemacht werden kann.

Zur Bewertung der Frage der Führbarkeit von Organisationssystemen stellt sich die Frage, inwieweit machtbasierte Kommunikation ein aussichtsreicher Weg der Personalführung darstellt. Aus systemtheoretischer Sicht muss man diese Frage deutlich verneinen. Man kann dies auf der Ebene der gesellschaftlichen Funktionssysteme verdeutlichen. Macht, im Sinne normativen Zwangs, ist ein symbolisch generalisiertes Kommunikationsmedium unter anderen (z. B. Geld, Glaube, Recht, Wahrheit). Symbolisch generalisierte Kommunikationsmedien erfüllen eine systemsteuernde Funktion (→ I. 1). Sie machen systemspezifische Kommunikation wahrscheinlicher. Gesellschaftstheoretisch betrachtet, wurde die Ausdifferenzierung unterschiedlicher gesellschaftlicher Funktionssysteme durch Ausbildung symbolisch generalisierte Kommunikationsmedien (Erfolgsmedien) erst möglich. Erfolgsmedien sind jedoch nicht beliebig verwendbar. Vielmehr unterscheiden sie sich hinsichtlich ihres systemspezifisch zu erfüllenden Sinns. So gesehen sagen sie etwas über die Sinnbildung eines Systems und damit mehr zu seiner Entstehung aus, als über seine auf Zukunft gerichtetes Fortdauern. Das erklärt, weshalb sich gesellschaftliche Funktionssysteme zur Sicherung der eigenen Autopoiese neben ihrem systemspezifischen Code und Kommunikationsmedium durchaus auch in systemfremden Kommunikationsmedien, wie z. B. Geld, Macht oder Moral versuchen.

Symbolisch generalisierte Kommunikationsmedien sind demnach Versuche der Herstellung „effektsicherer Kommunikation" (Luhmann 2009, c1968: 73). Ob sich diese auf lange Sicht auch in Zukunft bewährt, ist damit nicht gesagt. „Ausdifferenzierte Kommunikationsmedien können daher nicht auf der schlichten Hoffnung beruhen, dass es schon gut gehen wird, sondern setzen […] Vertrauen voraus" (Luhmann 2009, c1968: 73). Die Frage ist also, wie die jeweils systemspezifische Kommunikation auch zukünftig wahrscheinlich bleibt. An dieser Stelle kommt Vertrauen ins Spiel. Vertrauen ist auf Zukunft gerichtet (Luhmann 2009, c1968: 23). Jedes Kommunikationsmedium muss sozusagen selbst Vertrauen genießen. Wechseln wir nun zur Organisationsebene.

Organisationen treten in dem Kommunikationsmedium des gesellschaftlichen Funktionssystems auf, dem sie angehören. Demnach könnte man meinen, das Macht als Kommunikationsmedium nur in politischen Organisationen, das Medium Geld nur in wirtschaftlichen Organisationen, das Medium Wahrheit nur in wissenschaftlichen Organisationen und das Medium Recht nur in Organisationen des Rechtssystems auftritt. Wie gerade schon festgestellt, treten Organisationen jedoch in unterschiedlichen Medien auf (Zweitcodierungen), wenn es um die Führung ihrer Mitglieder geht. Und hier lässt sich feststellen, dass Macht zunehmend durch das Steuerungsmedium Geld abgelöst wurde. Und auch Geld scheint es auf lange Sicht gesehen ähnlich zu ergehen, wie Macht. Je größer und komplexer ein

Unternehmen, desto weniger lässt es sich mit Mitteln der Macht und dem dahinter liegenden Zwang steuern (Willke 2001: 182). Das schwindende Vertrauen in Geld und Macht kann erklären, weshalb die Investition in vertrauenswürdige Beziehungen – Netzwerke – für viele Unternehmen zunehmend erfolgversprechender erscheint, als Steuerungs- und Kontrollversuche über Geld oder normativen Zwang (Willke 2001: 152–193).

Das wissenschaftliche Interesse am Verstehen und Erklären von Organisation und der Führung ihrer Mitglieder ist Gegenstand von Organisationstheorien und daran anschließenden Führungs- und Managementlehren. Die instrumentelle Vorstellung, dass sich Organisationen ähnlich wie eine triviale Maschine aufbauen und steuern lassen, ihre Mitarbeiter lediglich als Produktionsfaktor (Arbeit) zu sehen sind, ist lange überwunden (zf. Wöhrle 2013a: 157–190). Heute überwiegt das Verständnis von Organisation als ein selbststeuerndes soziales System (Luhmann 2011, c2000). Personalführungslehren zeigen den beeindruckendem Umfang ihrer Theorieproduktion (Blessin/Wick 2014; Hentze u.a. 2005; Lang/Rybnikova 2014) und die Unwahrscheinlichkeit ihres Gegenstandes insofern auf, als dass die mit Führungslehre intendierte Wirkung, der Führungserfolg, sich einer genaueren Definition und operativen Herleitung entzieht (Blessin/Wick 2014: 230–250; Hentze u.a. 2005: 41–44). Angesichts dieses hochkontingenten Sachverhaltes ist ein unter dem etwas seltsam anmutenden Begriff „Postheroisches Management" (Baecker 1994) firmierender Ansatz entstanden. In diesem von Dirk Baecker ins Leben gerufenem Konzept geht es u.a. darum, zwischen Management und Führung zu unterscheiden: Management ist eine Funktion, Führung eine Form der Kommunikation von Management (Baecker 2003: 256–292). Bildlich gesprochen geht es hier nicht mehr um den heroischen Manager als Virtuosen rationaler oder motivationssteigernder Entscheidungen, sondern um den Manager als Beobachter von Beobachtungen von Gesellschaft, Organisation und Management. Management ist mithin ein Versuch der Wahrnehmung und Beherrschung von Eigenkomplexität (Baecker 2003: 245).

Komplexitätsbewältigung wird in dem hier vorgestellten Managementmodell als Bezugsetzung von Umweltanalyse, Unternehmensplanung und Unternehmensführung verstanden. Diesen Bezug herzustellen und beobachtungsfähig zu halten, ist die Kernaufgabe von Management.

Führung ist dabei nur ein Teilaspekt. Unter dem Gesichtspunkt von Führungsverhalten – der kommunikativen, interaktiven und damit personenbezogenen Form von Management also – scheint in Anlehnung an Blake und Mouton (2004, c1968, 1980) Übereinstimmung darüber zu herrschen, dass die Kombination von personenorientierten und sachorientierten Aspekten – beiderseits in möglichst größter Ausdehnung – den für eine Organisation und ihre Organisationsmitglieder erfolgreichsten Führungsstil ergeben (Pracht 2013: 195; Wöhrle 2013a: 181; Pinnow 2012: 304; Blessin/Wick 2014: 110–113)[14]. Zu bedenken ist: Der Wunsch nach Harmonisierung der sozio-emotionalen Bedürfnissen von Menschen auf der einen mit den zweckrationalen Erfordernissen von Organisation auf der anderen Seite ist so offensichtlich, wie seine damit zu bearbeitende Selbstüberforderung. Organisationen interessieren sich nicht für den ganzen Menschen, sondern selektieren Kommunikationseigenschaften von Personen nach den Kriterien ihres systemspezifischen Sinns. Falsch jedoch ist der Harmonisierungsansatz solange nicht, wie er von allen Akteuren als ein nicht zu umgehender Umgang mit Paradoxie gesehen wird, als eine humane Zumutung sozusagen. Wir stellen damit schließlich auch fest, dass die in der Theorie vorgenommene Trennung von struktureller und interaktiver Führung nur einen analytischen Wert besitzt, sich in der Praxis hingegen als unzertrennbar erweist. Man kann der Paradoxie nicht entgehen, „wir müssen die unentscheidbaren Fragen entscheiden" (von Foerster 1993b: 73).

Abschließend stellen wir uns die Frage, wie Person und Organisation im Sinne operativer Führungsprozesse zusammenkommen können. Unter systemtheoretischen Gesichtspunkten sind Modelle aussichtsreich, die den Kontingenzansatz zugrunde legen. Hierzu gehören das „Reifegradmodell der Führung" (Hersey/Blanchard 1982, c1977) und die „Transformationale Führung" (Avolio/Bass 2004, c1995). In die Riege der „partizipativen Führungsstile" (Wunderer/Bruch 2009: 96) fügt sich das Konzept der sogenannten „Führung durch Zielvereinbarungen" ein. Bei diesem von Ferdinand Drucker als *Management by Objectives* (MbO) (Drucker 1954: 62) bezeichneten und darunter bekannt gewordenen Ansatz ist aus systemtheoretischer Sicht vor allem zu begrüßen, dass Organisationsentwicklung unter das Primat von Selbstreferenzialität und Kontingenzbewältigung gestellt wird. Hier können basale Erkenntnisse der Systemtheorie einfließen, wie z.B. die Berücksichtigung von Systemautonomie, Selbstreferenzialität, Selbstorganisation und Kontingenzbewältigung. Deutlich verwiesen sei allerdings an dieser Stelle darauf, dass es bei den genannten Instrumenten nicht um eine vollständige Übernahme in sozialwirtschaftliche Unternehmen gehen

---

14 Kritisch dazu siehe Hentze u.a. (2005: 227–235).

kann. Das gilt besonders für das Konzept des „situativen Führungsstils" und das „Führen durch Zielvereinbarungen" (→ III. 3.5).

3.2 Geschäftsprozesse

Mit den Managementprozessen haben wir die Aufgaben der Unternehmensgestaltung, -lenkung und -entwicklung auf dem jeweiligen Hintergrund ihrer Sinnkonstituierung als normatives, strategisches und operatives Kommunikationssystem beschrieben. Mit normativen und strategischen Entscheidungen sowie darauf ausgerichteten operativen Führungsprozessen ist jedoch noch keinerlei Wertschöpfung erzielt. Dies geschieht erst in den sogenannten Geschäftsprozessen. Von den Managementprozessen abzugrenzen sind also die Geschäftsprozesse eines Unternehmens. Geschäftsprozesse bezeichnen mithin „den praktischen Vollzug der marktbezogenen Kernaktivitäten einer Unternehmung, die unmittelbar auf die Stiftung von Kundennutzen ausgerichtet sind" (Rüegg-Stürm 2009: 116). Wenn mit Geschäftsprozessen Wertschöpfung erzielt werden soll, das heißt, Unternehmen mit ihren Geschäften einen Gewinn erzielen wollen, taucht die Frage auf, was die wertschöpfenden Bearbeitungsschritte sind. Da sich sozialwirtschaftliche Unternehmen in diesem Punkt deutlich von erwerbswirtschaftlichen Unternehmen unterscheiden, wollen wir die Frage zunächst für die erwerbswirtschaftlichen Unternehmen beleuchten.

3.2.1 Wertschöpfungsprozesse in der Erwerbswirtschaft

In erwerbswirtschaftlichen Unternehmen geht es bei den Geschäftsprozessen um den wertschöpfenden Vollzug der unternehmerischen Kernaktivitäten. Diese Kernaktivitäten unterliegen den Bedingungen des Marktes. Am freien Markt operierende Unternehmen müssen mit der ständigen Erosion der Marktpositionen ihrer Produkte umgehen. Diese Erosion ist in erster Linie durch den Produktlebenszyklus bedingt, also der Beobachtung, dass Produkte am Markt stets von begrenzter Lebensdauer sind. Um diesem Risiko entgegenzuwirken, sind erwerbswirtschaftliche Unternehmen auf die ständige Pflege ihrer unternehmerischen Leistungen angewiesen. Diese systematische Leistungspflege findet klassischerweise auf drei Ebenen statt:

a) Kundenprozesse
b) Leistungserstellungsprozesse
c) Leistungsinnovationsprozesse.

Die Kundenprozesse (a) umfassen alle Tätigkeiten, die dem Unternehmen Markenführung und Kundenbindung verschaffen. Dazu gehören:

a1) Kundenakquise,
a2) Ausbau von Kundenpotenzialen (z. B. durch Werbung),
a3) Pflege der Kundenbeziehungen (z. B. durch Service).

Leistungserstellungsprozesse (b) umfassen die Tätigkeiten der Auftragsabwicklung. Dazu gehören:

b1) Kundenanfrage/Auftragsklärung,
b2) Konstruktion, Arbeitsvorbereitung,
b3) Beschaffung und Logistik,
b4) Fertigung bzw. Produktion und
b5) Auslieferung und Logistik.

Innovationsprozesse (c) schließlich umfassen alle Tätigkeiten, die Wettbewerbsvorteile liefern sollen durch Verbesserungen bestehender Produkte oder Herstellung von erneuerten, oft aber lediglich variierten und dennoch für innovativ gehaltenen Produkten sowie Entwicklung neuer Prozesse (z. B. Produktinnovation, Serviceinnovation, Prozessinnovation). Hierzu gehören vor allem: Forschung und Entwicklung (Rüegg-Stürm 2009: 116).

Geschäftsprozesse dienen also der Wertschöpfung erwerbswirtschaftlicher Unternehmen. Der Erfolg von Geschäftsprozessen ist somit von der Gestaltung der Wertschöpfungskette – den Transformationsstufen eines Produktes: von der Idee bis zur Herstellung und Verwendung – abhängig (Porter 1999). Wertschöpfung ist das Ergebnis effizienter, kundenbezogener Gestaltung von Geschäftsprozessen. Konzeptionell drückt sich dies in der ständigen Entwicklung geeigneter Marketingkonzepte aus (Bieger 2009: 39).

Wollen wir die Gültigkeit dieser Feststellung auch auf sozialwirtschaftliche Unternehmen beziehen, fällt sofort auf, dass das dort entweder nicht oder nur sehr eingeschränkt gelingen kann. In dem Maße, wie sozialwirtschaftliche Unternehmen von den Bedingungen erwerbswirtschaftlicher Gestaltungsprinzipien – freier Markt und Wettbewerb – nicht betroffen sind, stellen sich Marketingfragen nur sekundär. Hingegen müssen sich wettbewerbsorientierte Sozialunternehmen diesen Fragen aussetzen. Sie sind zunehmend darauf verwiesen, ihre Geschäftsprozesse nach den hier vorgestellten Differenzierungen von Kundenbindung, Leistungserstellung und Leistungsinnovation zu beobachten. In der Sozialwirtschaft ergeben sich durchaus Bifurkationen solcher Art. Die damit aufgeworfenen Fragen, inwieweit sich die Marktfähigkeit sozialer Dienste und Einrichtungen steigern lassen und wo Grenzen liegen und wie sich diese aktuell für die einzelnen

Handlungsfelder der Sozialwirtschaft darstellen, soll hier nicht näher beurteilt werden. In der Praxis obliegt diese Verortungsfrage dem einzelnen Unternehmen durchaus selbst, wie man im Gesundheitsmarkt unschwer feststellen kann. Im Folgenden soll daher die Betrachtung der Geschäftsprozesse solcher Sozialunternehmen weiter behandelt werden, die ohne Gewinnerzielungsabsicht operieren.

3.2.2 Leistungsdreieck der Sozialwirtschaft

Geschäftsprozesse in sozialwirtschaftlichen Unternehmen, die keinem oder nur geringem Wettbewerb ausgesetzt sind, müssen auf drei Beziehungsebenen innerhalb des Leistungsdreiecks reflektiert werden. Dies sind:

a) Ko-Produktionsbeziehungen,
b) Kundenbeziehungen und
c) Anspruchsbeziehungen.

Aus der Sicht des Unternehmens (Leistungserbringer) geraten hier die Kundenbeziehung zum Leistungsträger und die Ko-Produktionsbeziehung zum Adressaten in den Vordergrund.

Die Geschäftstätigkeit sozialwirtschaftlicher Unternehmen besteht aus der Entwicklung und Bereitstellung von personenbezogenen Dienstleistungen, die zivilgesellschaftliche Wertschöpfung durch Nutzen für ihre Adressaten erzeugen (Böllert 2000: 241–252). In erwerbswirtschaftlichen Unternehmen wird die Beziehung zwischen Leistungsproduzent und Leistungskonsument als eine Kundenbeziehung bezeichnet. In sozialwirtschaftlichen Unternehmen ist das nicht möglich. Hier liegt ein besonderes Beziehungsverhältnis vor, das durch die Produktion der Leistungen als meritorische Güter entsteht. Dieses Beziehungsverhältnis verdeutlicht das sogenannte Leistungsdreieck (Abb. 8).

Nutzern und Leistungserbringern sozialwirtschaftlicher Leistungen fehlen in der Regel die zentralen Merkmale für die Begründung einer Kundenbeziehung. Sozialwirtschaftliche Unternehmen agieren nicht auf einem Anbieter-, sondern überwiegend auf einem Nachfragemarkt[15] für Nutzer, die in der Regel nicht im Besitz der für die Nutzung einzusetzenden Kaufkraft sind. Insofern kann von einer nichtschlüssigen Tauschbeziehung gesprochen werden (Burla 1989: 108). Die Kaufkraft kann erst über die Gewährung und Inanspruchnahme sozialgesetzlicher Leistungsansprüche freige-

---

15 Dass sich dies auch ändern kann, führt der Gesundheits- und Beautymarkt vor.

setzt werden. Die Auflösung nichtschlüssiger zugunsten schlüssiger Tausch-beziehung wird durch die Einführung von Konzepten der Subjektförderung und persönlicher Budgets angestrebt. Man verspricht sich davon eine Stär-kung der Marktmacht, zumindest aber eine Zunahme der Möglichkeiten von Einflussnahme seitens der Nutzerinnen und Nutzer sozialer Dienstleis-tungen und damit eine Auflösung des Leistungsdreiecks (Finis Siegler 2009: 192). Dass dieses Modell tatsächlich so weit reichen kann, dass es zu einer Auflösung des Leistungsdreiecks führt, ist allerdings unwahrscheinlich. Schließlich ist auch die Zuerkennung eines persönlichen Budgets von dem Zustandekommen einer Anspruchsbeziehung zwischen Adressat und Leis-tungsträger abhängig.

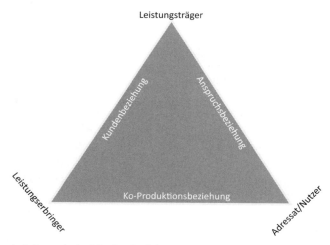

Abb. 8: Das Leistungsdreieck in der Sozialwirtschaft (eigene Darstellung)

Zwischen dem Adressaten/Nutzer und dem Träger sozialer Leistungen muss also immer geprüft werden, ob eine Anspruchsbeziehung besteht, be-vor soziale Leistungen in Anspruch genommen werden können. Eine An-spruchsbeziehung kommt immer nur dann zustande, wenn die konditiona-len Voraussetzungen der beim Leistungsträger gültigen Entscheidungspro-gramme erfüllt werden (Bedürftigkeit, Rechtsanspruch) und schließlich vom Nutzer auch tatsächlich in Anspruch genommen werden. Sind diese Voraussetzungen erfüllt, ist der Adressat nicht der Kaufsouverän gegenüber den zur Verfügung stehenden Leistungserbringern.[16] Stattdessen gerät der

---

16 Ausnahmen, wie z. B. das persönliche Budget nach SGB IX, bestätigen noch die Re-gel. Wie zuvor beschrieben, ändern sie allerdings nichts an der Notwendigkeit der Feststellung einer Anspruchsbeziehung.

Leistungsträger in eine Doppelrolle von Leistungsgewährung und Leistungseinkauf. Damit stellt sich ihm die Notwendigkeit der Auflösung einer Paradoxie: der Ausgleich theoretisch quantitativ wie qualitativ unbegrenzbarer Ansprüche mit begrenzten Mitteln. Der Leistungsträger nimmt zugleich die Funktion der Gewährung und der Verausgabung zustehender Mittel (Geld- und Sachleistungen) wahr. Diese paradoxe Situation lässt sich für den Leistungsträger abmildern, indem er sich so verhält, dass er für die ihm zur Verfügung stehenden Geldmittel möglichst viel Leistung bekommt bzw. viele Leistungsberechtigte versorgen kann. Damit wird der Leistungsträger zum Kunden von Leistungsanbietern bzw. Leistungserbringern. Die Beziehung zwischen Leistungsträger und Leistungserbringer wird zu einer Kundenbeziehung. Leistungserbringer sind auf die Möglichkeiten der bezahlten Abnahme ihrer Leistungen angewiesen, so wie im Gegenzug die Leistungsträger auf das Angebot und die Erbringungen nachgefragter Leistungen.

Während in der Erwerbswirtschaft der Konsument der angebotenen Produkte die Kundenrolle einnimmt, verschiebt sich in der Sozialwirtschaft diese Rolle auf den Leistungsträger. Neben der Verschiebung der Kundenrolle vom Adressaten auf den Träger der Leistungen gilt in sozialwirtschaftlichen Unternehmen eine weitere Besonderheit. Sie ist in der Beziehung zwischen Leistungserbringer und Adressat bzw. Nutzer gegeben. Erwerbswirtschaftliche Unternehmen wenden sich an ihre Adressaten als Konsumenten von Gütern und Dienstleistungen. In sozialwirtschaftlichen Unternehmen hingegen treten Produktion und Konsum von Dienstleistungen in einem Vorgang auf (uno-actu-Prinzip). Das bedeutet, dass die Beziehung zwischen Adressat/Nutzer und Leistungserbringer als ein Verhältnis der Ko-Produktion von sozialen Dienstleistungen beobachtet werden muss.[17] Die soziale Dienstleistung wird nicht allein vom Leistungserbringer erzeugt, vielmehr wird sie erst durch die vom Adressaten gesteuerten Prozesse der Aneignung und Modifikation zu einer Dienstleistung. Solche selbstreferenziellen Bedingungen der Dienstleistungserbringung lassen sich nicht nur im Kontext Sozialer Arbeit beobachten. Ebenso im Kontext von kulturellen, bildungsbezogenen, gesundheitsbezogenen und therapeutischen Dienstleistungsangeboten ist die Nutzendimension selbstorganisierender Persönlichkeitsentwicklung, Bildung und Resilienz unumstritten (Eppler u. a. 2011).

---

17 Hier kommen sozialarbeitswissenschaftliche (d. h. eher systemtheoretische) und sozialpädagogische (d. h. eher subjekttheoretische) Analysen zu vergleichbaren Ergebnissen (zf. Lambers 2013: 184; 2014: 153).

3.2.3 Wertschöpfung in der Sozialwirtschaft

Wie an der Darstellung des Leistungsdreiecks deutlich wird, sind Wertschöpfungsprozesse sozialwirtschaftlicher Betriebe nicht mit bipolaren Wertschöpfungsketten – input/output – erwerbswirtschaftlicher Unternehmen vergleichbar. Es handelt sich hier vielmehr immer um Prozesse triangulierter Akteursbeziehungen.

Wie bereits ausgeführt, sind beim Leistungsdreieck drei Akteure beteiligt: Leistungsträger, Leistungserbringer und Nutzer/Adressat. Wie sich denken lässt, hängt das Zustandekommen des Leistungsdreieckes zunächst von drei herzustellenden Beziehungsverhältnissen ab (Abb. 9):

a) Aus Sicht des Leistungserbringers muss die Anspruchsbeziehung des Nutzers gegenüber dem Leistungsträger zustande kommen.
b) Aus Sicht des Adressaten muss die Kundenbeziehung zwischen Leistungsträger und Leistungserbringer zustande kommen.
c) Aus Sicht des Leistungsträgers muss die Ko-Produktionsbeziehung zwischen Leistungserbringer und Nutzer zustande kommen.

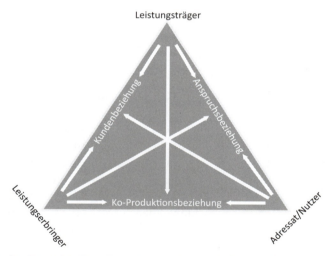

Abb. 9: Beobachtung der Akteursbeziehungen durch die Einzelakteure (eigene Darstellung)

Das Spezifische dieser Akteuersbeziehungen ist nun, dass die jeweils Beteiligten ihre Interessen nicht erwartungssicher sozial adressieren können. Der Grund hierfür ist, dass jedes Beteiligungsinteresse auf die kommunikative Anschlussfähigkeit an Interessen der jeweils anderen beiden Akteure angewiesen ist. Einige Beispiele hierzu:

- Der Leistungserbringer hat ein existenzielles Interesse an dem Zustandekommen der Anspruchsbeziehung zwischen Nutzer und Leistungsträger. Einfluss auf ein Zustandekommen der Anspruchsbeziehung hat der Leistungserbringer hingegen nur sehr begrenzt, allenfalls im Kontext von Härtefall- und Folgeanträgen. Bei Neuanträgen sind die Leistungserbringer auf die sozial- und gesundheitspolitisch ausgehandelten Positionen angewiesen, auf deren Konditionen sie nur mittelbar über die Einflussnahme auf politische und trägerspezifische Gremien einwirken können.
- Der Leistungsträger hat ein Interesse an dem Gelingen der Ko-Produktionsbeziehung. Der Leistungsträger hat aber keine direkten Herstellungsmöglichkeiten, geschweige denn Steuerungsmöglichkeiten gelingender Ko-Produktionsbeziehungen. Das hängt wiederum vom Aneignungverhalten der Nutzerinnen und Nutzer ab. Versuche der Leistungsträger, dies über Wirkungsnachweise zu kompensieren, zeigen einerseits deutlich das vorliegende Steuerungsinteresse an, andererseits trifft auch hier zu, was mit dem Begriff „Technologiedefizit" (Luhmann/Schorr 1982) gefasst werden kann. Harte, empirisch generalisierbare Wirkungsnachweise liegen in den meisten sozialwirtschaftlichen Handlungsfeldern nicht vor. Entsprechend erklären sich Versuche, Wirkungserfolge über empirisch weiche (Eppler u.a. 2011) oder dialogische Verfahren, wie z.B. den Wirkungsdialogen in der Jugendhilfe (ISA 2009; Nüsken 2010) und in der Eingliederungshilfe (KVJS 2008) zu rekonstruieren.
- Der Nutzer bzw. Adressat schließlich hat ein Interesse an dem Zustandekommen der Kundenbeziehung des Leistungsträgers zu einem möglichst zu seinem Bedarfsausgleich passenden Leistungserbringer. Der Adressat ist allerdings das schwächste Glied in der Kette. Er hat nicht nur keine Steuerungsmacht über das Zustandekommen dieser Kundenbeziehung, er kann sie auch am wenigsten beeinflussen. Hierfür fehlt ihm das für die Kundenbeziehung gültige Steuerungsmedium: das Geld bzw. die Kaufkraft. Diese verwaltet der Leistungsträger stellvertretend für ihn und sie wird erst dann verfügbar, wenn vom Leistungsträger eine Anspruchsbeziehung anerkannt wird. Ist dies der Fall, hat der Nutzer zwar Wunsch- und Wahlrechte, wie sie in den Sozialgesetzbüchern verankert sind. Sie haben aber nichts mit Nutzersouveränität zu tun, da sie unter dem Vorbehalt rechtlicher – und das bedeutet in diesem Kontext in der Regel wirtschaftlicher Angemessenheit stehen (§ 33 SGB I). Für das Leistungsmerkmal des persönlichen Budgets gilt das ebenfalls (→ II. 3.2.2).

Neben dem nicht marktförmig herstellbaren Leistungsdreieck liegt eine weitere Besonderheit in der Komplexität der Beziehungsgestaltung dieses Leistungssystems. Die Beziehungsgestaltung innerhalb des Leistungsdreiecks ist für die beteiligten Akteure (Leistungsträger, Leistungserbringer, Adressat/Nutzer) beobachtbar; dies zumindest in partizipativen oder wenigstens beteiligungsorientierten Leistungskontrakten. Das erzeugt zusätzliche Komplexität. Die Komplexität der darin enthaltenen Beziehungsverhältnisse kann man sich in etwa dadurch verdeutlichen, dass im Leistungsdreieck neun Beobachtungsperspektiven (1. Ordnung) aufeinandertreffen. Jeder einzelne Akteur wird zudem jeweils drei Perspektiven der beiden anderen Akteure, also sechs zusätzliche Perspektiven beobachten können (Beobachtung der Beobachter, d. h. Beobachtung 2. Ordnung). Damit kommen 18 Perspektiven zu den 6 Einzelbeobachtungen hinzu. Bei diesen 24 Perspektiven muss es nicht bleiben, wenn Beobachtungen 3. Ordnung hinzukommen. Das ist z. B. der Fall, wenn externe Beobachtungsprojekte in den Unternehmensentwicklungsprozess eingebunden werden (z. B. Supervisionen, Organisationsberatungen, Forschungs- und Entwicklungsprojekte, ggf. auch Fortbildungsprojekte). Wir stellen fest: Die Anforderungen von Komplexitätsreduktion in sozialwirtschaftlichen Unternehmen sind mit den Anforderungen erwerbswirtschaftlicher Unternehmen nicht vergleichbar. Natürlich stehen erwerbswirtschaftliche Unternehmen nicht nur in einer Abhängigkeit zu ihren Kunden, sondern in weiteren hochkontingenten Akteursbeziehungen z. B. zu Lieferanten, Zulieferern und Investoren. Aber dafür besteht ein Markt und damit sind auch mehr Optionen des Zugangs verbunden, als in einem durch Leistungsträger und Politik bestimmten Feld eines Quasi-Marktes.

Mit den Managementprozessen wurden die Steuerungsfelder eines Unternehmens beschrieben. Die Geschäftsprozesse bezeichnen die systembedingten Entscheidungen der Wertschöpfung eines Unternehmens. Wertschöpfungsprozesse sind aber nicht allein von den normativen, strategischen und operativen Steuerungsgrößen und ihrer Umsetzung in Geschäftsprozesse abhängig. Sie benötigen ebenfalls einen spezifischen Support. Dieser ist in den Unterstützungsprozessen zu verorten.

3.3 Unterstützungsprozesse

Unterstützungsprozesse liefern die Infrastruktur zur Erbringung der Geschäftsprozesse. Sozialwirtschaftliche Unternehmen sind größtenteils Dienstleistungsunternehmen. Unterstützungsprozesse in Dienstleistungsunternehmen beziehen sich somit auf die interne Dienstleistungskompetenz zwecks Herstellung von Dienstleistungen durch interne Serviceleistungen und Bereitstellung von Infrastruktur. Unabhängig vom Charakter des Unternehmens werden Unterstützungsprozesse für folgende Bereiche in den Blick genommen:

a) Personalarbeit
b) Bildungsarbeit
c) Infrastrukturbewirtschaftung *(facility management)*
d) Informations- und Kommunikationsarbeit
e) Risikobearbeitung
f) Rechtsarbeit (Rüegg-Stürm 2009: 117 f.)

3.3.1 Personalarbeit

Zur Personalarbeit zählen:

a) Personalführung (Führungskonzept, Führungsverhalten, Führungsprinzipien),
b) Personalplanung (Bestands- und Bedarfsplanung, Bedarfs- und Kostenrechnung),
c) Personalgewinnung (Akquise und Auswahl),
d) Personaleinsatz (Entlohnung und Arbeitszeit),
e) Personalbeurteilung (Ein- und Höhergruppierungen),
f) Personalentwicklung (Bindung, Förderung, Eingliederung, Aus- und Fortbildung, Mentoring, Coaching),
g) Personalentlassung (Kündigung, Auflösung von Arbeitsverträgen, Arbeitszeugnisse),
h) Personalverwaltung (Lohn- und Gehaltsabrechnungen und Verwaltung der unter den Punkten b–g genannten Aufgaben (zf. Moos/Peters 2008: 106–121; Pracht 2013: 160–213; Schellberg 2012: 155–169; von Boehmer/Holdenrieder 2013: 130–167).

Die aufgeführten Felder von Personalarbeit zeigen an, dass sie in jeder Organisation strukturell vorkommen müssen, um die benötigten Mitglieder einer Organisation beschaffen, einsetzen, fördern, ggf. entlassen und dies alles verwalten zu können. Sie betreffen insofern die strukturelle Form von Führung (Ordnungsmoment, Struktur). Damit ist eine notwendige, nicht jedoch hinreichende Voraussetzung der Organisationsplanung erfüllt. Um die Unternehmensziele erreichen zu können, bedarf es nicht nur basaler Strukturen, sondern auch der operativen Umsetzung der strategischen Planung. Das wiederum ist eine Frage der operativen Führungsprozesse (Prozessebene der Managementprozesse). Der entscheidende Punkt ist aber nun, dass Struktur und operative Führung als fest gekoppelte Größen nur dann gute Ergebnisse erzielen können, wenn sie ausreichenden Support bei der Umsetzung bekommen. Personalarbeit muss daher als ein Unterstützungsprozess einfließen.

Ein häufig anzutreffender Irrtum ist, dass Leistungen der Personalarbeit unter der Bezeichnung „Personalmanagement" eher als übergeordnete Steuerungsinstanz eines Unternehmens angesehen werden, statt als Dienstleistungen im Unternehmen für die Erbringung von Dienstleistungen durch das Unternehmen. Ein Perspektivwechsel ist jedoch möglich, wenn Personalmanagement nicht nur strukturell, sondern auch in seiner prozessualen Bedeutung verortet wird. Personalarbeit ist strukturell gesehen die nachgelagerte Ordnungsbildung von Steuerungsprozessen. Personalarbeit erfüllt eine Hintergrundfunktion. Im Folgenden werden wir das an einem weiteren Aspekt der Personalarbeit vertiefen. Hierzu gehört in erster Linie die Personalentwicklung bzw. die damit in Verbindung stehende Bildungsarbeit.

3.3.2 Bildungsarbeit

Unternehmen sind darauf angewiesen, Kompetenzen dorthin zu bringen, wo sie im Entscheidungsprozess benötigt werden (Luhmann 2011, c2000: 319). Kompetenzen wiederum sind auf Wissen angewiesen. Intellektuelles Kapital (Wissenskapital, Bildungskapital) gilt als Haupttreiber betrieblichen Erfolgs. Der Begriff Humankapital – Unwort des Jahres 2004 – bezeichnet den Bestand an personengebundenen Wissensbeständen eines Unternehmens. Dieses Wissen manifestiert sich im „Systemgedächtnis" (Luhmann 2011, c2000: 319) einer Organisation. Das Systemgedächtnis darf man sich nicht als einen lokalen Ort in der Organisation vorstellen. Das Gedächtnis des Systems ‚Unternehmen' wird – abstrakt ausgedrückt – durch Entscheidungsprogramme strukturiert, die sich auf Wissen beziehen (ebd: 275). Wäre eine Organisation ein triviales System, etwa im Bild einer Maschine, müsste es darum gehen, das Systemgedächtnis mit allen erforderlichen Informationen auszustatten, die es zum reibungslosen Ablauf seiner Entscheidungsprogramme benötigt. Organisationen sind jedoch keine Maschinen, sondern komplexe, soziale und damit nicht-lineare Systeme. In sozialen Systemen werden Informationen erst dann zu Wissen, wenn sie zur Mitteilung gebracht worden sind und im Akt des Verstehens angenommen oder verworfen werden (→ III. 1.4). Mithin gibt es den Ort für das Systemgedächtnis nicht, allenfalls verfügt das Systemgedächtnis über einen abstrakten Ort, der durch unternehmensspezifische Kommunikation gebildet wird. Bildungsarbeit ist schließlich der Versuch einer Organisation, Einfluss auf das Systemgedächtnis und seine weitere Ausbildung zu erlangen. Bildungsarbeit ist mithin eine kompensatorische Anstrengung des Unternehmens. Damit ist sie eine Variable der Managementprozesse. Entsprechend multiperspektivisch sollte sie entwickelt werden. Das heißt, dass Bildungsarbeit im Kontext der uns mittlerweile bekannten drei Managementebenen betrachtet werden muss.

Aus der Perspektive des normativen Managements bewegt sich Bildungsarbeit immer im Spannungsfeld von individuellen Ansprüchen auf der einen und unternehmerischen Anforderungen auf der anderen Seite. Diesen nicht vollständig aufhebbaren Widerspruch abzumildern kann z.B. in der Entwicklung eines Bildungsleitbildes mit den Mitarbeiterinnen und Mitarbeitern eines Unternehmens geschehen (Euler 2009: 41). Ein weiterer Anknüpfungspunkt zur Bearbeitung dieses Widerspruches ist bei der Wahl des Führungskonzeptes gegeben, z.B. mit dem Konzept des Führens durch Zielvereinbarungen (III. 3.5). Die Gestaltungsverantwortung von Bildungsmaßnahmen könnte fester Bestandteil von Zielvereinbarungsgesprächen werden.

Aus der Perspektive des strategischen Managements stellt sich die Frage, welche Strategien geeignet sind, die normativen Vereinbarungen zu erfüllen. Hier ist die Verankerung in die Struktur und Kultur (Ordnungsmomente) des Unternehmens in den Blick zu nehmen. Die strukturelle Verortung der Bildungsarbeit hängt von der Größe des Unternehmens und seiner strategischen Ausrichtung ab. So kann Bildungsarbeit entweder als Stabstelle, als eigenständiges Dienstleistungs- und Kompetenzzentrum oder als ausgelagertes, selbständiges Tochterunternehmen organisiert sein. Voraussetzung für anschlussfähige Bildungsarbeit ist, dass sie strukturell im Unternehmen verortet ist. Ist sie es nicht, überlässt das Unternehmen die Umsetzung von Bildungsinteressen ausschließlich seinen Mitarbeiterinnen und Mitarbeitern, z.B. im Rahmen dafür vorgesehener Anspruchsregelungen auf Bildungsurlaub.

Neben der strukturellen Frage von Bildungsarbeit ist die Gestaltung der Organisationskultur ein entscheidender Punkt für die Ausgestaltung von Unterstützungsprozessen. Der Begriff ‚Gestaltung' ist im Kontext von Kultur an sich schon paradox. Gleichwohl ist das Interesse an der Gestaltung der Organisationskultur nachvollziehbar und bedarf keiner weiteren Legitimierung. Kultur lässt sich nur nicht einfach herstellen. Bildungsarbeit, unabhängig davon wo sie strukturell verankert ist, ist abhängig von der Akzeptanz derjenigen, auf die sie abzielt. Bildung hat nicht nur mit der Schwierigkeit zu kämpfen, dass sie nicht verlässlich angeben kann, was sie tun muss, um die angesteuerten Bildungsziele auch wiederholbar zu erreichen. Vielmehr hat Bildungsarbeit sich auch mit der Tatsache auseinanderzusetzen, dass ihr Selektionsangebot von den Selektionen selbstreferenziell operierender Personen abhängig ist. Die Frage, ob Bildungsvermittlung stattgefunden hat, hängt letztlich vom Adressaten von Bildung ab.[18] Mithin kann es für das Unternehmen nur um die Schaffung solcher Faktoren gehen, die Lernbereitschaft im Kontext von Unternehmensinteressen begünstigen. Man erkennt unschwer, dass sich an dieser Stelle die Fragen von Unternehmens- und Personenidentität verschränken. Eine Lernkultur in Unternehmen, und damit die Voraussetzung für Bildung als selbstorganisierter Prozess der Persönlichkeitsentwicklung, wird nur dann entstehen können, wenn sich Mitarbeiterinnen und Mitarbeiter weitgehend mit den Unternehmen identifizieren können, für die sie tätig sind (Euler 2009: 45).

Die Frage nach der Umsetzung der normativ orientierten und strategisch entwickelten Bildungsarbeit wird zum Gegenstand des operativen Vollzugs von Bildungsarbeit. Dafür müssen konkrete Bedarfe identifiziert, passende Angebote gefunden, ggf. auch erst entwickelt sowie durchgeführt werden. Die entscheidende und größte Herausforderung in diesem Prozess stellt die Herstellung einer transformatorischen Wirkung in die Praxis dar. In diesem Zusammenhang stellt sich immer wieder die Frage nach der Beteiligung von Führungskräften in der Bildungsarbeit. Beteiligung von Führungskräften ist aus kommunikationstheoretischer Sicht eine interessante Lösung, wenn es bei Beteiligung bbleibt. Wird die gesamte Bildungsarbeit mit eigene Führungskräften bestritten, wäre das allerding eine unterkomplexe Lösung (blinde Flecken). Komplexitätsreduktion erfolgt auch in der Bildungsarbeit nur durch Komplexitätserhöhung. In diesem Sinne würde Führungskräftebeteiligung bedeuten, sie als ein didaktisches Element einzubringen. Auf diese Weise kann Differenzerfahrung hergestellt und die für Bildungsprozesse nötigen Anlässe von Selbstirritation ermöglicht werden. Das betrifft beide Seiten der Bildungsarbeit; die Lernenden und die Lehrenden.

Bei allem, was wir hier über Bildungsarbeit im Unternehmen festgestellt haben, könnte sich der Eindruck einstellen, dass ein Unternehmen geradezu modular Bildungsbausteine in die Köpfe seiner Mitarbeitenden bringen könnte, um damit vorhersagbare Effekte im Wertschöpfungsprozess zu erzielen. Das ist ein fremdreferenzielles und damit unrealistisches Bildungsverständnis. Auch hier gilt die systemtheoretisch begründete Nichttechnologisierbarkeit von Bildung (Luhmann/Schorr 1982). Mit Bildungsarbeit verbindet man allgemein mehr als die Herstellung von „Inkompetenzkompensationskompetenz" (Luhmann 1981: 9, 74). Es geht also um Wege der

---

18 Dieser Sachverhalt wird mit dem Begriff des strukturellen Technologiedefizits diskutiert. Demnach verfügt Pädagogik über keinerlei Kausaltechnologien, um ihre Adressaten zu verändern. Erziehung und Bildung ist demnach ein selbstreferenzieller Vorgang (Luhmann/Schorr 1982: 5–40).

Grenzüberschreitung: weg vom einfachen Defizitausgleich hin zu Selbstbildungsprozessen. Bildungarbeit, die mehr ist, als ein Einwegbaukasten, wird an der Initiierung selbstreferenzieller Bildungsprozesse interessiert sein müssen. Die Entwicklung des bereits angesprochenen Bildungsleitbildes wäre ein Weg dahin.

3.3.3 Infrastrukturbewirtschaftung

Infrastrukturbewirtschaftung *(facility management)* betrifft die Bereitstellung und Unterhaltung von Infrastrukturanlagen (Flächen, Räume, Einrichtungen, Anlagen, Technik, Verbrauchsmittel) für die Erbringung der Geschäftsprozesse. Bei sozialwirtschaftlichen Unternehmen stellen sie einen Teil der Dienstleistungen für die Erstellung von Dienstleistungsangeboten dar. Infrastrukturbewirtschaftung gelingt in dem Maße, wie die von dort bereitgestellten Dienstleistungen die Leistungserstellungsprozesse (Geschäfte, Produkte, Dienstleistungen) des Unternehmens kennen und verstehen. Gleichermaßen werden sie von den normativen, strategischen und operativen Managementprozessen durchzogen. Das bedeutet, dass normative Entscheidungen ebenso Auswirkungen auf die Infrastrukturbewirtschaftung haben (z.B. Raum und Medien für Stakeholderdialoge), wie strategische Planungen (z.B. Raum- und Flächenplanung) und operative Prozesse (z.B. Festlegung von Servicestandards, Transportdienste, Empfangs- und Telefondienste, Büro-, Informations- und Sicherheitstechnologie). In gleicher Weise verschränken sich Fragen der Infrastrukturbewirtschaftung mit den Ordnungsmomenten von Strategie, Struktur und Kultur.

Wie bei allen Unterstützungsprozessen stellt sich die strategische Frage, welche Leistungen für Unterstützungsprozesse vom Unternehmen selber erbracht und welche eingekauft werden sollen. Mischformen werden am meisten verbreitet sein und sich nach wirtschaftlichen Kriterien ordnen. Je nach Strategieplanung wird die strukturelle Einbindung der Infrastrukturbewirtschaftung in die Aufbau- und Ablaufstruktur sowie die Rechtsbeziehung zur bewirtschaftenden Stelle (intern, extern) geklärt sein müssen. Bedingungen der Organisationskultur wiederum sind stark angesprochen, wenn es darum geht, infrastrukturellen Unterstützungsprozessen die nötige Wertschätzung entgegenzubringen, und sie als ein gesamtunternehmerisches Thema und nicht als ein von Partialinteressen bestimmtes zu behandeln. Die Frage, ob z.B. schwächeren Geschäftsfeldern eines Unternehmens gegenüber stärkeren oder erfolgreicheren die gleichen, oder aus Marketinggründen erhöhte Unterstützungsbedarfe zugestanden werden, wird nicht nur von strategischen Managemententscheidungen bestimmt, sondern muss vor allem durch eine entsprechend solidarische Unternehmenskultur getragen sein.

3.3.4 Informations- und Kommunikationsarbeit

Informations- und Kommunikationsarbeit hat die Aufgabe, das Management bei der Wahrnehmung seiner Steuerungsaufgaben zu unterstützen. Es mag verwundern, dass Kommunikationsarbeit in unserem Managementmodell als Teil von Unterstützungsprozessen lokalisiert wird, wo doch Kommunikation der Letztbegriff des hier favorisierten Theoriebezugs ist. Aus dem Blickwinkel der Systemtheorie ist alles Kommunikation, und immer dann, wenn Kommunikation zu Anschlusskommunikation führt, kommt Systembildung zustande. Hat Systembildung einmal stattgefunden, steuert sich das System selber (→ I. 2.4). Wenn die Möglichkeiten der Systemsteuerung von außen nicht gegeben sind, muss man sich fragen, welchen Zweck Informations- und Kommunikationsarbeit dann noch erfüllen kann. Die Antwort lautet: es geht nicht um Systemsteuerung, sondern um Systembeeinflussung.[19]

Helmut Willke (2001: 2011, c2004) entfaltet seine Theorie zum Umgang mit Unternehmenskommunikation unter dem Begriff Wissensmanagement. Aus systemtheoretisch-konstruktivistischer Perspektive verortet er Wissensmanagement als einen Geschäftsprozess, in dem kritische und konstruktive Kommunikationsverbindungen zwischen personalem und organisationalem Wissen hergestellt werden (Willke 2001: 81 und 18; 2011, c2004: 94). Dieser Prozess lässt sich nicht standardisieren. Stattdessen ist er auf kreative und flexible Formen des Austausches angewiesen. Praktisches Wissensmanagement benötigt zudem bestimmte Unterstützungsleistungen. Hierzu gehören das Wissen über den Umgang mit Wissen(sbeständen) und die für die Aktualisierung von Wissensbeständen benötigten Mittel. Das reicht vom Einsatz strategischer und operativer Planungs-, Analyse- und Visualisierungsinstrumente (→ III.) bis zur Bereitstellung personeller, räumlicher und technischer Ressourcen. Dergestalt ist Informations- und Kommunikationsarbeit als ein Unterstützungsprozess zu verstehen, der in sämtlichen Unternehmensprozessen (Management-, Geschäfts- und Vernetzungsprozesse) einfließt.

Unter Informations- und Kommunikationsarbeit fassen wir nicht nur die Bereitstellung von Informationsmedien, wie sie durch die Nutzung von

---

19 In der Systemtheorie spricht man von Irritation oder Perturbation (Lambers 2014: 193).

Verbreitungsmedien (Printmedien und Informations- und Kommunikationstechnologie) möglich sind. Vielmehr geht es um die Gesamtheit der Informations- und Kommunikationsinfrastruktur. Insbesondere durch die in modernen Gesellschaften angestiegene Komplexität von Informationsverarbeitung – die Bewältigung von Kommunikationsüberschuss (Luhmann 1996: 11) – stellt Informations- und Kommunikationsarbeit nicht allein eine administrative, sondern auch eine Gestaltungsaufgabe und damit eine Aufgabe von strategischer Bedeutung dar (Heinrich u. a. 2014: 8).

Für den hier besprochenen Gegenstand hat sich in der Sozialwirtschaft der Begriff Sozialinformatik etabliert (Kreidenweis 2011, 2012). Sozialinformatik befasst sich mit der Frage des unterstützenden Einsatzes, der auf jeder Managementebene zur Aufgabenerfüllung benötigten Konzepte, Methoden, Techniken und Werkzeuge. Ziel ist der Aufbau einer Informationsinfrastruktur und diese so zu gestalten, dass sie einen optimalen Beitrag zum Unternehmenserfolg leisten kann. Aufgaben des Informationsmanagements müssen auf strategischer, administrativer und operativer Ebene bearbeitet werden. Die strategische Ebene plant, überwacht und steuert die Informationsinfrastruktur, die administrative Ebene plant, überwacht und steuert die Komponenten der Informationsinfrastruktur (Anwendungssysteme und Schulung) und die operative Ebene begleitet die Aufgaben der Nutzung der Informationsinfrastruktur (Netzdienste, Wartung).

3.3.5 Risikobearbeitung und Performanzmanagement

Risikominimierung in der Beziehung der Anspruchsgruppen oder Anteilseigner zum Management ist Aufgabe von *Corporate Governance* (CG) und betrifft daher das normative Management (→ II. 3.1.1). Konkrete Risikobearbeitung im Wertschöpfungsprozess hingegen ist Aufgabe des strategischen Managements. Der Grund hierfür ist, dass alle Produkte, auch personenbezogene Dienstleistungen, einen sogenannten „kritischen Pfad" (Haller 2009: 156) durchlaufen. Der kritische Pfad umfasst in erwerbswirtschaftlichen Unternehmen den Weg vom Beschaffungsmarkt zum Unternehmen und vom Unternehmen zum Absatzmarkt. Produktions- und Handelsunternehmen sind in besonderer Weise vom Beschaffungsmarkt abhängig (Rohstoffe, Produktionsmittel, Teilprodukte, Zulieferer, Lieferanten usw.). Aber auch Dienstleistungsunternehmen sind für die Sicherstellung ihrer Angebote auf Lieferanten oder Zulieferer angewiesen. Mit Blick auf den Absatzmarkt hingegen stellt sich die Situation für sozialwirtschaftliche Unternehmen differenzierter dar. Im Leistungsdreieck von Leistungsträger, Leistungserbringer und Nutzer (→ II. 3.2.2) spielt der Absatzmarkt eine besondere Rolle und zwar als Verdopplung der Kundenbeziehung. Risikobeobachtung bedeutet für den Leistungserbringer Risikobearbeitung in zwei Richtungen: zum Leistungsnutzer (Adressaten) und zum Leistungsträger (Kostenträger), wobei letzterer den Markt steuert.

Wenn Risikobearbeitung bedeutet, dass der kritische Pfad eines Produktes genau verfolgt werden muss, ist die Frage, wo hierfür das Beobachtungsfeld liegt. Es ist beim Kunden zu suchen, wobei – wie schon mehrfach festgestellt – in unserem Fall nicht der Adressat der angebotenen Leistung der Kunde ist, sondern der Kosten- bzw. Leistungsträger. Störpotenziale liefern in sozialwirtschaftlichen Unternehmen sicherlich die kaum zu beeinflussenden Umweltfaktoren (gesellschaftliche Funktionssysteme). Virulent werden diese durch die Interaktionsthemen der Stakeholder. Leistungsträger sind zwar externe Stakeholder, aber sie besitzen den stärksten Einfluss auf ein sozialwirtschaftliches Unternehmen. In unserem Modell stellt sich das in den strategischen Ordnungsmomenten des Unternehmens dar, konkret: im sozialen, finanzwirtschaftlichen und leistungswirtschaftlichen Konzept des Unternehmens (→ II. 2.1). Was dort Eingang findet, stellt das unternehmerische Risiko dar. Entsprechend ist Strategieplanung auf Informationen angewiesen, die die Folgerisiken strategischer Planung verringern; Risikodaten also.

Die Generierung von Risikodaten ist Aufgabe des operativen und strategischen Controllings. Die Perspektiven gehen hierbei in zwei Richtungen: Das operative Controlling beobachtet die internen Risiken (Rechnungswesen), das strategische Controlling die externen Risiken. Strategisches Controlling ist Umgang mit Komplexität durch Komplexitätserhöhung. So werden z. B. für die Erstellung von Trendszenarien Quellen relevanter Umweltinformationen benötigt. Hierzu gehören die Themen in den unterschiedlichen Gesellschaftsbereichen (gesellschaftliche Funktionssysteme, soziale Bewegungen, Natur und Technik) (→ III. 1.1 und 1.3) und die Themen der Stakeholder, denen als Interaktionsthemen für das Unternehmen Bedeutung zugemessen wird (→ III. 1.2). Mit Blick auf eine Szenarioentwicklung (→ III. 1.5) ist alles von Interesse, was für das Unternehmen relevante Informationen liefern und für Prognosezwecke herangezogen werden kann.

Wie wir bereits festgestellt haben, werden die Ansprüche und Interessen der Stakeholder in einer Stakeholderanalyse festgestellt und normativ und strategisch bewertet (→ III. 3.1). Noch komplexer hingegen wird es, wenn es um relevante Informationen gesellschaftlicher Funktionssysteme geht. Jeder Mensch nimmt als Person an Gesellschaft teil. Wissen über Gesellschaft ist demnach immer da und gesellschaftsfreies Wissen nicht denkbar. Dieses Wissen ist jedoch durch die Stakeholderanalyse weitgehend eingegrenzt. Die Frage ist, welche Informationsquellen einem sozialwirtschaftlichen Unternehmen als Quelle von Umweltinformationen sonst noch zur Verfügung stehen. Es geht also um Informationen, von denen noch nicht gesagt werden kann, ob sie überhaupt als systemrelevante Mitteilungen inkludiert werden. Solche Informationen können aus Wissensdatenbanken bezogen werden.[20] Sie sind dauerhaft erreichbar, also organisiert verfügbar (→ III. 1.4). Hier eröffnet sich dem Unternehmen ein hyperkomplexes Selektionsangebot von Informationen zur Selbstirritation. Solche Informationen strukturiert zu beobachten, bietet sich dem Unternehmen mit der Einrichtung eines strategischen Controllings in der Funktion einer Stabstelle an.

Die besondere Herausforderung bei der Risikobearbeitung besteht in der Frage, ob die getroffenen Entscheidungen und Maßnahmen die damit intendierten Wirkungen erzielen konnten; ein Thema, das in der Betriebswirtschaft unter dem Begriff der „Performance Messung" (Müller-Stewens/ Lechner 2005: 689) und „Performance Management" (Bono 2010) behandelt wird. Performanzmanagement ist auf Evaluation bzw. Performanzmessung (→ III. 3.3 und 3.4) angewiesen, das heißt: auf Wirkungsnachweise. Wirkungsnachweise sind die notwendige Voraussetzung für eine Fehler- und Risikobearbeitung für laufende sowie für neu zu implementierende Prozesse. Die Identifikation von Wirkungen ist mithin Voraussetzung dafür, risikomindernde Informationen zu erhalten, die für das leistungswirtschaftliche Konzept eines Unternehmens verwertbar sind. Für laufende Prozesse ist das im Rahmen von Qualitätssicherungsverfahren (→ III. 3.6) gegeben. Bei neu zu implementierenden Prozessen hingegen bewegt sich das Unternehmen im Modus der Innovation, für die es kein gesichertes Wissen geben kann. Wir werden darauf zurückkommen (→ II. 3.6.2).

3.3.6 Rechtsarbeit

Rechtsarbeit macht einen Teil der unternehmerischen Kontingenzbewältigung aus. In der Rechtsarbeit geht es um die Rechtsgestaltung der Geschäftstätigkeit eines Unternehmens, sowohl mit Blick auf die Herstellung der sozialen Dienstleistung als auch auf die Rechtsansprüche der Anspruchsgruppen. Rechtsarbeit unterliegt dabei einem enormen Komplexitätszuwachs hinsichtlich der sozialwirtschaftlich relevanten:

a) sozialgesetzlichen Vorschriften und richterlicher Entscheidungen,
b) vertragsrechtlichen und
c) arbeitsvertraglichen, arbeitsrechtlichen und personalvertretungsrechtlichen Grundlagen,

---

20 Sowohl EDV-gestützte Wissensdatenbanken als auch Verbreitungsmedien anderer Art, wie z. B. Printmedien (Bücher und Fachzeitschriften).

d) privatrechtlichen und öffentlich-rechtlichen Rechts- und Organisationsformen,

e) steuerlichen Grundlagen sowie

f) europarechtlichen (EU-Recht), förderrechtlichen sowie

g) daten- und urheberschutzrechtlichen Entwicklungen.

a) Mit der Einführung des verfassungsrechtlich garantierten Sozialstaatsprinzips (Art. 20, 28 und 79, Grundgesetz von 1949) sind die darauf gerichteten Gesetzgebungsaktivitäten und Rechtsreformen exponentiell gestiegen (Lambers 2010: 207–218). Folglich steigen hierzu ergangene und ergehende Rechtsprechungen und Vorschriften auf einen Komplexitätsgrad, der vom Unternehmensmanagement allein nicht mehr überblickt werden kann.

b) Die vertragsrechtlichen Grundlagen sozialwirtschaftlicher Unternehmen nehmen ebenfalls unterschiedliche Ausdifferenzierungen an. Das betrifft sowohl Kauf-, Miet-, Pacht- und Leasingverträge als auch Darlehens-, Werk- und Dienstverträge sowie die Ausgestaltung von Allgemeinen Geschäftsbedingungen (AGB) und den darin versuchten Ab- bzw. Ausgrenzungen von Haftungsrisiken.

c) Mit der Ausdifferenzierung des Arbeitsmarktes wachsen zudem die arbeitsrechtlichen und personalvertretungsrechtlichen Entscheidungsbedarfe an. Diese gestalten sich bei Unternehmen bzw. Verbänden der Kirchen hinsichtlich ihrer verfassungsrechtlichen Sonderstellung noch einmal anders, als bei privaten Unternehmen oder Sozialunternehmen der religiös nicht gebundenen Wohlfahrtspflege (Arbeiterwohlfahrt, Deutsches Rotes Kreuz und Paritätischer Wohlfahrtsverband) (Schick 2012: 27–49).

d) Besonders mit Blick auf die Ökonomisierungswelle in den Bereichen Gesundheit, Soziales und Bildung wurden und werden für sozialwirtschaftliche Unternehmen Fragen nach der für sie fortan geeigneten privatrechtlichen Rechtsform anscheinend existenziell. Seit Beginn der Ökonomisierung in dem Sektor Gesundheit, Soziales und Bildung stellt sich sozialwirtschaftlichen Unternehmen die Frage nach der für sie geeigneten Rechtsform und den damit einhergehenden Rechtsfolgen für Anteils-/Einlagen- und Interesseneigner. Während traditionell der eingetragene Verein (e.V.) und die Stiftung als adäquate Rechtsform verbreitet sind, sind angesichts veränderter strategischer Anforderungen an die Unternehmen die Rechtsform einer Personen-, vor allem aber die einer Kapitalgesellschaft interessant geworden. Personengesellschaften, wie die GbR, sind vor allem für kleine, gewerbliche Träger interessant. Große Träger hingegen operieren zunehmend als

Kapitalgesellschaften, hier vor allem der GmbH, in der Regel mit Anerkennung der Gemeinnützigkeit (gGmbH).[21] Auch e.G. und vereinzelt die AG sind in diesem Kontext als Rechtsform von sozialwirtschaftlichen Unternehmen anzutreffen.

e) Die steuerlichen Grundlagen sozialwirtschaftlicher Unternehmen markieren einen weiteren Punkt der rechtlichen Komplexitätssteigerung von sozialwirtschaftlichen Unternehmen, hier insbesondere die Regelungen zum Erhalt der Gemeinnützigkeit und der Befreiung von der Körperschaftssteuer sowie Fragen der Umsatzsteuerpflicht (Betzelt/Bauer 2000: 77 ff.). Umsatzsteuerbefreiungen knüpfen in der Regel nicht ausschließlich an die Gemeinnützigkeit der Leistungserbringung an, vielmehr an die Art der Tätigkeit des Unternehmens (z.B. Leistungen des Gesundheitswesens, der Pflege, der Kinder- und Jugendhilfe) sowie an die Anerkennung als steuerbegünstigte Körperschaft. Personengesellschaften (z.B. GbR) und Einzelpersonen scheiden damit aus. Umsatzsteuerliche Themen stehen zudem im Kontext von Bestrebungen der Entwicklung eines einheitlichen EU-Rechts (Schick 2012: 196–201) und der darunter erlassenen EU-Verordnungen und EU-Richtlinien. Zudem erodiert die Sonderstellung der Organisationen der Freien Wohlfahrtspflege als Unternehmen besonderer Art und setzt sie immer mehr solchen Interessen aus, die NPO einem funktionalen Unternehmensbegriff unterordnen und damit zu Unternehmen im Sinne des europäischen Wettbewerbsrechts werden lassen wollen (Wohlfahrt 2005: 97). In diesem Zusammenhang treten weitere förderrechtliche Aspekte auf, die im Rahmen der Finanzierungsinstrumente der Europäischen Union zur Verbesserung des sozialen Zusammenhalts und der wirtschaftlichen Entwicklung – den sogenannten Strukturfonds – aufgeworfen werden. Das trifft für Sozialunternehmen insbesondere auf ein Instrument zur Unterstützung von Beschäftigungsmaßnahmen zu, dem Europäischen Sozialfond (ESF). Dieses aufwändige Förderinstrument erfordert nicht nur hohe Personalressourcen für die Projektentwicklung, sondern wirft auch eine Reihe von Fragen planerischer sowie arbeitsvertraglicher Folgerisiken auf.

---

21 Die gemeinnützige Gesellschaft mit beschränkter Haftung (gGmbH) ist keine eigene Rechtsform. Die Kennzeichnung als gGmbH gibt lediglich an, dass die Gesellschaft gemeinnützigkeitsrechtliche Anforderungen im Rahmen der Steuerbestimmungen der Abgabenordnung (AO) erfüllt.

f) Nicht zuletzt stellt sich mit der rasanten Entwicklung techno-logisch geführter Kommunikation die Bewältigungsanforderung damit einhergehender Folgerisiken auf. So entsteht beispielsweise durch die zunehmende Nutzung internetbasierter Informations-dienste und sozialer Netzwerke ein steigender Bedarf an Daten- und Urheberschutz. Weiterhin stellen sich rechtliche Fragen der Herstellung von IT-Sicherheit, wie z.B. Virenschutz, Zugriffs-rechteverwaltung und Sicherung der Systemverfügbarkeit (Krei-denweis 2012: 210).

Die Zuteilung von Recht und Unrecht ist an Konditionalprogramme, in der Regel Rechtsprogramme, gebunden (Luhmann 1995b: 244). Das bedeutet, dass ein Unternehmen in allen Prozessebenen (Management, Geschäfts-tätigkeit, Unterstützungs- und Vernetzungstätigkeit) sowie in Fragen der Unternehmensstruktur (z.B. Neugründungen, Ausgründungen, Umwid-mungen) auf rechtliche Unterstützungsprozesse angewiesen ist. Die Kom-plexität rechtlicher Fragestellungen kann hier nur angedeutet werden. Deutlich wird jedoch, dass die Organisation der Rechtsarbeit zu einem Kernbestandteil der Unterstützungsprozesse gehört. Das wirft die Frage nach der strukturellen Sicherstellung der Rechtsarbeit auf. Für sozialwirt-schaftliche Unternehmen ist die Verortung der Rechtsarbeit durch Vernet-zung des unteren, mittleren und oberen Managements mit Fachreferaten übergeordneter Dachverbände lang geübte Praxis. In konzernähnlichen Unternehmensverbünden ist durchaus auch ein hauseigenes Justiziariat (Stabsfunktion) anzutreffen. Das alles allein reicht jedoch meist nicht aus. Komplexitätsbewältigung in funktional ausdifferenzierter Gesellschaft ist mit dem Paradoxon der Komplexitätsreduktion durch Komplexitätssteige-rung verbunden. Für Organisationssysteme bedeutet das eine Zunahme der Produktion von Entscheidungsprogrammen (dispositive Leitlinien). Für die Nutzung des Rechtssystems bedeutet das, dass Organisationen Rechtsarbeit mit eigenen Bordmitteln nicht mehr angemessen gestalten können. Viel-mehr sind sie darauf angewiesen, sich auf die Nutzung externer, auch netz-werkförmig hergestellter Expertise zu verständigen und hierfür finanzielle Ressourcen einzusetzen. Wissen, auch rechtliches, ist ein Produktionsfak-tor. Hier ergeben sich Verknüpfungen zur Informations- und Kommunika-tionsarbeit (→ II. 3.3.4).

3.4 Vernetzungsprozesse

An den vorliegenden Managementmodellen – hier insbesondere dem klas-sischen St. Galler Modell sowie dem Freiburger Modell für NPO – wird stellenweise beklagt, dass sozialwirtschaftliche Unternehmen zu sehr als singuläre Organisationen betrachtet werden und dabei ihre spezifische Verankerung in Trägerverbünden und Versorgungsketten kaum bis keine Beachtung finden (Schneider/Minnig 2011: 190). Zudem werden erste Erfahrungen mit Vernetzungen zwischen sozialwirtschaftlichen Organisationen und gewinnorientierten Unternehmen gemacht, deren Ergebnisse noch ausstehen (Gruna 2014). Wir meinen, dass die Frage nach Vernetzungsstrategien unabhängig von der Wirtschaftsform eines Unternehmens für alle Unternehmen getroffen werden sollte, nicht zuletzt deshalb, weil der Bedarf an kooperativen Netzwerkstrategien in Unternehmen zunimmt. Vernetzung nimmt einen zusätzlichen Platz im Wertschöpfungsprozess ein. Daher erweitern wir die Prozessebene in unserem Modell um das Feld der Vernetzungsprozesse.

Wertschöpfungsprozesse sind in zunehmendem Maße auf Vernetzungen sowohl intra- als auch interorganisationaler Art angewiesen. Vernetzung von Unternehmen und die Bestimmung des Vernetzungsgrades sind Bestandteile der strategischen Wertschöpfungsprogramme (Müller-Stewens/Lechner 2005: 417). Das ruft Fragen nach geeigneten Netzwerkstrategien und ihrer Analyse hervor (Müller-Stewens/Lechner 2005: 34 f., 544). Netzwerke sind einerseits virtuelle Organisationen (Hentze u. a. 2005: 453), andererseits lassen sie sich nicht einfach allopoietisch herstellen. Um das zu verstehen, müssen wir kurz die wesentlichen Merkmale eines Netzwerkes in den Blick genommen werden.

Netzwerke lassen sich durch ihre hoch-flexible, dynamische Struktur beschreiben und werden daher auch als „fluide" oder „virtuelle" Organisation bezeichnet (Bleicher 2011, c1991: 321 f.). Netzwerke bestehen aus wechselseitigen Beziehungen zwischen Personen, in Netzwerkanalysen in der Regel dargestellt als Kanten (Beziehungen) und Knoten (Personen). Diese Beziehungen können sowohl intra- als auch interorganisationaler Art sein. Netzwerke sind sekundäre Strukturbildungen, d.h., sie stehen im Gegensatz zu den primären Systemen (gesellschaftlichen Funktionssystemen und ihren Organisationen) im Prinzip nicht für jeden offen. Weiterhin stützen sich Netzwerke auf Leistungen, die in Funktionssystemen und ihren Organisationen entstehen. Darüber hinaus, und das macht Netzwerke im eigentliche Sinne aus, eröffnen sie zusätzliche Perspektiven bzw. soziale Adressen, indem sie Systemleistungen wechselseitig zugänglich machen, über die Organisationen selber nicht verfügen (Tacke 2011a, b). Diese Reziprozität setzt Vertrauen voraus. „Netzwerke bilden sich auf der Basis von konditionierter Vertrauenswürdigkeit. Sie ersetzen auf diese Weise die Sicherheit, die ein Organisationssystem in der Mitgliedschaft seiner Mitglieder findet. Sie können sich zu eigenen sozialen Systemen verdichten, wenn sie klare Grenzen und eine eigene rekursiv verwendbare Geschichte erzeugen und das netzwerktypische Vertrauen darauf stützen" (Luhmann 2011, c2000: 408).

Die wesentlichen Kennzeichen von Netzwerken:

▲ Netzwerke sind sekundär Strukturbildungsprozesse, da sie sich auf Leistungen der Primärsysteme beziehen und partikular nutzen lassen.
▲ Netzwerke sind durch Kommunikation reziproker Leistungserwartungen gekennzeichnet.
▲ Netzwerke können Schranken sozialer Adressierung überwinden.
▲ Netzwerke mobilisieren auf diese Weise zusätzliche Inklusionsmöglichkeiten.
▲ Netzwerke sind funktional durch Vertrauen gekennzeichnet (Tacke 2011a).

In der Praxis tritt ein interessantes Phänomen auf. Es betrifft die Inanspruchnahme des Netzwerkbegriffs durch die Unternehmen. Für viele hat der Netzwerkbegriff an Attraktivität gewonnen, man scheint sich eine gewisse positive Außenwirkung von ihm zu versprechen. So trifft man auf Unternehmen, die sich als Netzwerkorganisation darstellen, obwohl tatsächlich kein eigentliches Netzwerk existiert. Es handelt sich vielmehr um gewöhnliche Unternehmenskooperationen (oder Synergie nutzende *joint ventures*), die schon lange bestehen oder neu eingegangen werden und nun als Netzwerk bezeichnet werden. Es gibt offensichtlich Netzwerkdarstellung ohne Netzwerkherstellung. Aber auch der umgekehrte Fall liegt vor, die Netzwerkherstellung ohne Netzwerkdarstellung (Tacke 2011b). Diese Form ist die wahrscheinlichere. Sie verzichtet auf Selbstdarstellung, vernetzt im Verborgenen und zieht hieraus die Vorteile zusätzlicher Inklusionsmöglichkeiten.

Vernetzungsprozesse sind, wie alle Prozesse der Steuerungsebene, mit den drei Ordnungsmomenten Strategie, Struktur und Kultur verbunden. Netzwerke müssen strategisch gewollt, strukturell eingeordnet und kulturell gelebt werden. Das alles zusammengenommen stellt zwar die Voraussetzung für Netzwerkentwicklung und -gestaltung dar, ist jedoch nicht der Garant dafür, dass Netzwerke entstehen werden. Netzwerke müssen ihre eigene Netzwerkkultur entwickeln. Dabei treffen jedoch Organisationskulturen verschiedener Organisationen aufeinander. Vernetzungsprojekte sind entsprechend komplexe Veränderungsprojekte. Vernetzung verläuft sprunghaft, nicht linear und hochkontingent. Netzwerkgestaltung ist bis heute ein ausbaufähiges Thema (→ III. 3.9). Erste Orientierungen gibt z. B. das Handlungsmodell von Susanne Weber (2005). Ein zentrales Thema bei der Netzwerkentwicklung und -gestaltung wird die Frage nach der Steuerung und den kohäsiven Strategien eines Netzwerkmanagements sein. Dieser Sachverhalt wird unter dem Begriff „Virtuelle Führung" (Wald 2014: 355–386) thematisiert. Virtuelle Führung setzt auf den Aufbau von Beziehungen und Vertrauen mittels neuer Informations- und Kommunikationsmedien. Noch ist es zu früh, die Anforderungen an Führungskräfte in virtuellen Organisationen (Netzwerken) konkret zu benennen. Die Forschung befindet sich hierzu noch sehr in den Anfängen.[22]

3.5 Verschränkung von Ordnungsmomenten und Prozessen – Wissensmanagement

Die Prozessebene (Steuerung) und die Ordnungsmomente (Strukturen) einer Management- und Unternehmensentwicklung durchdringen sich gegenseitig. Wir können von einer horizontalen und vertikalen Integration sprechen. Organisationsstruktur, Unternehmensstrategie und Unternehmenskultur auf der einen sowie Management-, Dienstleistungs- und Unterstützungsprozesse auf der anderen Seite sind also nicht als isolierte Größen zu verstehen. Ein Schaubild von Knut Bleicher (2011, c1991: 91–96) soll dies verdeutlichen (Abb. 10).

Vertikale Integration geschieht durch übergeordnete Steuerung bei Zunahme von Dezentralisierung von Verantwortung. Horizontale Integration geschieht durch Integration von Managementprozessen (normativ, strategisch, operativ) auf allen Ebenen struktureller, strategischer und kultureller Komponenten des Unternehmens. Das bedeutet: unterschiedliche Subsysteme inkludieren vertikale und horizontale Unternehmensprozesse. Wir bezeichnen diese Vorgänge als intraorganisationale Kopplungen. Der Begriff der Kopplung wurde von dem amerikanischen Organisationsforscher Karl Edward Weick (1985) in die Organisationstheorie eingeführt.

---

22 Eine Übersicht über erste konkrete Ergebnisse hierzu hat Peter M. Wald vorgelegt (Wald 2014: 375).

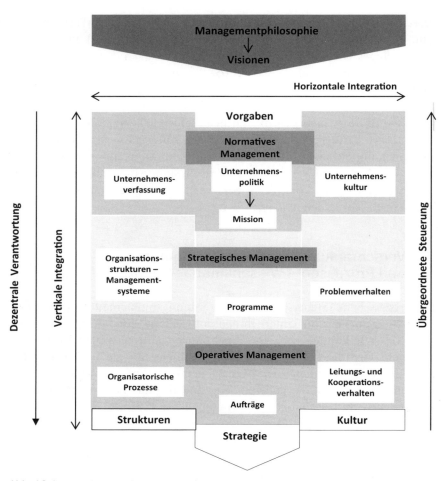

Abb. 10: Integration von Prozess und Struktur (sensu stricto Bleicher, leicht ergänzt)

In intraorganisationalen Kopplungen entsteht das, was wir als heterarchische Ordnungsbildung bezeichnen können. Diese Form der Ordnungsbildung betrifft nicht nur Organisationen, sondern moderne Gesellschaft schlechthin. Der Wechsel von hierarchischer zu heterarchischer Ordnung kennzeichnet den Übergang von stratifikatorischer zu funktionaler Differenzierung von Gesellschaft, das heißt: der Ausdifferenzierung von Gesellschaft in eine Vielzahl ungleichartiger, aber mehr oder weniger gleichwertiger Teilsysteme, von denen keines das Ganze der Gesellschaft repräsentiert. Heterarchie trifft auf Organisationen zu, deren Operationen sich nicht linienförmig und streng hierarchisch verhalten. Wir haben es eher mit einem „Labyrinth" (Luhmann 2011, c2000: 420) zu tun. Heterarchie in Organisationen bedeutet die Möglichkeit (nicht die Gewissheit) des Machtausgleiches und der Selbststeuerung sowie der Selbstbestimmung auf allen Ebenen der Organisation (bottom-up-Prozesse). Heterarchie löst nicht Hierarchie ab, ist vielmehr ihr Komplement. Ebenso ist sie kein statischer Zustand und nicht wie ein Produkt herstellbar. Eine Entwicklung also, deren Komplexität durch zunehmende Vernetzungen auf allen Systemebenen zunimmt. Auf eine Organisation bezogen geht es demnach um „ein Maximum interner Kontaktmöglichkeiten" (ebd.), das durch Management behindert oder eben auch günstig beeinflusst werden kann. Wie diese vertikalen und horizontalen Integrationsprozesse beeinflusst werden können, wollen wir nun etwas genauer betrachten.

Wir haben festgestellt, dass Unternehmen ein Typ sozialer Systeme darstellt, der in der Systemtheorie mit dem Begriff „Organisation" bezeichnet wird (→ I. 2.4). Organisation ist demnach ein nach innen operativ geschlossenes und nach außen kognitiv offenes soziales System. Unternehmen als ein Organisationssystem gesehen, macht schnell offensichtlich, dass sich der Kontakt der Organisationsmitglieder zur Umwelt sehr unterschiedlich gestalten muss. So stellt sich beispielsweise das, was als Unternehmensumwelt beobachtet wird, für Geschäftsführungen anders dar, als für Mitarbeitende oder andere Stakeholder. Erleben von Umwelt ermöglicht darauf sinnhaft bezogene Handlungen. Für die Stakeholder eines Unternehmens bedeutet das, dass Erleben von Unternehmensumwelt und das Handeln des Unternehmens zum Gegenstand von Kommunikation werden, sobald eigene Interessen und Ansprüche gegenüber dem Unternehmen betroffen sind. Kommunikation ist, sofern sie Anschluss findet, soziale Systembildung. So wundert es nicht, dass es innerhalb von Organisationen zu weiteren Ausdifferenzierungen von Kommunikationssystemen kommen muss. Diese müssen sich nicht ausschließlich auf den systemspezifischen Sinn der Organisation beziehen (z.B. Betriebssport). Kommunikationen hingegen, die sich auf den systemspezifischen Sinn der Organisation beziehen (d.h. ein Unternehmen für bestimmte Zwecke zu sein), bilden eigene Strukturen aus, die Einfluss auf die Organisation nehmen (z.B. die Kommunikation von Fachabteilungen, Einrichtungen, sozialen Diensten innerhalb eines Trägers). Die Kybernetik spricht in solchen Fällen von Subsystemen. Der Kybernetiker Stafford Beer entwickelte aus einer neurophysiologischen Analyse – der „Physiologie der Steuerung" (Beer 1973: 87) – ein Steuerungsmodell für Unternehmen. Bevor wir unser Modell der intraorganisationalen Kopplungen vorstellen, müssen wir kurz auf das Modell von Beer eingehen und einige kritische Anfragen dazu stellen.

Beer betrachtet ein Unternehmen wie ein organisches, lebensfähiges System (Beer 1973: 130 f.). Kritisch ist anzumerken, dass Beers systemtheoretisch-kybernetische Sicht die Unmöglichkeit der ganzheitlichen Selbstbeobachtung von Organisationssystemen ignoriert.[23] Aus systemtheoretisch-konstruktivistischer Sicht ist entgegenzuhalten, dass Beers Modell die Möglichkeit von Letztbeobachtung einer angenommenen Ganzheit voraussetzt. Zwei Gründe sprechen gegen diese Voraussetzung: Eine Organisation kann nicht die Teile beobachten und bestimmen aus denen sie besteht, da sie mehr ist, als ihre Teile (Emergenz)[24]. Das angenommene Ganze liegt sozusagen in den emergenten Eigenschaften eines sozialen Systems, nicht in den analytischen Fähigkeiten eines Beobachters. Organisationen sind für Beobachter und sich selbst gegenüber intransparent. Zudem ist keinem der beteiligten Subsysteme – damit auch dem Management – die Möglichkeit von Ganzheitsbeobachtung gegeben. Trotz dieser kritischen Einwände ist das Modell von Beer für eine Managementlehre nicht ohne Wert. Hinsichtlich seines Nutzens für die Ordnung der manageriellen Steuerungsfunktionen müssen wir uns lediglich bewusst machen, dass das Modell keine Aussage mit wissenschaftlicher Letztgewissheit bietet. Vielmehr liegt sein Wert darin, dass es uns einen pragmatischen, viablen Orientierungsrahmen für die Modellierung der Steuerungsfunktionen von Management zur Verfügung stellt. Das nachfolgende Modell[25] soll dies verdeutlichen (Tab. 5).

---

23 Eine eigene Interpretation des Modells von Beer hat Fredmund Malik (2008, c1984) vorgelegt. Obwohl es Malik im Gegenzug zu „konstruktivistisch-technomorphen" Ansätzen an einer „systemisch-evolutionären" Managementlehre gelegen ist, orientiert er sich an der Leitdifferenz Teil/Ganzes (Malik 2000, c1993: 272) und an der Theorie „offene Systeme" Malik 2008, c1984: 23) Das erklärt, weshalb sein Systemverständnis nicht nur hinter dem eines operativen Konstruktivismus und der Leitdifferenz System/Umwelt zurückfällt, sondern auch, dass Malik die Steuerungslogik von Unternehmen für evident und damit auch direkte Steuerung der Unternehmenspraxis für machbar erklärt. Diesem Ansatz schließen wir uns aus besagten Gründen nicht an (→ I. 2.4).

24 Emergenz bedeutet die Fähigkeit zur Erzeugung systemeigener neuartiger Eigenschaften. Diese Eigenschaften lassen sich nicht aus der Summe irgendwelcher Systemeigenschaften erklären. Die Entstehung einer neuen, eigenständigen Ordnungsebene ergibt sich vielmehr aus den vom System selbsthergestellten und nicht von außen geplanten oder herstellbaren Verknüpfungsleistungen. Soziale Systeme besitzen emergente Eigenschaften. Kommunikation ist das emergente Geschehen in sozialen Systemen.

25 Das Modell orientiert sich an dem kybernetischen Modell von Beer (1973: 172–251) und der späteren Interpretation von Malik (2008, c1984: 115–167). Die bei Malik verwendete Konzeption der Ausbildung von Metasystemen wird hier aber nicht übernommen. Stattdessen sprechen wir von intraorganisationalen Kopplungen der Subsysteme. Sie entsprechen dem Sachverhalt der „losen Kopplungen" (Luhmann 2011, c2000: 374).

	Subsystem 1	Subsystem 2	Subsystem 3	Subsystem 4	Subsystem 5
Intraorganisationale Kopplungen	Subsystem 2 Subsystem 3	Subsystem 1 Subsystem 3 Subsystem 4	Subsystem 1 Subsystem 2 Subsystem 4 Subsystem 5	Subsystem 2 Subsystem 3 Subsystem 5 (im Konfliktfall mit Subsystem 2)	Subsystem 4 Subsystem 3 Subsystem 1 und 2 (im Konfliktfall mit Subsystem 4)
Steuerungsmodus	ko-produktiv	operativ	supportiv	strategisch	normativ
Funktion	Umsetzung bzw. Ausführung des operativen Geschäftes. Erbringt ko-produktive Leistungen mit Nutzern/Adressaten	Gesamtsteuerung des operativen Geschäfts. Verantwortlich für die operative Leitung des Subsystems 1	Aggregierung von Daten, Fokussierung der Informationsweiterleitung auf einzelne Fragestellungen. Keine direkte Steuerungsfunktion. Unterstützungs- und Servicefunktion	Strategische Unternehmensentwicklung. Verantwortlich für die Strategieentwicklung. Abstimmung und Koordination der operativen Subsysteme. Wahrung des Gesamtzusammenhalts der einzelnen Teilsysteme, Schaffung von Synergien	Steuerungsanspruch gegenüber dem Gesamtsystem. Oberste Entscheidungsinstanz. Legt die zukünftige Unternehmenspolitik fest. Verantwortlich für die Entwicklung einer Unternehmensphilosophie.
Organisationsstellung	z. B. Abteilungsleitung	z. B. Geschäftsbereichs-, Fachbereichsleitung	Stabstelle Strategieentwicklung (strategisches Controlling) Rechnungswesen (operatives Controlling) Recht, Personalverwaltung Qualitätsmanagement, Monitoring EDV, Öffentlichkeitsarbeit Prozessieren von Sinn	Geschäftsführung (rechtliches Organ)	Vorstand (rechtliches Organ)

Prozessieren von Selektionen

Tab. 5: Intraorganisationale Kopplungen (eigene Darstellung)

127

Management als eine Aufgabe von Unternehmensgestaltung, -entwicklung und -steuerung bedarf in einem selbstorganisierenden System geeigneter Kommunikationsstrukturen, um unternehmerische Entwicklung und Unternehmenswandel zu ermöglichen. Daher sind die unterschiedlichen Subsysteme eines Unternehmens mit ihren jeweils eigenen Funktionszusammenhängen von Bedeutung. Folgt man der Einsicht, dass soziale Systeme einer jeweils durch den systemspezifischen Sinn vorgegebenen eigenen Steuerungslogik folgen, sind die Kopplungsbeziehungen dieser Subsysteme für die Zweckerfüllung des Gesamtunternehmens von zentraler Bedeutung.

Der Gedanke von Steuerung einer Organisation setzt in diesem Modell nicht mehr an der Vorstellung einer Zentralsteuerung an, sondern an den sich selbst steuernden Subsystemen des Unternehmens. Formale und fachliche Kompetenz fallen zunehmend auseinander, weil das für die komplexen Geschäftsprozesse erforderliche Wissen nicht zentralisiert vorhanden, sondern dezentral verteilt ist. Daraus ziehen wir die Schlussfolgerungen, dass die formale, hierarchische Verteilung von Weisungsbefugnissen und die inhaltliche, dezentrale Verteilung von Fachkompetenzen in ein produktives Zusammenspiel gebracht werden müssen (Willke 2011, c2004: 25f.).

Auf den Prozessebenen unseres Modells wurde bereits deutlich, dass wir zwischen Management-, Dienstleistungs-, Unterstützungs- und Vernetzungsprozessen unterscheiden müssen. Weiterhin werden die Managementprozesse als normative, strategische und operative Prozesse auseinander gehalten. Was hier als Prozesse unterschieden wird, ist aus systemtheoretischer Sicht nichts anderes als die Ausbildung von Kommunikationssystemen mit jeweils eigenen Steuerungsfunktionen für das Gesamtunternehmen. Jedes Subsystem erfüllt eine spezifische Funktion für das Gesamtsystem. Jedes Subsystem bewegt sich aber in einem eigenen Steuerungsmodus, um diese Funktion erfüllen zu können. Folglich sind für Steuerungsinteressen des Gesamtsystems die Kopplungsbeziehungen seiner Subsysteme entscheidend.

Die Bildung der Subsysteme 1, 2, 4 und 5 ist relativ erwartungssicher in allen Unternehmen anzutreffen. Dagegen hängt die Bildung und der Grad der Ausdifferenzierung von Subsystem 2 und 3 von der Unternehmenskomplexität ab. Diese wird nicht allein von der quantitativen Unternehmensgröße bestimmt. Komplexität hängt nicht zwingend von der Menge der zu verarbeitenden Ereignisse, sondern vielmehr von der vom System aufgenommenen Varietät ab. So wird ein Unternehmen mit mehr als einem Fachbereich bzw. unterschiedlichen Geschäftssparten im Gegensatz zu einer Einspartenorganisation auf eine operative Gesamtsteuerung (Subsystem 2) sowie auf die Einrichtung von organisationsinternen Serviceleistungen (Subsystem 3) angewiesen sein. Intraorganisationale Kopplungsbeziehungen sind demnach gleichbedeutend mit den für die Unternehmenssteuerung relevanten Schnittstellen. Für eine Unternehmensgestaltung, -entwicklung und -führung stellt sich daher die Frage, welche Gestaltungsmöglichkeiten von Kommunikationsstrukturen gewählt werden.

Systematische Vorgänge der Verschränkung von Ordnungsmomenten und Strukturen sind Gegenstand von Wissensmanagement (Willke 2011, c2004; 2001). Jedes der genannten Subsysteme produziert eigene Daten, Informationen und eigenes Wissen. Daten, Informationen und Wissen müssen jedoch unterschieden werden. Daten und Informationen sind nicht gleich Wissen. Daten werden dann zur Information, wenn sie von einem Beobachter für relevant erachtet werden. Insofern werden Informationen aus Daten konstruiert. Zudem hängt die Konstruktion von Information vom jeweiligen Systemkontext ab. Das bedeutet, dass Mitarbeiter, Teams, Abteilungen, Leitungskräfte usw. aus denselben Daten sehr unterschiedliche Informationen ableiten und daraus Mitteilungen generieren. Die Informationsproduktion hängt von dem jeweiligen Relevanzkriterium ab, das beim Wahrnehmen der Daten (Informationen) angelegt wird. Zudem ist Verstehen auf Mitteilung, auf Informationsaustausch angewiesen. Hier sind ebenfalls jeweils unterschiedliche Relevanzkriterien entscheidend dafür, welche Informationen zur Mitteilung gebracht werden. Information und Mitteilung führen in einem Unternehmen also noch nicht zu einem gemeinsamen Verstehen. Allenfalls wird damit verstanden, dass Kommunikation stattfindet. Gemeinesames Verstehen ist nur dann wahrscheinlich, wenn die Beteiligten einer Kommunikation ihre Relevanzkriterien soweit aufeinander abstimmen können, dass eine gemeinsame Sprache gesprochen und hieraus gemeinsames (unternehmensspezifisches) Wissen generiert werden kann.

Organisationen sind auf das Herstellen von Organisationswissen – die eigene Sprache – angewiesen, da Wissen eine notwendige Ressource zur Erreichung der organisationseigenen Ziele ist. Die Frage ist also: Wie kann ein funktionierendes Wissensmanagement in großen Organisationen eingeführt werden? Dabei geht es nicht um Wissensmanagement als eine Form des Informationsmanagements (wer muss was wissen, wer darf was nicht wissen?). Vielmehr geht es um die Schaffung von systematischen Gelegenheiten des kontextabhängigen Verstehens von Informationen. Um zu einem Austausch von personalem und organisationalem Wissen zu gelangen, ist es Aufgabe des Managements, regelmäßige Kommunikation (Teamsitzungen, Leiterrunden, Vorstandssitzungen, Gesellschafterversammlungen usw.) an den Schnittstellen gekoppelter Subsysteme sicherzustellen. Dort müssen die für das kommunizierte Bezugsproblem geeigneten und ausgewählten Planungs- und Analyseinstrumente eingesetzt werden (→ III. 1, 2 und 3).

Mit der Frage der Verschränkung von strukturbedingten Ordnungsmomenten und steuerungsorientierten Unternehmensprozessen ist unweigerlich die Frage nach dem einzuschlagenden Entwicklungsmodus eines Unternehmens verbunden. Was ist strukturbedingt möglich, was ist strukturell zu verändern? Wir nehmen nund abschließend die sechste und damit letzte Basiskategorie unseres Managementmodells in den Blick: die Modi der Unternehmensentwicklung.

3.6 Modi der Unternehmensentwicklung

Der Entwicklungsmodus eines Unternehmens hängt von den Wechselwirkungen der Ordnungsmomente (→ II. 2) und den Steuerungsprozessen (→ II. 3) ab. Man muss dabei von einem zirkulären Wirkungszusammenhang ausgehen (Rüegg-Stürm 2009: 121). Diese zirkuläre Wechselwirkung ist – bildlich gesprochen – der Motor der Unternehmensentwicklung.

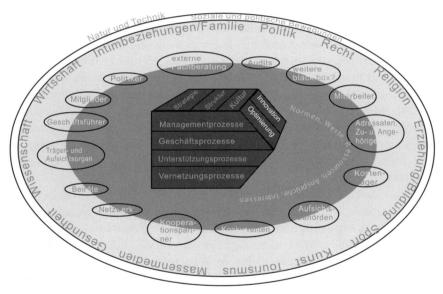

Abb. 11: Entwicklungsmodi [sensu lato Rüegg-Stürm (2003a: 84). Eigene Darstellung, modifiziert und ergänzt)]

Bei den sogenannten Entwicklungsmodi geht es um den Umgang mit Veränderungen in einem Unternehmen. Veränderung kann Weiterentwicklung von Bestehendem (Optimierung) oder auch Schaffung von Neuem (Innovation) bedeuten (Abb. 11). Bei der Organisation eines Unternehmens geht es niemals um eine statische Lösung, die, einmal herausgefunden, für alle Zeiten Gültigkeit beanspruchen kann. Vielmehr geht es um Prozesse organisierten Lernens und die Selbstentwicklung der Unternehmung und ihre Organisationseinheiten. Der Prozesscharakter der Unternehmung hinsichtlich seines Organisationslernens gestaltet sich als Versuch der ständigen Optimierung oder auch der teilweisen oder völligen Re-Organisation und Innovation. Man kann daher von einer permanenten Unternehmensentwicklung sprechen. Es können daher zwei Entwicklungsmodi eines Unternehmens unterschieden werden:

a) Optimierung
b) Innovation

Bei der Optimierung geht es immer um die Verbesserung von Prozessen und Leistungen (inkrementaler Wandel). Innovation hingegen bedeutet immer Strukturwandel einer Organisation (radikaler Wandel). Beide Entwicklungsmodi sind keine beliebig steuerbaren Entwicklungsoptionen mit vorher bekanntem Ausgang.

3.6.1 Optimierung – mitlaufender Wandel

Unter Optimierung eines Unternehmens wird der inkrementale, mitlaufende Wandel von Organisationen verstanden. Optimierung bezeichnet den evolutiven Wandel von Organisationen, denn Organisationen befinden sich in einem stetigen, selbstreproduzierenden Prozess der Optimierung. Unternehmen versuchen Optimierungsprozesse durch Qualitätssicherungssysteme (→ III. 3.6) zu unterstützen. Voraussetzung für Maßnahmen der Qualitätsentwicklung, -sicherung und -überprüfung ist Wissen, das Auskunft über die Leistungsfähigkeit des Unternehmens gibt. Controllingsysteme und Verfahren der Leistungspotenzialbewertung sind damit unentbehrlich. Strategisches Controlling, wie es z. B. mit der Balanced Scorecard (BSC) (→ III. 3.1) möglich ist, leistet für derartige Bewertungsvorhaben entsprechende Unterstützung. Für die Entscheidungsfindung von Optimierungssachverhalten können über Benchmarking (→ III. 3.2) Entscheidungshilfen gewonnen werden. Damit sind jedoch besondere Herausforderungen verbunden, Prozess und Struktur in Einklang zu bringen. Optimierung bezieht sich immer auf die Prozesse eines Unternehmens:

a) Managementprozesse (normative, strategische und operative),
b) Dienstleistungs-/Geschäftsprozesse,
c) Unterstützungsprozesse,
d) Vernetzungsprozesse.

Optimierungsentscheidungen sind allerdings mit der strategischen Planung verbunden und berühren damit auch einen Teil der Ordnungsmomente eines Unternehmens (→ II. 2). So gesehen ist nominell auch die Strukturebene von Unternehmen betroffen. Das ist der Grund, weshalb es in der Praxis nicht immer ganz einfach ist, zu unterscheiden, ob es sich bei Veränderungen um Optimierung oder Innovation handelt. Entscheidend bei dieser Frage ist, ob die Strategieplanung sich für die Veränderungsziele innerhalb bekannter Strukturen bewegen kann oder über diese hinausgehen muss.

Als Beurteilungshilfe, ob Optimierung oder Innovation vorliegt, dient ein Kategorienraster aus fünf Punkten:

a) Unternehmenszweck,
b) Prozessarchitektur,
c) Prozessmuster,
d) Formen der Führung und Zusammenarbeit,
e) Anspruchsgruppen.

Ergeben sich bei mindestens einer der folgenden Kategorien grundlegende Änderungen, die Auswirkungen auf andere Kategorien haben, dann handelt es sich bei der angestrebten Veränderung eher um Innovation als um Optimierung (Rüegg-Stürm 2009: 126).

Innovation ist niemals mitlaufender, sondern radikaler Wandel.

3.6.2 Innovation – radikaler Wandel

Der Innovationsbegriff wird in der Praxis sehr unscharf verwendet. Sein inflationärer Gebrauch hat seine eigentliche Bedeutung ausgehöhlt und suggeriert, dass Aufmerksamkeit der Unternehmensumwelt vor allem dann gesichert zu sein scheint, wenn der zu aktualisierende Kontext mit Innovation in Verbindung gebracht wird (Kessler/Ruoss 2013: 147). Was als innovativ bezeichnet wird, erhöht die Wahrscheinlichkeit von Anschlusskommunikation. Kritisch hierzu ist anzumerken, dass der gedankenlose Gebrauch des Innovationsbegriffes den Blick für die analytisch ertragreiche Unterscheidung von Erneuerung (Innovation) und Verbesserung (Optimierung) verstellt.

Innovation ist immer ein Eingriff in den evolutiven Entwicklungszustand eines Unternehmens. Entsprechend ist beim Umgang mit ‚Innovation' Vorsicht geboten, auch bzw. gerade weil der Begriff alltagssprachlich vereinnahmt ist. Bei Innovation geht es darum, „Sicherheit durch Unsicherheit zu ersetzen" (Luhmann 2011, c2000: 218). Im Grunde also ein „törichtes Verhalten ..., es sei denn, man habe eine bewährte Lösung schon an der Hand" (Luhmann 2011, c2000: 218). Wenn die Lösung aber bereits bekannt ist, ist es schon keine Innovation mehr. Um aus diesem Widerspruch herauszukommen, ist es naheliegend, bei Innovationen „auf erinnerte Routinen oder auf Erfahrungen anderer Organisationen zurückzugreifen und das zu lösende Problem so zu beschreiben, dass schon bekannte Problemlösungen anwendbar zu sein scheinen" (Luhmann 2011, c2000: 277). So gesehen können wir eigentlich nicht genau wissen, ob das, was wir als Innovation bezeichnen, tatsächlich Neues hervorbringt und die Frage bleibt offen, „ob der Wandel absichtlich herbeigeführt wurde oder ob er einfach nur geschieht" (Luhmann 2011, c2000: 330). Dennoch lässt sich Innovation als unternehmerisches Handeln konkreter fassen.

Wenn wir über Innovation reden, reden wir über strukturellen Wandel von Organisationen (Luhmann 2011, c2000: 330–360). Für das Management in Unternehmen ist entscheidend, dass Wandel (hier: Innovation) nicht Rückkehr zu einem verloren gegangenen Gleichgewicht bedeutet. Management muss realisieren, dass organisatorischer Wandel immer struktureller Wandel bedeutet. Wandel erschöpft sich nicht in den Operationen, wie es bei Optimierung der Fall ist. „Der Begriff des organisatorischen Wandels bezieht sich immer und ausschließlich auf die Strukturen des Systems, nie auf seine Operationen, nie also auf die Ebene, auf der die Dynamik des Systems sich realisiert" (Luhmann 2011, c2000: 331). Diese Feststellung ist für das normative und strategische Management von zentraler Bedeutung. Die Produktion strategischer Visionen bestimmt zunehmend das Entscheidungshandeln, auch in sozialwirtschaftlichen Unternehmen. Dass jedoch jeder Versuch, Innovationen hervorzurufen, immer auch Schaffung der dafür geeigneten Strukturen bedeutet, wird in der Strategieplanung leicht übersehen.

Innovation erfordert für das Unternehmen immer Komplexitätssteigerung mit der darin gegebenen Anforderung, eine strukturell tragbare Komplexitätsreduktion zu erzielen (Bleicher 2011, c1991: 54 f.). Das heißt: Die Struktur muss der Funktion von Innovation folgen. Das ist nicht zu umgehen, man muss nur wissen, dass die Prozesse nachlaufender Strukturbildungen für alle Beteiligten mit hoher Erwartungsunsicherheit bei riskantem Aufwand mit nicht bekannten Folgerisiken verbunden sind.

> Innovation ist kein Selbstläufer und löst an sich kein Problem.

Aus der Sicht des Managements machen schlechte Geschäftsergebnisse auf Probleme der Umweltbeziehungen eines Unternehmens aufmerksam. Das wird schnell zum Anlass von Reformen und Innovationen genommen, die ihrerseits das Risiko des Unternehmens reduzieren sollen. Innovationen und Reformen sind jedoch nicht Garanten für erfolgreiche Risikobearbeitung, vielmehr sind sie auch Ausgangspunkt für neue Risiken. Innovation ist letztlich der Versuch einer Einleitung radikalen Wandels, der auf inkrementalen Wandel aufsetzt. Jede Innovation ist mithin ein riskanter Eingriff in ein Unternehmen. Innovation, Reformen sind in systemtheoretischer Perspektive Einrichtungen zur Steigerung der Variationsmöglichkeiten von Organisationen. Innovation, Kreativität und Lernen jedoch unbesehen positiv zu bewerten, ist eine Simplifizierung von Komplexität (Luhmann 2011, c2000: 353–360). Das Risiko von Organisationsänderungen kann gerade bei turbulenten Umwelten zu hoch sein (Luhmann 2011, c2000: 360). Andererseits können Organisationen nicht auf Evolution setzen, denn: Evolution ist kein linearer Prozess, zudem sehr langsam und stellt nicht selbstredend einen guten Ausgang in Sicht (Luhmann 2011, c2000: 347 f.).

Angesichts unplanbarer Evolution wird in den Managementtheorien überwiegend davon ausgegangen, dass Veränderungen und Überlebensstrategien von Unternehmen eine Sache von Anpassung von Organisationen an Umweltbedingungen sind (Luhmann 2011, c2000: 350). Pro-aktives Management ist jedoch darauf angewiesen, Anpassung als kurzfristiges, reaktives Verhalten zu überwinden und zu einem prospektiven, pro-aktiven Managementmodell zu kommen. Mit dem Wechsel von der Anpassungsperspektive (Optimierung) zur Gestaltungsperspektive (Innovation) werden Verheißungen von *Change Management* Vorschub geleistet (Müller-Stevens/Lechner 2005: 577–586). Die hierzu eingenommene kritische Perspektive richtet sich nicht grundsätzlich gegen *Change Management*. Vielmehr möchte sie auf die damit einzugehenden Risiken und die Pflicht einer erhöhten Verantwortungsübernahme durch das Management aufmerksam machen.

Innovation lässt sich nicht produzieren, jedoch durch das Management anstoßen. Hier bieten sich verschiedene Methoden der Moderation von Großgruppen an, wie z.B. *Open Space Technology,* Zukunftskonferenz und Zukunftswerkstatt, *Real Time Strategic Change* (strategischer Wandel in Echtzeit) oder *Appreciative Inquiry* (wertschätzende Erkundung) (Schneider u.a. 2007: 253–266). Solche Methoden gehören in die Hände von geschulten und erfahrenen, externen Moderatorinnen und Moderatoren.[26] Eine für erwerbswirtschaftliche Unternehmen relativ neue Form der Innovationsförderung ist das sogenannte *Design Thinking* (Meyer 2013: 16–18). Dabei handelt es sich um eine strukturierte Form offener ‚Denkfabrik', die in der Sozialwirtschaft allerdings noch relativ unbekannt ist.

3.7 Auf den Punkt gebracht

Managementprozesse sollen für den gerichteten Ablauf eines Geschehens sorgen; sie organisieren ihrem Anspruch nach bestimmte Aufgaben innerhalb der Wertschöpfungsprozesse. Geschäftsprozesse betreffen solche bedarfsbezogenen Kernaktivitäten des Unternehmens, die Aktivitäten der Leistungserstellung, Adressatennutzen und damit sozialwirtschaftliche Wertschöpfung produzieren. Unterstützungsprozesse ermöglichen die Durchführung der Geschäftsprozesse durch interne Dienstleistungen und Bereitstellung von Infrastruktur. Vernetzungsprozesse eröffnen dem Unternehmen neue, riskante Chancen. Unternehmensprozesse sind immer riskant, da sie in einem wechselseitigen Beeinflussungsverhältnis mit den Ordnungsmomenten des Unternehmens stehen.

Kommunikation von Organisationen ist Entscheidungshandeln. Unternehmenssteuerung bedeutet das permanente Fällen von Entscheidungen als Ergebnis der Auseinandersetzung mit der Eigenkomplexität des Unternehmens. Managementhandeln ist somit eine soziale Konstruktions- und Interpretationsleistung. Seine Wechselbeziehung mit den strukturellen Ordnungsmomenten des Unternehmens bringt es mit sich, dass Managementhandeln potenziell strukturelle Änderungen, aber auch strukturelle Gefährdungen provoziert.

Mit der Unternehmenssteuerung ist der dritte Baustein einer sozialwirtschaftlichen Management- und Unternehmensentwicklung abgehandelt. Er betrifft die funktionalen Prozesse des Unternehmens. Vier Themenfelder sind zu bearbeiten:

---

26 Die aufgeführten Methoden sind Methoden der Organisationsentwicklung und keine Managementinstrumente. Sie finden sich daher nicht im Teil III. dieses Buches.

1. Welche normativen, strategischen und operativen Managementprozesse werden angesprochen?
2. Wie wird die Wertschöpfung in den Geschäftsfeldern erreicht?
3. Welche Unterstützungsprozesse werden dafür benötigt?
4. In welchen Entwicklungsmodus begibt sich das Unternehmen?

Der dritte und letzte Baustein ist nicht das Ende einer sozialwirtschaftlichen Management- und Unternehmensentwicklung. Die Entscheidungen auf den besprochenen Prozessebenen rufen keine Wirkungen auf Dauer hervor, da Umweltereignisse ein ständiges Irritationspotenzial bereithalten, das immer wieder Anlass zu neuem Entscheidungshandeln bietet. Entscheidungen markieren einen Prozess, der in einen fortlaufenden Abgleich mit Umweltbeobachtungen einhergeht und nicht ein Produkt, dass einmal entschieden, Bestand haben wird. Die drei Bausteine stehen daher in der Zeit-, Sach- und Sozialdimension (→ II. 3.1.2) in einem zirkulären Zusammenhang (Abb. 12).

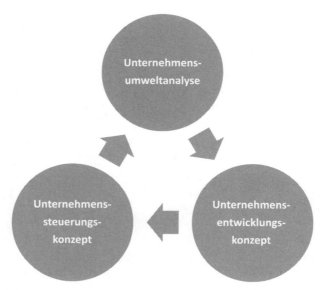

Abb. 12: Zirkuläres Unternehmenskonzept (eigene Darstellung)

Kapitel 4
Schlusswort und kritischer Ausblick

Das hier vorgelegte SRM vereint das Konzept systemtheoretisch-konstruk-tivistischer Organisationtheorie mit sozialkonstruktivistischen, kyberneti-schen Ansätzen der Steuerungstheorie. Auf diese Weise kann ein Orientie-rungsrahmen für das Management sozialer Unternehmen bereitgestellt werden, der nachvollziehbare Gestaltungsdimensionen eröffnet. Gleichzei-tig werden aber auch die Limitierungen, denen Management ausgesetzt ist, in den Blick genommen und können auf diese Weise in die Reflexion von Möglichkeiten der Unternehmensgestaltung, -entwicklung und -steuerung einfließen. Management heißt nicht, dass man alles isomorph messen und darauf aufbauend objektiv planen sowie das auf der Grundlage von Planung Produzierte beliebig steuern kann. Anders lautende Thesen sind aus sys-temtheoretischer Perspektive begründbar zurückzuweisen. Es geht wohl eher um die Einsicht, dass wir Unvermögen minimieren können, als um den Glauben an Beherrschbarkeit. Dabei ist es Aufgabe von Management, Unternehmen als ein operativ geschlossenes, selbstorganisierendes soziales System zu betrachten, dass von dem Hang der Betrachtung seiner eigenen Binnendynamik immer wieder abgelenkt werden muss. Möglich macht dies die kognitive Umweltoffenheit geschlossener Systeme. Aus der Binnenper-spektive von Organisation kann das nur bedeuten, dass Management pro-duktiv stören muss. Es muss ihm gelingen, die eigene Organisation mit ei-ner „strukturellen Spannung" auszustatten und ihr dabei Überraschungen nicht zu ersparen (Baecker 2013: 289). Gleiches gilt umgekehrt für das Ma-nagement. Während dies die Notwendigkeit und die Bereitschaft voraus-setzt, sich selbst durch Organisationsberatung konterkarieren zu lassen (Baecker 2003: 344), benötigt der Störungsprozess insgesamt einen Ord-nungsrahmen. Das hier vorgelegte Managementmodell bietet einen Ord-nungsrahmen an und ermöglicht die Entwicklung einer unternehmenseige-nen Management- und Unternehmensentwicklung. Ein Ordnungsrahmen kann aber nicht beantworten, nach welchen normativen Kriterien gestört werden sollte. Das ist eine Frage von Unternehmensethik und Theoriebil-dung in der Sozialwirtschaft.

Mit dem vorliegenden Handlungsmodell haben wir einen systemtheore-tisch reflektierten Orientierungsrahmen für eine strukturierte Management- und Unternehmensentwicklung sozialer Unternehmen zur Hand. Das Modell ist hingegen kein normatives Instrument, es kann also die hier angedeutete unternehmensethische Problemstellung nicht lösen. Das Modell lässt sich auf unterschiedliche Weise unternehmensethisch füllen, allerdings nicht beliebig. Denn mit dem Modell ist ein (diskurs)ethisches Strukturelement bereits gegeben: die Stakeholderorientierung. Dieses Strukturelement legt eine Diskursorientierung für eine Unternehmensplanung frei, die ein Fundament für eine Unternehmensentwicklung in sozialer Verantwortung legen kann. Welche Kriterien für eine sozial verantwortliche Unternehmensentwicklung hingegen Geltung beanspruchen können, kann das Managementmodell nicht beantworten. Es bietet aber den erforderlichen Strukturrahmen für den diskursiven Raum, der beim Suchen von Antworten benötigt wird. Allerdings: der Diskurs in Unternehmen braucht Orientierung. Diese verantwortlich und praktikabel – letztlich im Sinne einer Unternehmensethik – zu unterfüttern, ist Aufgabe von Theoriebildung in der Sozialwirtschaft.

Die Frage nach den Störkriterien wirft die Frage nach der Theorieleitung von Managementmodellen auf, die quer zum Management in der Erwerbswirtschaft liegt (Wöhrle 2007: 150). Sozialwirtschaft – als Theorie bzw. wissenschaftliche Disziplin und sich daran orientierender Profession – steht vor der Aufgabe, ein gesellschafts- und wirtschaftstheoretisches Modell zu entwerfen, das eine disziplinäre Eigenständigkeit ermöglicht und ein für Gesellschaft ausreichendes Stör- bzw. Irritationspotenzial in Aussicht stellen kann. Bei solchen Versuchen ist zumindest fraglich, ob die Tätigkeit von Unternehmen der Sozialwirtschaft mit Kategorien erwerbswirtschaftlicher Tätigkeit ausreichend zu fassen ist. Folgerisiken erwerbswirtschaftlich ausgerichteter Selbstbeschreibungen sind offensichtlich. Hierzu ein Beispiel: Der mittlerweile im sozialwirtschaftlichen Diskurs etablierte Denkstil, dass auch sozialwirtschaftliche Unternehmen nur durch die Erwirtschaftung einer Sozialrendite, einem *Social Return on Investment* (SROI), legitimiert sind (→ II. 2.1), ja sogar als Selbstverständlichkeit in die Selbstbeschreibung von Sozialwirtschaft aufnimmt (BAGFW 2010: 9), erweist sich als Problem in zweierlei Hinsicht: Zum Ersten wird unterstellt, dass es einen SROI geben kann, zum Zweiten wird die Sichtweise genährt, dass solch ein Rückerstattungseffekt gesellschaftlich erwartbar gehalten werden müsse, um als sozialwirtschaftliches Unternehmen legitimatorisch auf der sicheren Seite zu sein (Reichelt 2009; Ehrenbrandtner 2013).[27] Dabei bleibt unreflektiert,

---

27 Diese Logik trifft auch Unternehmen, die sich einen innerbetrieblichen Sozialdienst leisten. So ist Wirkungsforschung in der betrieblichen Sozialarbeit mittlerweile so sehr angekommen, wie umstritten (Wachter 2013).

ob gesellschaftliche Rückerstattungserwartungen in komplexen modernen Gesellschaften überhaupt noch realisierbar sind. Während diese Form des Bedarfsausgleiches in archaischen Gesellschaften evolutiv durchaus lange effektiv war und in hochkultivierten, stratifizierten Gesellschaften zumindest noch als Konsensualverpflichtung innerhalb einer Schichten- und sich ausbildenden Klassengesellschaft Sinn stiften konnte, gerät die Rückerstattungserwartung von Hilfe in komplexen, modernen Gesellschaften doch endgültig in die Form von Organisation und Programm (Luhmann 1973) und damit aus den Fugen. Denn: moderne Gesellschaften haben es mit der Bewältigung des Paradoxon zu tun, ansteigende Komplexität nur mit zusätzlicher Komplexität bearbeiten zu können. Dabei ist durchaus erwartbar, dass Komplexität reduziert wird, nicht jedoch, dass damit die Probleme tatsächlich – das heißt: abschließend – gelöst werden können. Das lässt sich an der empirisch einfach zu treffenden Feststellung erkennen, dass z. B. immer mehr Medizin, Recht, Bildung und Soziale Arbeit in modernen Gesellschaften offensichtlich erforderlich sind, wobei damit aber nicht fortlaufend immer mehr Gesundheit, Gerechtigkeit und autonome Lebensführung generiert werden (Lambers 2002: 238–254). Was auf der Seite von Person an Inklusionschancen gewonnen wird, muss nicht zwangsläufig dem nutzen, was als Gesamtgesellschaft angesehen wird. Vielmehr werden offensichtlich immer mehr und immer komplexere, komplementäre und intermediäre Versorgungssysteme in den Bereichen Gesundheit, Bildung, Recht und Soziales erforderlich, um sich als (Exklusions)Individuum in einer modernen Gesellschaft überhaupt einigermaßen zurechtfinden zu können. Funktional ausdifferenzierte Gesellschaften produzieren universale Exklusionsindividualität (Luhmann 1993: 160; Hillebrandt 1999; Lambers 2014: 73–79; 117–124). In dieser Spiralentwicklung muss sich Sozialwirtschaft die Frage stellen, ob sie sich im gesellschaftlichen Diskurs stets zwischen den beiden ökonomischen Polen „Kostgänger" und „Cash-Cow" (Lambers 2004: 238–254) bewegen will, oder ob sie nicht vielmehr die Erwartung von Sozialrenditen – wenn auch nicht generalisiert, so doch in den nicht materialisierbaren, dauerhaft exklusionsbetreuenden Feldern (Bommes/Scherr 2014: 201) – begründet zurückweist. Das würde allerdings die Perspektive erfordern, dass Sozialwirtschaft nicht vordergründig Gesellschaft – was immer das sei – dienen will, sondern dem Gestalt geben will, was spätestens von Immanuel Kant in seiner „Grundlegung zur Metaphysik der Sitten" (Kant 1785) als Menschenwürde bezeichnet wird.

Abschließend hierzu eine (vielleicht irritierende) Frage und ein Statement, welches der weiteren fachlichen Reflexion in der Ausbildung des eigenen Verständnisses von Sozialmanagement und Management in der Sozialwirtschaft dienen soll: *Dient Gesellschaft dem Menschen oder sich selber?*

Dass das Marktgeschehen allein durch rationale Zweckinteressen bestimmt wird, wissen wir seit Max Weber:

„Die Marktgemeinschaft als solche ist die unpersönlichste praktische Lebensbeziehung, in welche Menschen miteinander treten können. Nicht weil der Markt einen Kampf unter den Interessenten einschließt. Jede, auch die intimste, menschliche Beziehung, auch die noch so unbedingte persönliche Hingabe ist in irgendeinem Sinn relativen Charakters und kann ein Ringen mit dem Partner, etwa um dessen Seelenrettung, bedeuten. Sondern weil er spezifisch sachlich, am Interesse an den Tauschgütern und nur an diesen, orientiert ist. Wo der Markt seiner Eigengesetzlichkeit überlassen ist, kennt er nur Ansehen der Sache, kein Ansehen der Person, keine Brüderlichkeits- und Pietätspflichten, keine der urwüchsigen, von den persönlichen Gemeinschaften getragenen menschlichen Beziehungen." (Weber 2004: 2593; c1922: 382–383).

Dass sich soziale Organisationen einem wie auch immer inszenierten Marktgeschehen kaum noch entziehen können, lässt sich nicht mehr bestreiten (Drucker 1992, c1990). Ebenso wäre es naiv zu glauben, dass gerade sozialwirtschaftliche Unternehmen abwenden könnten, was Weber mit den rationalen Zweckinteressen gekennzeichnet hat. Auch sozialwirtschaftliche Unternehmen sind nicht gänzlich frei von Tauschgüterinteressen. Freiräume für normativ-ethische Anspruchsgruppenkonzepte lassen sich also nur im sozialwirtschaftlichen Unternehmen selber ausloten. Hierzu gehört zentral die Frage nach Renditeerwartungen, gleichgültig ob materieller oder immatrieller Art. Daher stellen wir folgende These zur Diskussion:

> Menschensorgende sozialwirtschaftliche Unternehmen verlieren ihren Gegenstand aus dem Blick, wenn Menschensorge mit einer gewinnbringenden Rückerstattungserwartung verbunden wird.

Begründung der These: Die Frage „Was haben wir davon?" beschleunigt massenhaft Exklusion, produziert sie zusätzlich. Funktionale Ausdifferenzierung von Gesellschaft wird auf diese Weise verstärkt mit ihren eigenen Folgerisiken konfrontiert. Zudem sollte klar sein, dass die Frage nach einer Sozialrendite – je nach Positionierung als pro oder contra SROI – eine jeweils spezifische Ethik bedient. Das Interesse am SROI jedenfalls ist einem gesellschaftlichen Verwertungsinteresse unterstellt und damit allem ausgesetzt, was unter Gesellschaft verstanden werden kann. Kriterien menschensorgender Praxen sind dergestalt nicht mehr an den Wert der Menschenwürde gebunden, sondern an funktionale, frei flottierende, zweckrationale Normsetzungen. Sozialwirtschaft ist, mit Max Weber gesprochen, ein Fall von Bedarfswirtschaft. Wenn diese analytische Feststellung auch für die moderne Sozialwirtschaft Bestand haben soll (Wendt 2013: 13), muss sich Sozialwirtschaft dem Paradoxon ihrer Gegenstandsbearbeitung klar werden. Das Soziale bestimmt sich nicht einseitig aus dem Nutzen für Gesellschaft – welche Gesellschaft eigentlich? –, sondern an dem Nutzen von Individuen, sich im Sozialen zurechtzufinden. Nach der ökonomischen Funktionslogik aber, der Logik des Vorteilstausches zum Zweck der Steigerung von Verfügungsgewalt über allgemeinen Nutzen, dürfte Sozialwirtschaft nur noch in volkswirtschaftlich berechenbaren Größen ihre Legitimation und der Anspruch der Menschensorge in der Sozialwirtschaft damit auch sein Ende finden. Theoretisch ist offen, ob sich Sozialwirtschaft als gesellschaftliches Funktionssystem ausdifferenzieren wird, oder ob sie sich lediglich als Organisation des Sozialen neben den bekannten Abhängigkeiten – dem Politik- und dem Rechtssystem – in die einer weiteren begibt; der marktverpflichteten Erwerbswirtschaft.

Teil III
Instrumente:
Analyse, Planung und Entwicklung

Nachfolgend geht es um eine kritisch-reflexive Kurzvorstellung von normativen, strategischen und operativen Planungs-, Analyse- und Visualisierungsinstrumenten für das Sozialmanagement und Management in der Sozialwirtschaft. Hierfür wurde ein gesondertes Hauptkapitel eingerichtet. Dadurch soll allerdings nicht der Eindruck erweckt werden, dass das vorgestellte Handlungsmodell durch strikte Befolgung von Managementinstrumentarien operationalisiert werden kann. Sie sind nicht als *Tool-Box* zu verstehen und ersetzen keine integrierte sozialwirtschaftliche Management- und Unternehmensentwicklung. Vielmehr finden sie ihren Gebrauchswert als Hilfsmittel bei der Anfertigung eines Entwicklungskonzeptes auf den drei Ebenen von Unternehmensgestaltung, Unternehmensentwicklung und Unternehmensführung.

> Die nachfolgend vorgestellten Instrumente sind als Instrumente eines Wissensmanagements einzusetzen, nicht als Organisationstechnologie. Im Wissensmanagement geht es darum, kritische und konstruktive Kommunikationsverbindungen zwischen personalem und organisationalem Wissen herzustellen (Willke 2001: 18; 2011: 94).

Aufgenommen sind hier überwiegend solche Instrumente, zu denen Anwendungserfahrungen in sozialwirtschaftlichen Unternehmen vorliegen (BAGFW 2010). Klar sollte sein, dass es sich dabei nicht um einen abgeschlossenen Katalog handeln kann. Nicht berücksichtigt sind Instrumente, die in Prozessen der moderierten Beratung und Entwicklung von Organisationen eingesetzt werden, da diese eine geschulte und vor allem organisationsexterne Beratungskompetenz erfordern.

Kapitel 1
Unternehmensumwelt

1.1 Funktional-strukturell orientierte Umweltbeobachtung

Funktional-strukturell orientierte Umweltbeobachtung richtet sich nach den Formen sozialer Ordnungsbildungen aus, die in modernen Gesellschaften durch Ausbildung primärer und sekundärer Funktionssysteme auftreten. Formale Voraussetzungen gesellschaftlicher Funktionssysteme sind, dass es sich bei den sozialen Ordnungsbildungen um autonome, ungleiche und nicht substituierbare Einheiten gesellschaftlicher Problembearbeitung handelt. Hierzu gehören folgende Merkmale:

a) die Systemschließung ermöglichende binäre Codierung,
b) die zur Anwendung der Codes erforderliche Ausbildung eigener Entscheidungsprogramme,
c) das die Anschlusskommunikation wahrscheinlich machende symbolisch generalisierte Kommunikationsmedium.

Hieraus ergibt sich als Beobachtungsraster folgendes Bild (Abb. 13).

Die in dem Beobachtungsraster aufgenommenen organischen und technischen Systeme (Natur und Technik) erfüllen nicht die Merkmale gesellschaftlicher Funktionssysteme. Sie verfolgen keinen systemeigenen Sinn und sind über Kommunikation nicht erreichbar. Dennoch sind sie hier aufgeführt, da sie als Teil von Umwelt über Kommunikationen gesellschaftlicher Funktionssysteme aktualisiert werden können (vornehmlich über Wissenschaft, Politik, Wirtschaft, Kunst und Massenmedien). Weiterhin sind im Beobachtungsraster die sozialen und politischen Bewegungen aufgenommen. Sie als gesellschaftliche Funktionssysteme zu beschreiben, scheitert in der Regel an ihrer besonderen Struktur. Es handelt sich um eine Kommunikationsform, die so kommuniziert, als könne man Gesellschaft von außen vollständig beobachten. Soziale Bewegungen sind dennoch als autopoietische Systeme beschreibbar, insbesondere über die Ausdifferenzierung eigener Organisationen. Sie zeigen an, was in den gesellschaftlichen Funktionssystemen nicht „rund läuft" und stellen damit eine Form der gesellschaftlichen Selbstbeobachtung dar, die die Mängel gesellschaftlicher

Funktionssysteme aufzeigt. In der Regel münden diese Bewegungen in unterschiedliche Organisationsbildungen, deren Sinnkonstituierung in Richtung Politik adressiert wird (Kern 2008). Soziale und politische Bewegungen werden auch als sekundäres Funktionssystem bezeichnet (Simsa 2001: 257–286).

Abb. 13: Funktional-strukturell orientierte Umweltbeobachtung (eigene Darstellung)

1.2 Stakeholderanalyse

Als ein Verfahren zur Analyse der Interaktionsthemen (Umweltkonzept) bietet sich die Stakeholderanalyse an. Sie verläuft in vier Schritten (Dubs u. a. 2009a: 358):

1. Ermittlung der Anspruchsgruppen,
2. Einordnung der Anspruchsgruppen, der Interaktionsthemen,
3. Bewertung der Ansprüche,
4. Planung von Aktionen.

Die Stakeholderanalyse bildet eine Grundlage für die strategische Unternehmensplanung. Die Überprüfung der Strategieumsetzung kann mit entsprechenden Verfahren evaluiert werden (z. B. III. 3.1, 3.2, 3.3, 3.4 und 3.10). Die für soziale Dienstleistungsorganisationen typischen Stakeholder sind zunächst einmal summativ feststellbar. Die konkrete Ermittlung der

Anspruchsgruppen wird jedoch jedes Unternehmen variabel bzw. gemäß der Unternehmenszwecksetzung in Angriff nehmen müssen. Ein besonderes Problem nach der Ermittlung der Anspruchsgruppen besteht in der Einordnung der Stakeholder und der Bewertung der Ansprüche bzw. der ihnen zurechenbaren Interaktionsthemen. Was ist wichtig, was ist weniger wichtig für das Unternehmen? Um diese Frage der Ermittlung, Einordnung und Bewertung der Stakeholderinteressen zu beantworten, empfiehlt sich eine systematische Erhebung möglicher Interaktionsthemen. Informationen zu folgenden Eckpunkten sind dabei empfehlenswert:

a) Ressourcen,
b) Normen und Werte,
c) Anliegen, Interessen, Vereinbarungen,
d) Nutzenerwartungen,
e) Machtstellung,
f) Wille zur Machtdurchsetzung.

Die Erstellung einer Stakeholder-Matrix erlaubt es, eine Übersicht über die potenziellen Interaktionsthemen sowie Machtstellungen der Stakeholder zu erhalten (Tab. 6). Macht ist ein universales Thema (Luhmann 2003, c1975: 90). Die unternehmerische Bewertung der Interaktionsthemen hängt letztlich davon ab, ob das Unternehmen ein strategisch-ökonomisches oder normativ-kritisches Anspruchsgruppenkonzept verfolgt (→ II. 1.2 und 1.3) (Dubs u. a. 2009a: 331–360).

Hilfreich für die spätere Gestaltung von normativen und strategischen Entscheidungen ist eine Visualisierung der Stakeholderanalyse nach jeweils gewünschtem Informationsinteresse. Visualisierungen können entsprechend unterschiedlich ausfallen. Nachfolgend zwei Beispiele. Die dabei angegebenen Stakeholder sind bezüglich Auswahl und Einordnung natürlich nur beispielhaft. Eine zunächst einfache Darstellung ermöglicht ein Bild über die Nähe und Distanz, die Stakeholder zum Unternehmen oder bestimmten Projekten des Unternehmens haben (Abb. 14).

Die Einschätzung der Nähe-Distanz sagt natürlich noch nichts über die Interessen- und Einflussgestaltungen aus. Eine weitere Darstellung bietet sich daher an, die anzeigt, in welchem Grad die Stakeholder Einfluss auf das Unternehmen nehmen (Macht) und wie im Verhältnis hierzu die Beeinflussbarkeit der Stakeholder durch das Unternehmen eingeschätzt wird. Die Abbildung dieses Sachverhaltes führt zur Erstellung einer Relevanzmatrix (Abb. 15). Diese Darstellung orientiert sich an der Portfolioanalyse (Müller-Stewens/Lechner 2005: 179).

Anspruchsgruppen (Stakeholder)		Interaktionsthemen				
		Ressourcen	Normen und Werte	Interaktionsthemen	Nutzenerwartungen	Machtstellung
Kostenträger	Behörde Fachbereich Fachdienst	Leistungen nach SGB II, III, V, VI, VII, VIII, IX, XI, XII	Verfassung, SGB I, Menschenrechtskonventionen	Rahmenzielvereinbarungen, Leistungsvereinbarungen, Qualitätsvereinbarungen (Kontrakte)	Effektivität, Effizienz	hoch: Leistungsträger
	alternative Kostenträger wie z.B. zweckgebundene Spendengeber, Stiftungen, Struktur- und Sozialfonds	Spezifisch zweckgebundene Leistungen	satzungsgemäß	Soziales Unternehmen, Sozialpartnerschaften, Stiftungs- und Nachlassinteressen, Spezifische Interessen aus EU-Vertrag	Gemäß Fundraising- oder Sponsoringvereinbarungen, Stiftungssatzungen, spezifischen EU Vereinbarungen	gering: Komplementärfinanzier
Aufsicht	Aufsichtsrat	Expertise	satzungsgemäß	Erfüllung des Satzungszwecks	Organisationserhalt	Mittel: beratend
	Aufsichtsbehörden	Unfehlbarkeit	gemäß Leistungsrecht	Rechtmäßige Erfüllung des Leistungszwecks	Effektivität, Effizienz	gering: kontrollierend, bewertend
	Vorstände, Gesellschafter	Engagement	Leitbilder, Satzungen, Geschäftsordnungen	Satzung, Gesellschaftervertrag, Geschäftsordnung, Leitbild	Satzungen, Gesellschafterverträge,	hoch: Rechtsstellung, Organstellung
Politiker	Kommunal, Land	Haushalte	Partei-, Regierungs-, Koalitionsprogramme	Parteispezifische, koalitionsspezifische, sozialpolitische, ökonomiespezifische Aussagen	Soziale Gerechtigkeit und soziale Sicherheit (SGB I), Effizienz	hoch: Entscheider über finanzielle Ressourcen

Anspruchsgruppen (Stakeholder)		Ressourcen	Normen und Werte	Interaktionsthemen		Machtstellung
				Interaktionsthemen	Nutzenerwartungen	
Klienten (Nutzer)	Kinder u. Jugendliche	Familie, Netzwerke	säkulare, kulturelle, spirituell-religiöse	Hilfe-, Therapie-, Behandlungsplanung	Autonomie	mittel bis hoch: Ko-Produzent
Angehörige	Eltern	Familie, Netzwerke	säkulare, kulturelle, spirituell-religiöse	Mitwirkung, Partizipation	Reintegration	gering: Publikumsrolle
Zugehörige	Beistände, Pfleger, Vormünder	SGB VIII	SGB VIII	Rechtlicher Aufgabenkreis	Hilfe-, Therapie-, Behandlungsplanung	mittel: Rechtevertreter
Mitarbeiter	Fachkräfte	Arbeitskraft	Zielvereinbarungen, Arbeitsvertragsrichtlinien	Leitbilder, Arbeitsverträge, Arbeitsvertragsrichtlinien, Zielvereinbarungen	Leitbilder, Zielvereinbarungen	mittel: Arbeitsrecht, Betriebsverfassungsrecht, Arbeitsvertragsrichtlinien
Ehrenamtliche		Gratisarbeit	säkulare, kulturelle, spirituell-religiöse	Eigenverantwortliches Engagement	Persönliche Sinnfindung	gering: Leistungsrolle, aber frei, da nicht gebunden an Organisation
Kooperationspartner	Träger	Verlässlichkeit	Trägervereinbarungen	Trägervereinbarungen	Trägervereinbarungen	mittel: Kontraktverhältnis, kündbar
Netzwerke	Funktionsträger	Beziehungen	gemäß Leitbild	Zusätzliche Chancen	Vorteilsnahme	gering: kein Vertragsverhältnis

Tab. 6: Stakeholderanalyse (Beispiel, eigene Darstellung)

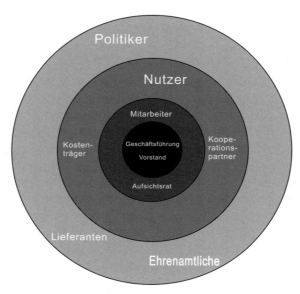

Abb. 14: Stakeholder-Nähe-Distanz (eigene Darstellung)

Beeinflussbarkeit des Stakeholders durch die Organisation		
hoch	Lieferanten **D**	Kooperationspartner **C**
	Mitarbeiterinnen u. Mitarbeiter	Geschäftsführung
	Nutzer/Adressaten/Klienten **A**	Aufsichtsrat **B**
niedrig	Ehrenamtliche	Politiker Kosten-/Leistungsträger Netzwerk Vorstand
	gering **Einfluss des Stakeholders auf die Organisation** hoch	

Quadrant	Bedeutung
A	Anspruchsgruppen haben geringen Einfluss auf die Organisation, sind aber auch durch diese wenig beeinflussbar. Sie müssen entweder mehr Einfluss bekommen oder mehr beeinflusst werden.
B	Anspruchsgruppen haben hohen Einfluss auf Organisation und können von ihr nur wenig beeinflusst werden. Sie müssen entweder weniger Einfluss bekommen oder höher beeinflusst werden.
C	Anspruchsgruppen haben hohen Einfluss auf Organisation, sind aber durch diese stark beeinflussbar. Sie müssen entweder weniger Einfluss bekommen oder sich nicht so stark beeinflussen lassen.
D	Anspruchsgruppen haben geringen Einfluss auf die Organisation, sind aber auch durch diese stark beeinflussbar. Sie müssen entweder mehr Einfluss bekommen oder weniger beeinflusst werden.

Abb. 15: Stakeholder – Relevanzmatrix (eigene Darstellung)

1.3 STEP-Analyse

Für die Beobachtung einer sich funktional ausdifferenzierenden Gesellschaft benötigen Unternehmen makroanalytische Verfahren. Am bekanntesten ist die sogenannte STEP-Analyse. Die Abkürzungen stehen für *sociological, technological, economocial, political*. Die STEP-Analyse ist auch unter der Bezeichnung PEST-Analyse bekannt (Fahey/Narayanan 1986). In einer Vierfeldertafel werden der politische, ökonomische, sozio-kulturelle und technologische Wandel systematisch erfasst und hinsichtlich der Relevanz für das Unternehmen bewertet (Abb. 16). Die Analyseergebnisse werden als Grundlage für die spätere Strategieplanung eines Unternehmens herangezogen, zum Beispiel mittels einer SWOT-Analyse (→ III. 3).

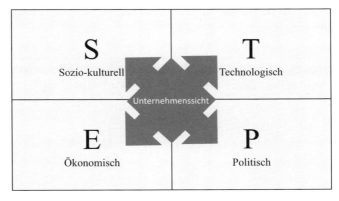

Abb. 16: STEP-Analyse (eigene Darstellung)

Die STEP-Analyse bietet sicherlich eine gute Ausgangsbasis für die Identifikation potenzieller Umwelteinflüsse auf das Unternehmen. Allerdings ist die STEP-Analyse unterkomplex. Sie knüpft nicht an das Konzept der funktional ausdifferenzierten Gesellschaft an und reduziert die Unternehmensumwelt auf lediglich vier, in Varianten auf fünf oder sechs Felder, z.B. Erweiterungen mit E für *environment* (STEEP, PESTE) oder L für *legal* (SLEEPT, PESTLE). Trotz dieser Erweiterungen ist damit das Problem der Beobachtung von Hyperkomplexität funktional ausdifferenzierter Gesellschaft nicht gelöst. Beobachtung von Umwelt entwickelt sich in modernen Gesellschaften als Beobachtung von autonomen gesellschaftlichen Funktionssystemen, mit denen das Unternehmen in strukturellen und losen Kopplungsbeziehungen steht (Luhmann 1998: 1111; 2011, c2000: 374). Diese Perspektive erfordert ein Beobachtungstableau, das über eine Vier- oder Sechsfeldersystematik hinausgeht. Als einen Lösungsversuch schlagen wird die funktional-strukturell orientierte Umweltbeobachtung vor (→ III. 1.1).

1.4 Wissensdatenbanken

Der Begriff Wissensdatenbank ist eigentlich falsch. Datenbanken enthalten kein Wissen, sondern nur Daten, die als Information genutzt werden können. Daten, die bereits selbst selektive Informationen darstellen, werden als Basis von wiederum selektiven Mitteilungen benötigt, die, ebenfalls selektiv, zu Anschlusskommunikation führen können und im Idealfall gemeinsam geteiltes Systemwissen generieren (Willke 2011, c2004: 43). Bei der Nutzung von Datenbanken geht es nicht um 1:1-Nutzung von Informationen, sondern um „Wissensarbeit" (Willke 2001: 19). Wissen, was in Datenbanken hinterlegt wird, ist totes Wissen und steht auf diese Weise lediglich als Information zur Verfügung. Information, die zum gemeinsam geteilten Wissen werden kann durch Prozessieren von Selektionen; anders gesagt: durch das zur Mitteilung Gebrachte und im (reflexiven) Verstehen Angenommene oder Verworfene.

Beispiele für analoge, digitale und virtuelle Informationsquellen (kein abgeschlossener Katalog)[1]

◢ Fachspezifische digitale Bibliotheken (siehe Universitäts- und Landesbibliotheken)

◢ Soziale Milieustudien (SINUS Milieus, SIGMA Milieus, MOSAIC Milieus)

◢ Prognos Studien (Prognos AG ist eine der ältesten Wirtschaftsforschungsgesellschaften Europas mit Sitz in Basel)

◢ Sozio-ökonomisches Panel (SOEP) (jährliche Repräsentativbefragung von Privathaushalten. Mit Hilfe der Daten des SOEP lassen sich Fragestellung aus den Themenbereichen Soziologie, Ökonomie, Psychologie, Gesundheit, Geographie und demographische Entwicklung analysieren.

◢ Gesellschaft für Konsumforschung (GfK) (Marktforschung)

◢ TNS Infratest und TNS Emnid (Meinungsforschung, Medien-, Politik- und Sozialforschung.)

◢ Infratest dimap (Wahl- und Politikforschung)

◢ Statistisches Bundesamt und statistische Landesämter (Daten zu Themen: Arbeitsmarkt, Bevölkerung, Gesundheit, Wirtschaft, Konjunktur, Preise, Arbeitskosten, Regionaldatenbanken, Volkswirtschaftliche Gesamtrechnung usw.)

---

1   Siehe ausführlicher Ellwein (2002)

- Landeswohlfahrtsämter bzw. Sozial-/Jugend-/Familienministe-
rien des jeweiligen Bundeslandes. Landschaftsverbände (nur in
Nordrhein-Westfalen)
- Amt für Statistik in den jeweiligen Kommunen
- Amt für Wirtschaftsförderung in den jeweiligen Kommunen
- Kammern/berufsständische Vertretungen (Industrie- und Han-
delskammern, Handwerkskammern, Landwirtschaftskammern,
Ärztekammern usw.) und Gewerkschaften

1.5 Szenariotechnik

Szenarienbasierte Instrumente dienen der Wissensarbeit eines Unternehmens (Willke 2011, c2004: 121). Szenariotechnik ist von der Szenarioanalyse (→ III. 3.12) zu unterscheiden. Die Szenariotechnik ist eine Technik, die
für eine Unternehmensumweltanalyse eingesetzt wird. Anhand quantitati-
ver und qualitativer Daten (Informationen) werden verschiedene Szenarien
erstellt, wie sich das Unternehmen – bezogen auf einen ausgewählten Ent-
wicklungszeitraum – entwickeln kann. Jedes Szenario wird detailliert analy-
siert und auf die hieraus zu ziehenden Konsequenzen für die weitere Unternehmensplanung untersucht. Eine bekannte Vorgehensweise ist das sogenannte Trichtermodell. Ausgangspunkt des Trichters sind die definierten
Rahmenbedingungen des Unternehmens (Abb. 17).

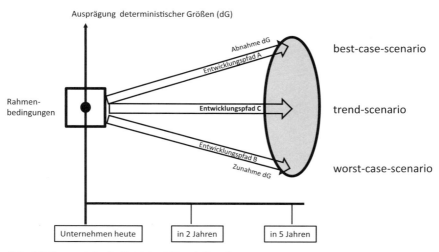

Abb. 17: Szenariotechnik (eigene Darstellung)

153

Auf einer vorher ausgewählten Zeitachse (z. B. 1–5 Jahre oder 5–10 Jahre) werden abhängig von den vorliegenden quantitativen und qualitativen Informationen (Daten, z. B. auch aus der Stakeholderanalyse) die Entwicklungsmöglichkeiten des Unternehmens fiktiv entworfen. Da man davon ausgehen kann, dass die Daten umso unsicherer werden, je mehr sich das Szenario in die Zukunft begibt, werden in der Regel drei Variationen entworfen: das *Best-Case-* (obere Trichterlinie), das *Worst-Case-* (untere Trichterlinie) und das zwischen den Trichterlinien liegende als am wahrscheinlichsten angenommene *Trend*-Szenario. Die drei Szenarien dienen als eine Informationsgrundlage für die weiteren Überlegungen zur Entwicklung einer Strategieplanung.

Kapitel 2
Unternehmensstruktur

2.1 Grundgerüst einer SRM-basierten sozialwirtschaftlichen Management- und Unternehmensentwicklung

Die Operationalisierung einer SRM-basierten sozialwirtschaftlichen Management- und Unternehmensentwicklung folgt einem Grundgerüst mit 14 Leitfragen (Tab. 7).

Sozialwirtschaftliche Management- und Unternehmensentwicklung	14 Leitfragen
I. Unternehmens-umweltanalyse	*Welche Umweltbedingungen des Unternehmens sind in den Blick zu nehmen und welche Bedeutung haben diese für das Unternehmen? (Umweltanalyse)*
Betrifft die Umwelt-bedingungen	*Welche Interesseneigner (Stakeholder) sind auszumachen, und welche Themen sind für das Unternehmen von interaktiver Bedeutung? (Stakeholderanalyse)*
	Welche möglichen Auswirkungen haben die Analysen zu 1 und 2 auf das Unternehmen in den nächsten (x) Jahren? (Szenarioanalyse)
	Welche Auswirkungen haben die Ergebnisse der Umweltanalyse auf das Unternehmensentwicklungskonzept?
II. Unternehmens-entwicklungskonzept	*Welche sozialen Ziele soll das Unternehmen verfolgen (gesellschaftliche, personell)?*
	Welche leistungswirtschaftlichen Ziele werden verfolgt?
Betrifft die Unter-nehmensstruktur	*Welche finanzwirtschaftliche Ausstattung wird dafür benötigt?*
	Welche Unternehmensstruktur ist angemessen (Aufbau, Ablauf, Rechtsform)?
	Welche Organisationskultur wird angestrebt?
	Welche Konsequenzen hat der Unternehmensplan für das Steuerungskonzept?
III. Unternehmens-steuerungskonzept	*Welche normativen, strategischen und operativen Managementprozesse werden angesprochen?*
	Wie wird die Wertschöpfung in den Geschäftsfeldern erreicht?
Betrifft die Unter-nehmenssteuerung	*Welche Unterstützungsprozesse werden dafür benötigt?*
	In welchen Entwicklungsmodus begibt sich das Unternehmen?

Tab. 7: 14-Punkte-Modell (eigene Darstellung)

2.2 Aufbaustruktur

Beim formalen Organisationsaufbau wird zwischen funktionalen, objektorientierten und prozessualen Gliederungsprinzipien unterschieden. Funktionale Gliederung orientiert sich an Arbeitsteilung (z.B. medizinische Einrichtungen). Objektorientierte Gliederung differenziert nach unterschiedlichen Dienstleistungen, Produkten (z.B. stationäre, teilstationäre, ambulante Hilfen), Geschäftsfeldern oder Betriebsstätten (z.B. dezentral verteilte Wohnheime und Werkstätten). Prozessuale Gliederung nimmt die für die Leistungserstellungsprozesse (Kernprozesse) notwendigen und beteiligten Unterstützungsprozesse in den Blick (z.B. Controlling und Qualitätsmanagement). In der Praxis sind häufig Kombinationen aus den genannten Differenzierungsformen zu finden. Weitere Unterschiede bestehen in der Gestaltung von Weisungsrechten und Unterstellungsverhältnissen. Sie werden als lineare Verbindungen zwischen Instanzen und Ausführungsstellen dargestellt (Organigramm) (Schuhmacher 2013: 116–123).

Unterschieden werden in der Regel:

- Einlinienstruktur,
- Stablinienstruktur,
- Mehrlinienstruktur und ihr Sonderfall, die
- Matrixstruktur.

Einlinienstruktur. Die Einlinienstruktur geht auf den Begründer der französischen Verwaltungslehre Henri Fayol zurück. Im Einliniensystem hat jeder Mitarbeitende nur eine Vorgesetzte oder einen Vorgesetzten. Die Erhöhung der Leitungsspanne (→ III. 2.3) oder ihre Verringerung führt zu einer unterschiedlichen Tiefengliederung des Einliniensystems über die für die Leistungsspanne benötigten Hierarchieebenen (flache versus ausgeprägte Hierarchie). Je nach Tiefengliederung erhält die Organisation kurze oder lange Informations- und Kommunikationsverbindungen. Das Einliniensystem ist für Unternehmen geeignet, die über klar abgrenzbare und wenig variable Prozessanforderungen verfügen (Abb. 18). Interessant sind vor allem die Möglichkeiten einer schlanken Organisation, beispielsweise durch Modularisierung (Picot u.a. 2008, c1997: 251).

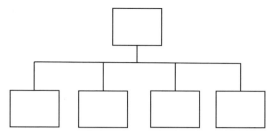

Abb. 18: Einlinienstruktur (eigene Darstellung)

Stablinienstruktur. Im Stabliniensystem werden Entscheidungs- und Fachkompetenz getrennt (Abb. 19). Durch die Einrichtung von Stabstellen können Führungsentscheidungen fachlich kompetenter vorbereitet werden. Stabstellen arbeiten der Führungsspitze zu und besitzen keine Weisungsrechte im Rahmen der Dienst- und Fachaufsicht. Beispiele für Stabstellen sind Aufgaben im Rahmen der Unterstützungsprozesse (→ II. 3.3), wie z. B. Öffentlichkeitsarbeit, Rechtsarbeit, Qualitätsentwicklung und -sicherung, Controlling, Infrastrukturbewirtschaftung, Informations-, Kommunikationsarbeit und Bildungsarbeit. Personalarbeit (Personalmanagement) hingegen ist in der Regel als eine Abteilung einer funktionalen oder objektorientierten Linienorganisation eingegliedert.

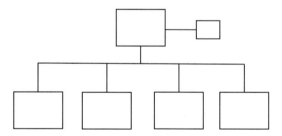

Abb. 19: Stab-Linienstruktur (eigene Darstellung)

Mehrlinienstruktur. Als Variante einer Einlinien- oder Stablinienstruktur tritt die Mehrlinienstruktur auf. Hier sind untergeordnete Stellen spezialisierten und damit mehreren Leitungsinstanzen unterstellt (z. B. Krankenhausstationen unter Pflegedienstleitung, medizinischer Leitung und kaufmännischer Leitung) (Abb. 20). Vorteile dieser Struktur liegen in kurzen Kommunikationswegen, fachgebundenen Leitungsentscheidungen und geringerer Bürokratisierung. Nachteile dieser Mehrfachunterstellung liegen in der Gefahr von Kompetenzkonkurrenz mit unklarer Zuständigkeitsabgrenzung und Gefahr von Kompetenzkonflikten sowie Zumutung eines erhöhten Koordinationsbedarfes unter den Leitungsinstanzen. Auch das Risiko einer unsicheren unternehmerischen Gesamtverantwortung ist nicht zu umgehen.

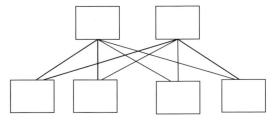

Abb. 20: Mehrlinienstruktur (eigene Darstellung)

Matrixstruktur. In der Matrixstruktur werden prozess- und produktbezogene Leitungsfunktionen miteinander verknüpft: prozessbezogene Funktionen, wie z. B. Finanzen, Verwaltung und Marketing mit produktbezogenen Funktionen, wie z. B. stationäre, teilstationäre und ambulante Einrichtungen (Abb. 21). Die der Unternehmensleitung unterstellten Leitungskräfte sind untereinander gleichberechtigt. Vorteile dieser Struktur liegen in der Entlastung der Unternehmensleitung sowie der Möglichkeit von teamnahen Entscheidungen. Ähnlich wie bei der Mehrlinienstruktur ist der Koordinations- und Abstimmungsbedarf unter den Leitungskräften jedoch sehr hoch bzw. sogar noch erhöht infolge der größeren Anzahl gleichberechtigter Leitungsinstanzen. Die Komplexität von Entscheidungshandeln wird erhöht und die Bearbeitung der daraus entstehenden Folgeprobleme geht in der Regel zu Lasten der Zeitdimension. Matrixorganisationen laufen in den Fällen riskant, wenn schnelle, flexible Unternehmensentscheidungen benötigt werden.

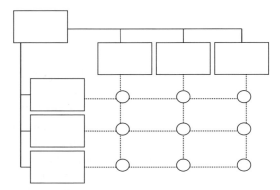

Abb. 21: Matrixstruktur (eigene Darstellung)

158

Prozessstruktur. In der Prozessstruktur ist die gesamte Organisation um einen Hauptprozess des Unternehmens, genauer gesagt um die Kernprozesse und deren Teilprozesse, aufgebaut (Abb. 22). Die Koordination zwischen den untereinander gekoppelten Teilprozessen wird in der Regel teamförmig organisiert. Aus den an den jeweiligen Teilprozessen Beteiligten müssen verantwortliche Teams gebildet werden, damit der Gesamtprozess noch überblickt und koordiniert werden kann. Sogenannte Prozesseigner werden benannt, die teamförmig die Gesamtsteuerung organisieren. Weiterhin steuern die Prozesseigner die den jeweiligen Kernprozessen zugeordneten Unterstützungsprozesse.

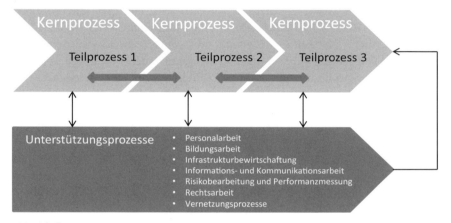

Abb. 22: Prozessstruktur (eigene Darstellung)

2.3 Leitungsspanne

Die Leitungsspanne gibt Auskunft über die Anzahl der Mitarbeitenden einer Organisation, die unmittelbar einer Leitung unterstellt sind (Abb. 23).

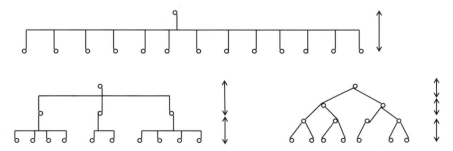

Abb. 23: Leitungspanne und Leitungstiefe bei identischer Mitarbeiterzahl

Das Beispiel zeigt, dass die Leitungsspanne Auswirkungen auf die Tiefen-gliederung bzw. Leitungstiefe hat. Je höher die Leitungsspanne ausfällt, desto geringer ist die Leitungstiefe (Picot u. a. 2008, c1997: 251). Abbau von Hierarchieebenen (flache Hierarchien) werden von Organisationen bevor-zugt, die kurze Informations- und Kommunikationsverbindungen bei gleichzeitig hohem Delegationsgrad benötigen (schlanke Organisation).

Die Frage nach der optimalen Leitungsspanne und Tiefengliederung ist ein Thema der Organisationstheorie. Eine objektive Zahl für eine optimale Leitungsspanne wird in der heutigen Organisationstheorie nicht mehr an-genommen. Die Frage, wie viele Mitarbeitende einer Leitung im Sinne von Komplexitätsverarbeitung zumutbar sind, hängt nicht allein von der Anzahl der unterstellten Mitarbeitenden ab, sondern auch von qualitativen Merk-malen, wie z. B. der Qualifikation und den Kompetenzen der unterstellten Mitarbeitenden. Der Leitungsaufwand muss entsprechend individuell be-wertet werden. Weiterhin hängt der Leitungsaufwand von der Komplexität der Aufgabenbewältigung ab. Anhand mathematischer, stochastischer Mo-delle kann für Unternehmen eine optimale Leitungsspanne ermittelt wer-den (Thiel 2009). In solchen Modellen werden die quantitativen und quali-tativen Einflussgrößen erhoben und gewichtet. Auf diese Weise lässt sich relativ leicht eine Leitungsspannen-Kennziffer ermitteln. Mithilfe solcher Kennziffern können unterschiedliche Sachverhalte bearbeitet werden, wie z. B. die Bewertung und der Vergleich des Leitungsaufwandes, die Festle-gung des Personalbedarfs oder die Gehaltsstruktur von Leitungskräften. (Scholz 2013: 315; Schmidt 2002: 61; Tschumi 2005: 247).

2.4 Organisationsabläufe

Flussdiagramme. Prozessketten haben einen eher analytischen sowie pla-nerischen Wert. Die Visualisierung festgelegter und operativ zu verwerten-der Prozessketten wird mittels Flussdiagrammen vorgenommen (Abb. 24). Sie bieten klare Orientierungspunkte für die Prozessabläufe und die darin zu beachtenden Schnittstellen und Entscheidungswege sowie Prüf- und Do-kumentationspunkte.

Eine Weiterführung des Flussdiagramms ist das sogenannte Schwimm-bahn-Diagramm. Es ermöglicht eine Abbildung des Prozessablaufs inner-halb der Aufbaustruktur eines Unternehmens. Dadurch wird sichtbar, wel-che Stellen, Bereiche oder Abteilungen der Gesamtorganisation an dem Prozessablauf beteiligt sind bzw. von ihm durchlaufen werden (Kreidenweis 2011: 155). Für die Kennzeichnung der Prozessabläufe, Schnittstellen, Ent-scheidungswege, Prüf- und Dokumentationspunkte stehen verschiede No-tationen zur Verfügung (Abb. 25).

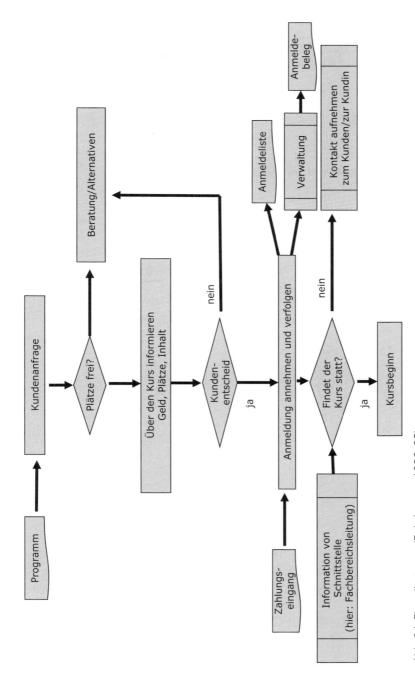

Abb. 24: Flussdiagramm (Bobzien u. a. 1996: 98)

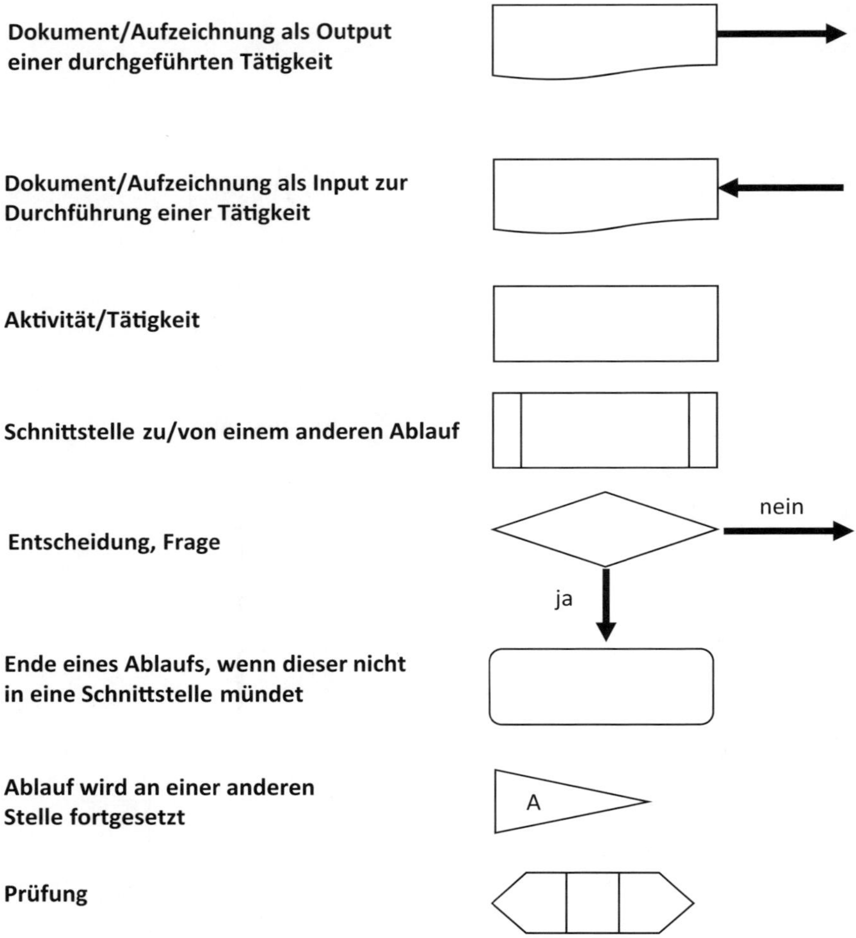

Dokument/Aufzeichnung als Output
einer durchgeführten Tätigkeit

Dokument/Aufzeichnung als Input zur
Durchführung einer Tätigkeit

Aktivität/Tätigkeit

Schnittstelle zu/von einem anderen Ablauf

Entscheidung, Frage

nein

ja

Ende eines Ablaufs, wenn dieser nicht
in eine Schnittstelle mündet

Ablauf wird an einer anderen
Stelle fortgesetzt

A

Prüfung

Abb. 25: Flussdiagramm Legende (Bobzien u. a. 1996: 96; Kreidenweis 2011: 151)

Kapitel 3
Unternehmenssteuerung

3.1 Balanced Scorecard (BSC)

Die Balanced Scorecard (BSC) – frei übersetzt: „ausgewogener Berichts-
bogen" – ist ein Controllingkonzept zur Strategieentwicklung und Messung
bzw. Dokumentation von Unternehmensaktivitäten. Die Entwicklung dieses Konzeptes geht auf eine Studie des Nolan Norton Institute in Amerika
zurück. Leiter der Studie war David P. Norton (1996) und die wissenschaftliche Begleitung lag bei dem Wirtschaftswissenschaftler Robert S. Kaplan.
Die BSC ermöglicht die Entwicklung eines konsistenten Systems strategischer Ziele und Maßnahmen. Ziele, Messgrößen (Kennzahlen) und strategische Aktionen bilden die für den langfristigen Erfolg wichtigen Dimensionen ab. In der Regel geht man von vier Entscheidungsfeldern aus (Abb. 26):

1. Leistungs- bzw. Potenzialperspektive,
2. Finanzperspektive,
3. Adressaten- bzw. (Nutzer)perspektive,
4. Prozessperspektive.

Abb. 26: Balanced Scorecard (eigene Darstellung)

Ein Teil der Potenzialperspektive ist die Mitarbeiterperspektive, die auch als gesondertes fünftes Feld betrachtet werden kann. Insgesamt geht es sowohl um Einschätzung von angestrebten Ergebnissen als auch kritischen Erfolgsfaktoren für die Zukunft (Lern- und Entwicklungsperspektive).

Jedes der vier Fragefelder wird in sechs Bereiche aufgeteilt:

a) die Benennung der Messgrößen für Ausgangs- und Zielwert,
b) die Ausgangsgrößen (Ist-Wert) und angestrebten Zielgrößen (Zielwert),
c) geeignete Maßnahmen für die Zielerreichung und
d) die beteiligten Personen zur Umsetzung der strategischen Ziele.

Nachfolgendes Beispiel vermittelt einen Eindruck von der Erstellung einer BSC (Tab. 8).

Die BSC eignet sich insbesondere für eine teamorientierte Strategieentwicklung (Kortendieck 2002 und 2009) und lässt sich mit Aufgaben des Risikomanagements auch in sozialwirtschaftlichen Unternehmen verbinden. Hierbei werden Chancen und Risiken den BSC-Feldern (Finanzen, Nutzer, Potenzial, Mitarbeiter, Prozesse) zugeordnet und über weitere Felder (Thema, Ursache, Indikator, Auswirkung) operationalisiert und dafür Maßnahmen entwickelt (Schwien 2014: 176–187). Durch die Verschränkung von personalem und organisationalem Wissen ist die BSC ein ertragreiches Instrument für die Wissensarbeit bzw. das Wissensmanagement (Willke 2011: 82; 2001: 95). Positive Erfahrungen mit diesem Instrument liegen in verschiedenen Feldern der Sozialen Arbeit, der Bildung und des Gesundheitswesens vor, so z. B. in der Betrieblichen Sozialarbeit und in Schulen (Stoll 2013: 109–130) sowie speziell in der Jugendsozialarbeit an Schulen vor (Bach 2014), der Altenpflege (Brüggemann 2012) und im Krankenhaus (Schmeisser/Tröger 2006).

3.2 Benchmarking

Benchmarking (*benchmark*, engl.: Bezugspunkt, Höhenfestpunkt, Prüfmarke) ist eine Methode zur Aufdeckung eigener Schwächen bzw. Optimierungsbedarfe mit Hilfe eines systematischen Vergleichs mit den Bestleistungen anderer Abteilungen oder anderer Unternehmen *(best practice)*. In der Sozialwirtschaft wird Benchmarking (BM) im erweiterten Sinn als Lernen von guten Ideen und Lösungen durch einen systematischen, auf Nachhaltigkeit angelegten Erfahrungsaustausch definiert. Die Visualisierung der ermittelten Vergleichswerte erfolgt üblicherweise als Balken-, Linien-, oder

Finanzperspektive. Was wollen wir unseren Leistungsträgern bieten?

Personen	Strategische Ziele	Messgrößen	Ist-Wert	Zielwert (Soll-Wert)	Maßnahmen/Aktionen
Heimleitung	Vollbelegung	Relative Zahl. Anteil der belegten Plätze.	86 %	94 %	Kontrakte mit weiteren Jugendämtern suchen
usw.					

Nutzerperspektive: Was wollen wir unseren Adressaten bieten?

Personen	Strategische Ziele	Messgrößen	Ist-Wert	Zielwert (Soll-Wert)	Maßnahmen/Aktionen
Projektgruppe	Zufriedenheit der Klienten mit unseren Kernprozessen	Vergleich der Messwerte für Erwartungs- und Erfüllungsqualität	Noch unbekannt	Abweichung der Mittelwerte < 1	Zufriedenheitsanalyse (z. B. Servqual-Ansatz, interne Evaluation). Untersuchte Prozesse: Aufnahmeverfahren Betreuungsplanung Betreuungsmaßnahmen
usw.					

Potenzialperspektive: Womit wollen wir langfristig unseren Auftrag erfüllen?

Personen	Strategische Ziele	Messgrößen	Ist-Wert	Zielwert (Soll-Wert)	Maßnahmen/Aktionen
Soz.päd. Fachkräfte	Entwicklung neuer, bedarfsorientierter Angebote	Absolute Zahl	6	8	Inhouse-Fachtagung, Zukunftswerkstatt
usw.					

Mitarbeiterperspektive: Wie können wir unsere MitarbeiterInnen stärken?

Personen	Strategische Ziele	Messgrößen	Ist-Wert	Zielwert (Soll-Wert)	Maßnahmen/Aktionen
Projektgruppe	MitarbeiterInnen identifizieren sich mit den Zielen der Einrichtung	Zufriedenheitsindex (z. B. Notenskala)	Vermutlich 2–3	80 % über Note 2	Leitbildentwicklung durchführen, Zufriedenheitsindex bilden, MitarbeiterInnenbefragung durchführen (externe Evaluation)
usw.					

Prozessperspektive: Wie müssen unsere Abläufe organisiert werden, damit unsere Strategien wirksam erfüllt werden?

Personen	Strategische Ziele	Messgrößen	Ist-Wert	Zielwert (Soll-Wert)	Maßnahmen/Aktionen
Fachkräfte Heimbeirat	Optimierung des Beschwerdesystems	Relative Zahl. %. Anteil der erfolgreich bearbeiteten Beschwerden	70 %	95 %	Benennung eines Beschwerdebeauftragten
usw.					

Tab. 8: BSC (eigene Darstellung)

Netzgrafik. Gegenstand des Benchmarkings können die Gesamtheit oder Ausschnitte der Wertschöpfungsaktivitäten sein, d. h.: Geschäftsprozesse, Unterstützungsprozesse und Vernetzungsprozesse.

Dergestalt lassen sich drei BM-Ansätze unterscheiden:

1. Gegenstandsorientierter Ansatz
   - Produktorientiertes BM (Produkte),
   - Prozessorientiertes BM (Herstellung),
   - Strukturorientiertes BM (Aufbau- und Ablauforganisation).

2. Ebenenorientierter Ansatz
   - Strategisches BM (übergeordnete Führungs- und Steuerungsprozesse),
   - Operationales BM (Erstellung und Verwertung des Endproduktes),
   - Administratives BM (Strukturen, Aufgaben, Funktionen von Stellen mit Führungs- und Lenkungsfunktion sowie Stabsstellen.

3. Beziehungsorientierter Ansatz
   - Internes BM (ähnliche Tätigkeiten oder Funktionen zwischen gleichartigen Suborganisationen, Sparten, Abteilungen usw. eines Unternehmens),
   - Wettbewerbsorientiertes BM (Wettbewerbsvorteile gegenüber Mitbewerbern, die BM Partner werden),
   - Branchenbezogenes BM (Suche nach neuen zukunftsweisenden Trends),
   - Branchenübergreifendes BM (Vergleichspartner außerhalb der eigenen Branche mit ähnlichen Funktionsbereichen).

Der Ablauf von Benchmarking geschieht nach folgenden Schritten:

1. Bestimmung des Benchmarking-Objektes,
2. Identifizierung von Vergleichsunternehmen (Referenzobjekte),
3. Auswahl der Methoden, Zusammenstellung des Datenmaterials, Durchführung der Informationsbeschaffung, Bestimmung der Kennzahlen,
4. Bestimmung der Leistungslücke,
5. Beurteilung der zukünftigen Leistungsfähigkeit,
6. Kommunikation der Vergleichsergebnisse in der eigenen Organisation, Gewinnung von Akzeptanz,
7. Entwicklung von Sachzielen,

8. Entwicklung von Aktionsplänen,
9. Umsetzung der Aktionspläne mit Fortschrittskontrolle,
10. Anpassung der Benchmarks (Müller-Stewens/Lechner 2005: 384 f.).

Benchmarking steht und fällt mit der Bildung vergleichbarer Kennzahlen. Kennzahlen sind metrische Angaben über betriebliche Sachverhalte, die den Anforderungen ordinal-, intervall- oder verhältnisskalierbarer Daten entsprechen müssen. Das setzt voraus, dass die zum Vergleich gebrachten Sachverhalte quantifizierbar bzw. numerisch indizierbar und die daraus gewonnenen Kennzahlen einheitlich und mit denen der Benchmarking-Partner kompatibel sind. Im Ergebnis geht es bei der Kennzahlenbildung um absolute und relative Maßzahlen sowie Indikatorenbildungen aus statistischen Maßzahlen (Modalwert, Median, arithmetisches Mittel, Streuungsmaße usw.).

Die Paradoxie von Benchmarking – Lernen von der Konkurrenz durch Kooperation – ist offensichtlich und kann nur in tatsächlichen Netzwerken bzw. Trägerverbünden entschärft werden. Funktionales, wettbewerbsorientiertes Benchmarking stößt dabei schnell an Grenzen. Im Gegensatz zu Benchmarking mit Externen, ist das interne Benchmarking in der genannten Hinsicht weniger störanfällig. Voraussetzung hierfür ist allerdings, dass interner Wettbewerb in dem betreffenden Unternehmen positiv konnotiert wird. Einigermaßen tragfähig wird das nur dort zu erwarten sein, wo Wettbewerb fest in der Unternehmenskultur verankert ist.

3.3 Evaluation, Performanzmessung

Performanz manifestiert sich im Können, Kompetenz im Wissen. Kompetenz ist lediglich die Voraussetzung für Performanz. Performanzmessung ist in der Unternehmenspraxis noch ein eher theoretisches Thema. Das gilt selbst für erwerbswirtschaftliche Unternehmen, für die konkrete Verfahren unter dem Begriff „Performance Measurement" (Gleich 2011) entwickelt wurden. Der Performanzmessung liegt ein dem Controlling vergleichbares Interesse zugrunde. Das ist auch der Grund, weshalb die Akzeptanz von Performanzmessung als ein Controlling-Thema in den Unternehmen nicht besser abschneidet als Controlling selber. Der Unterschied zum klassischen Controlling liegt jedoch darin, dass nicht einzelne operative Ergebnisse beobachtet und bewertet werden, sondern die Gesamtheit der strategischen Initiativen eines Unternehmens hinsichtlich ihrer Wirkungen *(output)* und subjektiven sowie gesellschaftlichen Nutzeneffekte *(outcome, impact)* (Müller-Stewens/Lechner 2005: 689–741). In der Performanzmessung werden die Wie-Fragen gestellt. Insofern unterscheidet sich dieses Instrument auch

nur graduell von der BSC. Ein besonderer Unterschied zur BSC ist hingegen: Performanzmessung ist ein an den Erwartungen der Stakeholder orientiertes Konzept (Müller-Stewens/Lechner 2005: 727). Die von den Unternehmen mit Recht befürchtete bürokratieähnliche Aufblähung durch einen
wachsenden Controllingapparat ist bei der Performanzmessung und der
BSC nicht zwingend zu erwarten. Im Kern geht es darum, die verschiedenen Funktionsträger eines Unternehmens und Anspruchsgruppen strukturiert ins Gespräch zu bringen. Controllingstellen, sofern vorhanden, liefern
im Bedarfsfall dazu lediglich Zahlenwerke. Performanzmessung ist für sozialwirtschaftliche Unternehmen in modifizierter Form ein probates Instrument, um Antworten auf die Wirkung von strategischen Initiativen zu finden, die auf der Grundlage der Erwartungen ihrer Stakeholder in Gang gesetzt wurden (III 1.2).

Ein differenziertes Modell der Performanzmessung für sozialwirtschaftliche Unternehmen liegt von Maria Laura Bono (2010) vor. Wirkung wird
hier in vier verschiedenen Dimensionen untersucht (Abb. 27). So kann
Wirkung aus der Perspektive des subjektiven Nutzens *(impact)* und des ob-
jektiven Nutzens *(effect)* unterschieden werden. Gleiches gilt für die Perspektive des gesellschaftlich-objektiven Nutzens (effektives *outcome*) und
des gesellschaftlich-subjektiven Nutzens (empfundenes *outcome*). Die vier
Wirkungsdimensionen werden auf den Achsen Wirkungsebene (x) und
Perspektive (y) untersucht. Die Perspektivachse bewegt sich dabei zwischen
den Polen subjektiv/objektiv und die Wirkungsachse zwischen den Polen
Individuum/Gesellschaft.

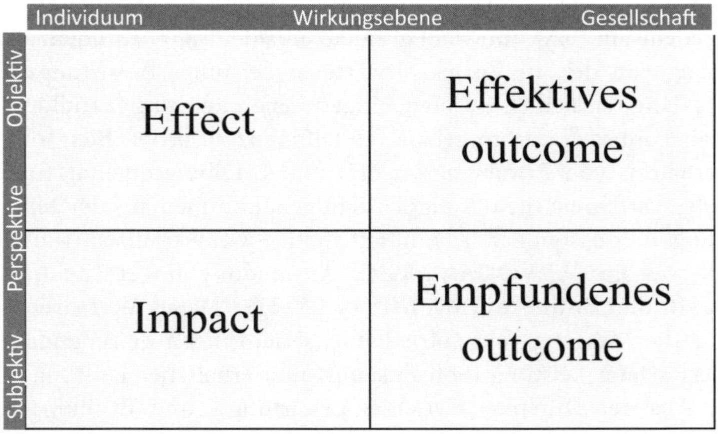

	Individuum	Wirkungsebene	Gesellschaft
Objektiv	Effect		Effektives outcome
Subjektiv	Impact		Empfundenes outcome

Abb. 27: Vier Wirkungsdimensionen (Bono 2010: 77)

3.4 Evaluation, Stakeholder

Evaluation ist eine Form der Unsicherheitsabsorption in Organisationen. Man erhofft sich von Evaluation Erkenntnisse, die eine Intervention hinsichtlich der Strukturen, der Prozessgestaltungen und der Ergebnisse eines Unternehmens legitimieren. In sozialwirtschaftlichen Organisationen hängt das Zustandekommen von Evaluation oft von Faktoren ab, die die Organisation selber nicht beeinflussen kann (z.B. Mittelzuweisungen). Wenn Evaluation Anhaltspunkte für Interventionen liefern soll, steht die Frage zu beantworten, anhand welcher Kriterien dies be- bzw. gemessen werden kann. Evaluation kommt in sozialen Kontexten schnell an ihre Grenzen. Nun könnte man Zufriedenheit mit einer Humandienstleistung mit einer Vorher/Nachher-Befragung erfassen. Selten jedoch können mono-kausale Beziehungen im Sinne von Ursache und Wirkung angenommen werden. Besonders wenn es um die Messung von Nutzeneffekten bei den Nutzern selber geht, wird deutlich, dass man sich hier in einem selbstreferenziellen Kontext bewegt, in dem auch nichtlineare Zufriedenheitsbildungen Berücksichtigung finden müssen. Man geht heute davon aus, dass die sehr allgemeine Kategorie ‚Zufriedenheit' von unterschiedlichen Attributen abhängt und durch subjektive Bedeutungszuweisungen (Wichtigkeit) geprägt ist. Gesamtzufriedenheit mit einer Dienstleistung, einem Produkt setzt sich aus einer Summe „merkmalspezifischer Teilzufriedenheiten" zusammen (Kaiser 2006: 75). Um hier zu brauchbaren Messergebnissen zu kommen, sind Untersuchungsverfahren erforderlich, bei denen es um die Beobachtung von Differenz vorgelagerter Erfahrungen geht. Hinzu kommt: nicht alles, mit dem jemand ‚zufrieden/unzufrieden' ist, muss identisch sein mit ‚wichtig' oder ‚bedeutsam' bzw. ‚unwichtig' oder ‚unbedeutsam'. Kundenzufriedenheit hängt von der im Vorfeld erwarteten Leistung (Erwartungsqualität) und der dann tatsächlich erlebten, eingetretenen Leistung (Erfüllungsqualität). Daher muss es darum gehen, die Differenz zu beobachten und damit das Verhältnis von Erwartungsqualität und Erfüllungsqualität zu bestimmen. Messverfahren, die das berücksichtigen, kommen aus der Marketingforschung, hier besonders das multiattributive Messverfahren (Kaiser 2006: 75–90), was im SERVQUAL-Modell Anwendung findet (Zeithaml u.a. 1992: 66ff. und Bruhn/Murmann 1998: 28–31).[2] Dieses Verfahren ermöglicht für die Messung von Zufriedenheitserfahrungen den Vergleich zwischen erwarteter Leistung (Soll-Zustand) und erhaltener Leistung (Ist-Zustand). Aus der Differenz zwischen Erwartungs- und Erfüllungsqualität kann ein Index für die Kundenzufriedenheit gebildet werden. Die Abfrage

---

2   SERVQUAL ist die Abkürzung für Service Quality (Dienstleistungsqualität).

des zu bewertenden Sachverhaltes erfolgt auf einer Likert-Doppelskala. Hierzu ein Beispiel auf einer Vier-Punkte-Skala (Abb. 28).

Abwechslungsreiche Freizeitangebote sind mir

☐ nicht wichtig   ☐ wenig wichtig   ☐ wichtig   ☐ sehr wichtig

0   1   2   3
Das vorhandene Freizeitangebot beurteile ich als

☐ völlig unbefriedigend ☐ wenig zufriedenstellend ☐ zufriedenstellend ☐ sehr zufriedenstellend

Abb. 28: Vier-Punkte-Likert-Doppelskala (eigene Darstellung)

Der Ansatz ist dafür geeignet, Differenzen zwischen Erwartungs- und Erfüllungsqualität zu erfassen und auf dieser Grundlage Entwicklungs- und Handlungsbedarfe für die Verbesserung einer Dienstleistung oder eines Produktes zu bestimmen. Die Ergebnisse aus solchen Befragungen lassen sich in Netzgrafiken darstellen (Abb. 29). Die Abweichungen zwischen Soll- und Ist-Werten werden bei dieser Darstellungsform schnell deutlich. Bedeutsam an diesem Ansatz ist, dass nicht der absolute Wert der Erfüllungsqualität ein Kriterium für Handlungsbedarf bietet, sondern die Abweichungswerte zwischen Soll und Ist. Ab welcher Größenabweichung Handlungsbedarf besteht, liegt wiederum im Ermessen der Einschätzungen des strategischen Managements.

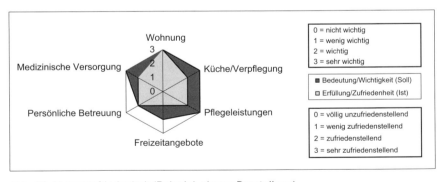

Abb. 29: Nutzerzufriedenheit (Beispiel, eigene Darstellung)

3.5 Führungskonzepte

Systemisches Management mit Modellen der realwissenschaftlich orientierten Personalführungslehre zu vereinen, fällt schwer. Systemtheoretisch reflektierte Managementlehre hat sich weitgehend von Modellen der Potenzialförderung verabschiedet. Solche Modelle beruhen auf der Grundlage austauschtheoretischer und charismatischer bzw. neocharismatischer Führungstheorien (Baecker 1994; Dell 2012). Ein Beispiel solcher „Great-Man-Ideologien" (Lang/Rybnikova) ist das Konzept der transformationalen Führung von Bernard Bass und Bruce Avolio/(Avolio/Brass 2004, c1995). Hier werden Strategien der Potenzialförderung mit Elementen der neocharismatischen Führung verbunden. Vier Variablen kommen zusammen bzw. werden additiv als Voraussetzung von Führungserfolg gesehen:

- charismatischer, idealisierter Einfluss (Vorbildfunktion der Führungskraft, Setzen hoher moralischer Standards, Wahrnehmung der Vision des Unternehmens und seines Zwecks),
- intellektuelle Stimulation (Stimulation des Interesses der Mitarbeitenden, ihre Arbeit aus neuen Perspektiven – für das Ganze – zu sehen),
- individuelle Zuwendung (Entwicklung, Förderung individueller Fähigkeiten und Potenziale der Mitarbeitenden),
- inspirierende Motivation (Motivierung der Mitarbeitenden, über das eigene Interesse hinaus für das Wohl des Teams beizutragen) (Blessin/Wick 2014: 115–119; Lang 2014: 102).

Das Modell setzt auf persönliche Herausforderung, Förderung persönlichen Wachstums, Anregung von Kreativität und den Zuwachs von Vertrauen in die Führungsperson. Abgesehen von dem tendenziell antidemokratischen Impetus charismatischer Führungskonzepte muss die darin enthaltende Unterschätzung von Selbstorganisationsprozessen mit den davon ausgehenden Dynamiken (Heterarchie) sowie die gleichzeitige Überschätzung der Steuerungsmacht von Personen über soziale Systeme (Selbststeuerung) gesehen werden. Weiterhin fällt die einseitige Betonung von Menschenführung in die Diskussion um die Differenz zwischen *leadership* (Menschenführung) und *management* (Organisationsführung) zurück. *Leadership* wird in dem von uns vorgestellten systemtheoretisch-reflektierten Handlungsmodell nur als ein Teil von *Management* (Gestaltung, Entwicklung, Führung) und nicht als sein Ganzes gesehen. Richtig ist allerdings, dass Führungskommunikation nicht durch Führungsorganisation ersetzt werden kann. Um dem Teilaspekt der Führungskommunikation Rechnung zu tragen, werden nachfolgend drei mit systemischer Sicht vereinbare Führungs-konzepte kurz vorgestellt. Es handelt sich dabei um:

a) das „situative Führungskonzept",
b) die Erweiterung dieses Modells, das „Will-Skill-Modell",
c) das zu den Modellen kompatible Konzept „Führen durch Zielver-einbarung".

Das „situative Führungskonzept" wurde von dem US-amerikanischen Ver-haltensforscher und Unternehmer Paul Hersey und dem Unternehmer und Autor Ken Blanchard entwickelt (Hersey/Blanchard 1982, c1977). Das Mo-dell hat mit Systemtheorie nichts zu tun. Es ist unter systemtheoretischen Gesichtspunkten jedoch insofern interessant, als dass es die Selbstreferen-zialität von Führungsbedarf in den Blick nimmt. Hersey und Blanchar ge-hen davon aus, dass der Führungsstil auf die jeweilige persönliche Entwick-lungsstufe des Mitarbeitenden abgestimmt werden muss. Mit dem etwas missverständlichen Begriff der Entwicklungsstufe ist der Reifegrad eines Mitarbeitenden hinsichtlich der für die zu bewältigenden Aufgaben erfor-derlichen Kompetenzen gemeint. Das Konzept sieht vier Entwicklungsstu-fen und dazu abgestimmte Führungsstile vor (Tab. 9).

Persönlicher ‚Reifegrad'	Definition	Führungsstil
E1	Geringe bis mittlere Fähigkeiten	S1
	unsicher	
	geringes Engagement	Kontrollieren, lenken, anweisen, bestimmen
E2	Geringe bis mittlere Fähigkeiten	S2
	sicher	
	mittleres bis gutes Engagement	Unterstützen, trainieren, anleiten, argumentieren, überzeugen
E3	Gute Fähigkeiten	S3
	Unsicher	
	geringes bis mittleres Engagement	beraten, unterstützen, partizipieren lassen
E4	Gute Fähigkeiten	S4
	Sicher	
	gutes Engagement, hohes Maß an Selbstkontrolle	delegieren, viel Spielraum, lange Leine

Tab. 9: Situativer Führungsstil (eigene Darstellung)

Das „Reifegradmodell der Führung" von Hersey und Blanchard gilt einerseits als praktikabel, andererseits als wissenschaftlich kaum belegt bzw. belegbar (Blessin/Wick 2014: 137). Das liegt vor allem daran, dass sich die Entwicklungsstufen kaum operationalisieren lassen und infolgedessen keine empirischen Belege für die Wirksamkeit des Konzeptes herstellbar sind. Eine modifizierte Matrix „systemischer Führung" stellt Daniel F. Pinnow (Pinnow 2011; 2012: 159–344) vor. Pinnow bezieht sich auf die soziologische Systemtheorie Luhmanns. Strukturell abhängige Selbstorganisationsprozessen haben demnach Vorrang vor eindimensionalen input-output Beziehungen zwischen Vorgesetzten und Mitarbeitenden. Pinnow differenziert zwischen Wollen und Können im Sinne von Leistungsbereitschaft *(Will)* und Leistungsfähigkeit *(Skill)*. Auf diese Weise werden vier Typenbildungen unterschieden (Abb. 30).

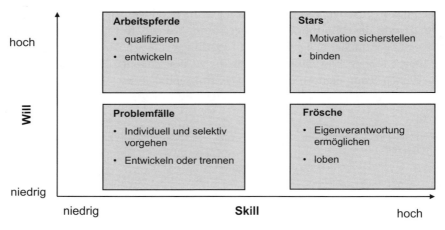

Abb. 30: Will-Skill-Matrix (Pinnow 2012: 148)

Die Entwicklung von Führungsstilen über Mitarbeiter-Typenbildungen kann nur eine grobe Orientierungslinie bieten. Typenbildungen sind kaum generalisierbar. Kritisch muss bei den hier vorgestellten Führungskonzepten darauf verwiesen werden, dass sie sich nicht mit dem Paradoxon der von ihnen produzierten Lösungen auseinandersetzen. Das Paradoxon besteht darin, dass für den Gebrauch der Entscheidungshilfen, die bessere Führung ermöglichen sollen, bereits das mitgebracht werden muss, was man glaubt, damit erreichen zu können: Führungskompetenz. Von ihr hängt die Qualität der Einstufungsentscheidungen bereits ab. Dieses Entscheidungsparadoxon mitzudenken ist bei den situationsbezogenen Ansätzen unerlässlich, um den blinden Fleck in solchen Entscheidungsprozessen beobachtungsfähig zu halten. Das lässt sich pragmatisch lösen, indem die Frage der Einschätzung von Entwicklungsstufen zum Gegenstand dialogischer Prozesse gemacht wird, so z.B. im Kontext von Mitarbeitergesprächen (Jahresgespräche, Zielvereinbarungsgespräche). Das wiederum ist insofern voraussetzungsvoll, als dass eine entsprechende diskursorientierte Führungsethik angenommen werden muss, um die Einschätzungen von Entwicklungsstufen auch weitestgehend frei von Fehlurteil herstellen zu können. Ein Modell, was dies zumindest strukturell leisten könnte, ist das sogenannte „Management by Objectives" (MbO) (Hentze u.a. 2005: 583; Pinnow 2012: 262–298).

MbO wird in der Regel übersetzt als „Führung durch Zielvereinbarung" (Blessin/Wick 2014: 278). Bei diesem Führungsmodell handelt es sich um ein sehr altes Konzept des US-Ökonomen und ‚Managementpapstes' Peter Drucker (1954). Drucker sieht die Kombination von zwei Variablen vor:

a) sach-personale Zielsetzungvereinbartungen (Soll),
b) Grad der Zielerreichung nach Ablauf der Vereinbarung (Ist).

Handlungsleitende Prinzipien dieses Konzeptes sind: Leistungsorientierung, Zielorientierung, Delegation, Verantwortungsübernahme und Partizipation (Hentze u.a. 2005: 584). Im Zentrum steht ein Kontrakt zwischen Führung und Mitarbeitenden. Man geht davon aus, dass ein regelmäßiger, gegenseitiger Austausch von Erwartungen, die Vereinbarung von Zielen und Aufstellung der dafür geeigneten Normen und Regeln sowie die Anerkennung der dem Kontrakt entsprechenden Leistungen ein gemeinsames Organisationshandeln und entsprechende Vergütungsentscheidungen ermöglichen. Am Ende steht die Leistungsbeurteilung mit entsprechenden Konsequenzen für die Leistungsvergütung.

Ausgangspunkt der Zielvereinbarungsgespräche soll eine Bilanz über die Einschätzung der Ergebnisse der Zusammenarbeit im vergangenen Jahr sein. Gelungenes und Problemfelder werden benannt. Zielvereinbarungen sind immer der Versuch, eine Balance zwischen Aufgabenorientierung und Mitarbeiterorientierung herzustellen. Je nach Entwicklungsstand wird es um die Balance zwischen vertrauensvollem Delegieren und notwendiger Strukturgebung gehen müssen. Zielvereinbarungen benötigen die Aufstellung grundsätzlich erreichbarer Ziele. Ziele müssen somit operationalisierbar sein. Die allbekannte SMART-Formel bietet sich an:

- spezifisch (Was soll konkret erreicht werden?),
- messbar (Woran ist zu erkennen, dass das Ziel erreicht wurde?),
- anspruchsvoll (Ist das Ziel eine Herausforderung?),
- realistisch (Ist das Ziel mit den vorhandenen Mittel erreichbar?),

- terminierbar (Bis wann soll das Ziel erreicht werden?) (Pinnow 2012: 294).

Fehlt eine der Anforderungen, handelt es sich nicht um ein Ziel, sondern um einen Wunsch. Bei Nichterreichen einer der Anforderungen handelt es sich um ein unrealistisches Ziel. Zielvereinbarungsgespräche erfolgen in der Regel einmal im Jahr in strukturierter Form (Tab. 10).

Kontext	Ablauf
Vertrauen	Aufbau einer Gesprächsbeziehung
Klären	Erörterung der Arbeitssituation
Beschreiben	Darstellung von Aufgaben und Zielen
Einschätzen	Feststellung der Zielerreichung
Anerkennen	Bezeichnung konkreter Leistungserfolge
Bewerten	Ermittlung von Abweichungen und deren Ursachen
Erkunden	Erhebung weiterer Probleme
Beraten	Entwicklung von Verbesserungsvorschlägen und Zielen
Sichern	Bilanzierung des Gesprächsergebnisses
Fördern	Besprechung des Qualifizierungsbedarfs
Gemeinsam bewerten	Erörterung der persönlichen beruflichen Entwicklung
Verbindlichkeit herstellen	Schriftliche Vereinbarung der Ziele und des Zeitpunktes der Überprüfung und Anpassung

Tab. 10: Ablaufmodell von Zielvereinbarungsgesprächen (eigene Darstellung)

Die Wirkung von Zielvereinbarungen hängt nicht nur vom Grad der erzielten Übereinkunft über Ziele ab, vielmehr auch davon, was Ziele sind. Ähnlich wie bei Leitbildentwicklungen wird mit hoher Wahrscheinlichkeit eine positive Wirkung mit Zielvereinbarungen nur dann in Verbindung gebracht werden können, wenn die Ziele und Selbstbeschreibungen auf einem gemeinsamen Entwicklungsprozess basieren (Wöhrle 2013c: 43).

Ob das Konzept in erwerbswirtschaftlichen Unternehmen zielführend ist, soll hier nicht diskutiert werden. Offensichtlich ist jedoch seine bedingte Ungeeignetheit für sozialwirtschaftliche Unternehmen. Ihre leistungswirtschaftlichen Zielsetzungen sind sachzieldominiert (→ II. 2.1.2). Auch wenn teilweise wirtschaftliche Formalziele erreicht werden müssen, sind diese nicht unter Marktbedingungen herstellbar. Weiterhin sind sie den Sachzielen eines Unternehmens nicht selbstredend funktional zuträglich (z.B. Auslastungsgrad, Belegungsgrad, Fallzahlen usw.). Wertvoll an dem Konzept Druckers hingegen ist, dass es partizipative, mitgestaltende Elemente der Personalentwicklung transportieren kann. Das erfordert allerdings auch, dass Zielvereinbarungen von Vergütungsvereinbarungen entkoppelt werden müssen. Das gilt zumindest dann, wenn nicht Geld, sondern persönliche Anerkennung und Partizipation als die effektiveren Steuerungsmedium eines Unternehmens angesehen werden müssen; eine Erkenntnis, die selbst für erwerbswirtschaftliche Unternehmen gewonnen wurde (Bleicher 2011, c1991: 35 f.). Unter dieser Voraussetzung bietet das Konzept Chancen der Förderung und Entwicklung von Leistungsrollen in einer Organisation. Dabei ist zu entscheiden, ob die Ergebnisse von Zielvereinbarungsgesprächen in einen arbeitsvertraglichen Kontext gestellt werden sollten. Damit würden sie Bestandteil von Personalbeurteilungen, Vergütungs- und Aufstiegsentscheidungen und justiziabler Bestandteil der Personalakte. In sozialwirtschaftlichen Unternehmen würde diese Variante unter dem Gesichtspunkt von Personalförderung und Personalentwicklung – zumindest in solchen Unternehmen, die ohne Gewinnerzielungsabsicht operieren – wenig einleuchten. An der Stelle von zusätzlichem, hier aber nicht marktwirtschaftlich generierbarem Geld, ist in diesen Unternehmen persönliche Anerkennung das primäre Steuerungsmedium.

3.6 Qualitätsmanagement

Qualitätsmanagement ist ein zentraler Bestandteil der Wissensarbeit in einem Unternehmen (Willke 2001: 94 f.). Das Problem der Qualitätsentwicklung, -überprüfung und -sicherung ist jedoch bis heute nicht zufriedenstellend gelöst. Das bezieht sich weniger auf die Frage nach den vorliegenden Qualitätsmanagementsystemen als auf die Frage nach der Herstellung intendierter Wirkungen für die Nutzerinnen und Nutzer sozialer Dienste und Einrichtungen. Die zwei bekanntesten Modelle sind das von der *European Foundation for Quality Management* (EFQM) entwickelte Qualitätsmanagementsystem EFQM und die Normenreihe für Qualitätsmanagementsysteme EN ISO 9000 ff.[3] Wenngleich das EFQM-Modell die Nutzerperspektive explizit miteinbezieht und die zunächst an Prozessmerkmalen orientierte Normenreihe EN ISO 9000 die Einbindung der Nutzerperspektive mit dem Leitfaden 9004 mittlerweile ebenfalls vorsieht, ist der damit verbundene Themenkomplex der Messung von Ergebnisqualität nicht hinreichend geklärt. Eine differenzierte Sicht auf den Wirkungsbegriff ist mit den Unterscheidungen von *output*, *outcome* und *impact* im Kontext von Performanz-

---

3 EN ist die Abkürzung für Europäische Norm. ISO steht für *International Organization for Standardization* und wurde wegen der griechischen Bedeutung von *isos* (gleich) als internationale Bezeichnung für besonders geeignet empfunden.

messung bzw. Performanzmanagement durchaus entwickelt (Bono 2010). Die Überprüfung von Qualitätsstandards bereitet jedoch in den letztlich vom subjektiven Aneignungsverhalten der Nutzerinnen bestimmten Variablen große Probleme. An Stakeholdern orientierte Evaluation kann hier zwar tendenziell die von Nutzerseite bestimmten Bedarfslücken aufdecken, Auskunft über subjektiven, geschweige denn gesellschaftlichen *impact* ist aber auch hier nicht zu erwarten. Diesbezüglich sind sozialwirtschaftliche Unternehmen in den Bereichen Bildung und Soziales durch ein „Technologiedefizit" (Luhmann/Schorr 1982) limitiert. Der Sektor Gesundheit scheint hiervon weniger betroffen zu sein. Entsprechend werden dort Modellprojekte aufgesetzt, die die Qualitätsarbeit über herkömmliche Verfahren hinaus (Pflege-TÜV) an der Frage der ‚Standardisierung' von Fehlern orientieren wollen. Die Beteiligung der Spitzenverbände der freien Wohlfahrtspflege an den bundesweiten Modellprojekten zur Entwicklung von Alternativen zu den Pflegenoten bzw. Transparenzberichten der Krankenversicherungen macht dies deutlich.

3.7 Leitbildentwicklung

Ein Unternehmensleitbild drückt die normative Grundorientierung eines Unternehmens aus. Das Leitbild soll die Funktion einer Leitlinie der Unternehmenspolitik erfüllen und als ein Leitsystem dienen, an dem sich sowohl die Mitglieder als auch die potenziellen Beobachter eines Unternehmens orientieren können. Es soll also Wirkung in zwei Richtungen entfalten: Zum einen soll es Handlungsorientierung nach innen bieten, indem es die Unternehmensphilosophie in der Form von grundsätzlichen Handlungsrichtlinien aufzeigt. Auf diese Weise erfüllt es die Aufgabe eines Führungsinstruments. Zum anderen soll ein Leitbild als Ausdruck der Unternehmensidentität nach außen wirken, indem es den Interaktionspartnern (Stakeholdern) Aufschluss über die Ziele und Grundsätze des Unternehmens gibt und eine Möglichkeit der Identifikation mit ihnen bietet.

Die Kernbestandteile eines Leitbildes können an den Anforderungen, die an ein Leitbild zu stellen sind und an den Inhalten, die es bearbeiten soll, aufgezeigt werden (Tab. 11).

Ein Leitbild erbringt nur dann einen Nutzen, wenn die darin ausgedrückten Identifikationserwartungen weitestgehend in Übereinstimmung zu bringen sind mit den Erwartungen seiner Leistungs- und Publikumsrollenträger. Insofern ist zu fragen, wie viel ein Unternehmensleitbild mit der tatsächlich vorfindbaren Unternehmenskultur zu tun hat oder lediglich Zumutungen postuliert, die mehr einem Wunschdenken als der vorfindbaren Wirklichkeit entsprechen. Ein Unternehmensleitbild kann mithin nur ein

Mosaikstein eines normativen Managements sein, der darauf angewiesen ist, seine Passungen in den operativen Führungsprozessen wiederfinden zu können.

Anforderungen	Inhalte sind
Allgemeingültigkeit	für alle Teilbereiche des Unternehmens gültig
Wesentlichkeit	zentrale Botschaften, ggf. Alleinstellungsmerkmale
Vollständigkeit	Ziele, Potenziale, Strategien
Wahrheit	authentische Aussagen, vor allem der Leitungsebene
Realisierbarkeit	Orientierung an Umweltanforderungen und Umsetzbarkeit und keine Projektionsfläche für Visionen
Konsistenz	nicht widersprüchlich
Klarheit	unmissverständlich

Tab. 11: Inhaltliche Anforderungen an ein Unternehmensleitbild (eigene Darstellung)

Mit der Konzeption von Unternehmensleitbildern ist zudem ein nicht vollständig auflösbares Paradoxon verbunden. Mit dem Leitbild wird der Versuch unternommen, die Einheit eines psychisch-sozialen Systems herzustellen. Das kann nicht gelingen. Grund dafür ist die unterschiedliche Operationsweise psychischer und sozialer Systeme (hier Bewusstsein, dort Kommunikation). Kommunikation erzeugt immer nur ein soziales System, hingegen kann Kommunikation nicht Bewusstsein erzeugen (Luhmann 2011, c2000: 116). Ein Unternehmensleitbild gilt im besten Fall als ein Spiegel der Unternehmensphilosophie; inwieweit es zum glaubwürdigen Bestandteil der gelebten Unternehmenskultur (und der CI) wird, ist ein emergenter Prozess des sozialen Systems selbst, sprich: des Unternehmens.

3.8 Mentoring

Mentoring ist eine Methode der personalen Nachwuchssicherung, die insbesondere im Bereich der Führungskräftegewinnung eingesetzt wird. Mentor/in (erfahrene Fachkraft) und Mentee (einzuarbeitende Fachkraft) stehen in einer zeitlich befristeten Anleitungs- und Beratungsbeziehung. Voraussetzung für das Gelingen einer derartigen Arbeitsbeziehung ist die Entstehung von Vertrauen. Strukturelle Voraussetzung hierfür ist, dass Mentor/in und Mentee in keinerlei hierarchischer Stellung oder sonstwie gearteter Konstellation von Interessenkollision zueinander stehen dürfen. Unter diesem Gesichtspunkt ist das Cross-Mentoring die sauberste Lösung. Hierzu müssen sich Partnerbetriebe zusammenfinden, die sich Mentee und Mentorinnen bzw. Mentoren wechselseitig zur Verfügung stellen (Stöger u. a. 2009; Schmid/Haasen 2011). Mentorin eignet sich insofern als ein Projekt von vernetzten Unternehmen (→ III. 3.9).

3.9 MikroArtikel

MikroArtikel können in einem Unternehmen mit offener Fehlerkultur für Lerneffekte von Mitarbeitenden genutzt werden. Insofern sind sie eng verwandt mit der Methode „*Lessons Learned*" und dem „Lerntagebuch" (Kreidenweis/Steincke 2006: 82 f.). Ziel und Zweck von „MikroArtikeln" (Willke 2011: 93–108) ist die Erstellung einer systematischen Fallsammlung zu strategischen Geschäftsprozessen. Festgehalten werden die gemachten Erfahrungen und dabei gewonnenen Einsichten und Anschlussfragen zu bestimmten Problembearbeitungen (Abb. 31). MikroArtikel müssen regelmäßig von Projektverantwortlichen angelegt werden, damit eine organisationseigene, intern nutzbare Wissensdatenbank entstehen kann. Ausgangspunkt eines MikroArtikels ist ein Thema, ein Problem in Form einer Überschrift und eine kurze, möglichst bildhafte Erzählung dazu. In einem weiteren Schritt werden die durch das Erleben der Problemgeschichte gewonnenen Einsichten formuliert. Hierbei geht es nicht um quasi objektive Einsichten, sondern um ‚Aha-Erlebnisse', die höchst subjektiv und different ausfallen können. Abschließend wird der Kern, der aus den Aha-Erlebnissen abgeleiteten Einsichten und (An)Schlussfolgerungen formuliert. MikroArtikel sind besonders nützlich, wenn Nachwuchskräfte in bestimmte Geschäftsprozesse eingewiesen oder geschult werden müssen.

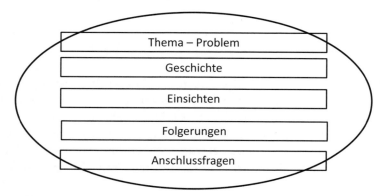

Abb. 31: Basisdesign MikroArtikel (Willke 2011, c2004: 95)

3.10 Netzwerkgestaltung

Konzepte und Methoden der institutionellen Netzwerkgestaltung sind noch nicht so ausgereift, als dass man hier von Lösungen sprechen könnte. Ein Modell der Netzwerkgestaltung hat Susanne Weber (2005: 127–179) vorgelegt (Tab. 12).

Das Modell orientiert sich noch stark an den Prozessverläufen, die seit langem aus der entwicklungsorientierten Arbeit mit kleinen Gruppen (Tuckman/Jensen 1977, c1965; Garland u.a. 1968) bekannt sind. So gesehen handelt es sich um erste Annäherungen an den Gegenstand. Ob die Prozessdynamik von Netzwerken ähnlich verlaufen, wie es aus den Phasenmodellen der Gruppenarbeit bekannt ist, wird eine Frage weiterer Forschungsbemühungen sein müssen.

3.11 Portfoliotechnik

Portfoliotechnik gibt es in unterschiedlichen Varianten. Sie baut auf Produktlebenszyklus-Theorien auf, die wiederum auf Arbeiten des US-amerikanischen Ökonomen Raymond Vernon zurückreichen. Von der Portfoliotechnik abzugrenzen ist die Portfoliotheorie, die auf den US-amerikanischen Ökonomen und Nobelpreisträger Harry Max Markowitz zurückgeht. Bei der Portfoliotheorie handelt es sich um eine Theorie der Kapitalmarktanlage. Portfolietechnik verfolgt ein vergleichsweise weniger erwartungsunsicheres Anliegen. Sie möchte Auskunft über strategische Entscheidungen zu den Geschäftsfeldern eines Unternehmens geben. Die Portfoliotechnik findet in unterschiedlichen Variationen auch in anderen Unternehmenskontexten Anwendung, so z.B. in der strategischen Bewertung von Unternehmensprojekten (Bea u.a. 2008: 605) und in der Personalführung (Pinnow 2012: 148).

Eine gängige Form der Portfoliotechnik ist die Portfoliomatrix. Sie wurde von einem der weltweit größten Unternehmensberatungsunternehmen, der Boston Consulting Group (BCG), entwickelt. Die einzelnen Leistungen (Geschäftsfelder) eines Unternehmens werden in einer Matrix dargestellt. In der Regel handelt es sich um eine zweidimensionale Darstellung, bei der verschiedene Einflussfaktoren angetragen werden. Bei der klassischen Portfolioanalyse wird an einer Koordinate der Marktanteil und an der zweiten das Marktwachstum eingetragen (Abb. 32).

Polyvalente (Lern-)Räume: Vier Dimensionen der Analyse und Gestaltung	Schritt 1 Vernetzung initiieren (forming)	Schritt 2 Visionen entwerfen (storming)	Schritt 3 Verbindlichkeit und Verantwortung (norming)	Schritt 4 Identität und Performance (performing)	Schritt 5 Konfliktbearbeitung und Energetisierung (integration, energizing)	Schritt 6 Abschließen und Beenden (closing)
Sozialdimension	Sondierung, Formierung. Wer ist hier? Was ist das Thema? Hohe Informationsbedarfe beachten.	Positionierung. Was können wir gemeinsam tun? Wer ist dabei? Was ist hier wichtig? Wer hat die Macht? Bildung eines „ideellen Milieus" ermöglichen. Ggf. externe Fach- und Moderationskompetenz einbinden.	Standardentwicklung. Wer soll mit wem was wann tun? Positionen definieren und Ressourcen platzieren. Bildung von Arbeitsbündnissen ermöglichen.	Leistung und Zuwachs. Wie gelingt uns das, was wir tun? Was ist funktional?	Optimierung und Innovation. Wie setzen wir Innovation frei? Wie überwinden wir Interessenkonflikte (machterhaltende, konfliktvermeidende Tendenzen)? Wie kommen wir zu Kompromissen ohne Benachteiligungen?	Abschließen. Gemeinsamer Abschluss, rückblickende Betrachtung des Geleisteten.
Funktionale Dimension	Selektion, potentielle NW-Partner auswählen und einladen. Komplexität öffnen, nicht durch vorschnelle Zielvorgaben reduzieren. Akteure aus allen gesellschaftlich relevanten Lagern gewinnen.	Systemintegration/Grenzkonstitution. Netzwerkdomäne festlegen. Aus leitenden Visionen gemeinsame Ziele und Handlungsstrategien gewinnen. Leitbilder formulieren, Impulse geben.	Ressourcenallokation, Positionskonfiguration. Ressourcen sichern, Zuständigkeiten verbindlich festlegen, Arbeitspakete schnüren.	Begleitevaluation, Systemintegration. Alle Systemebenen bei der Evaluation beachten.	Grenzmanagement, Systemintegration.	Evaluation, Positions(re)konfiguration.

Polyvalente (Lern-) Räume: Vier Dimensionen der Analyse und Gestaltung	Schritt 1 Vernetzung initiieren (forming)	Schritt 2 Visionen entwerfen (storming)	Schritt 3 Verbindlichkeit und Verantwortung (norming)	Schritt 4 Identität und Performance (performing)	Schritt 5 Konfliktbearbeitung und Energetisierung (integration, energizing)	Schritt 6 Abschließen und Beenden (closing)
Strukturdimension (Spannungsverhältnisse, Ambivalenzen)	Vielheit vs Einheit *Vertrauen vs Kontrolle* *Autonomie vs Abhängigkeit* Kooperation muss für Akteure Ziel und Zweck bekommen. Offene Begegnungen und Kennenlernen ermöglichen.	Flexibilität vs Spezifität Autonomie vs Abhängigkeit Vertrauen vs Kontrolle, Kooperation vs Wettbewerb Identitätsbildung ermöglichen	Formalität vs Informalität Kooperation vs Konkurrenz *Flexibilität vs Spezifität*	Stabilität vs Fragilität Formalität vs Informalität *Autonomie vs Abhängigkeit*	Ökonomie vs Herrschaft Interessenpositionen und ungleiche Verteilung strategischer Macht. Machtungleichgewichte ausgleichen. Verhindern von, Ressortegoismus und Misstrauen	Formalität vs Informalität Integration von Kooperation und Konkurrenz
Lerndimension	Eröffnungsphase mit offenen Verfahren, z. B. Open Space Technology. Bei Wettbewerbssituation eher exklusive Verfahren mit Entscheidungsträgern.	z. B. Zukunftskonferenz, Wertschätzende Erkundung.	Projektmanagement, Teamentwicklung.	Fallarbeit, Fallsimulation, Selbst- und Netzwerkevaluation, Wertschätzende Erkundung, Formative Evaluation (kollektive Reflexion).	Aufstellung von Regeln für Konfliktlösungen und Konfliktlösungsprozessen. Strukturierung in Subgruppen. Real Time Strategic Change, Whole System, Mediation	Open Space Technology, Wertschätzende Erkundung, Summative Evaluation, Abschlussrituale

Tab. 12: Modell der Netzwerkgestaltung (S. Weber 2005, tabellarische Zusammenfassung, eigene Darstellung)

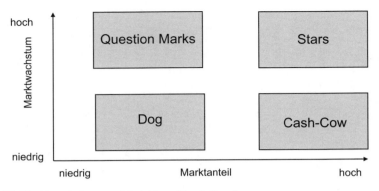

Abb. 32: Marktwachstumsmatrix (eigene Darstellung)

Aus der Positionierung von vier Geschäftsfeldern werden dann Norm-Strategien abgeleitet:

Star bedeutet hoher Marktanteil bei hohem Marktwachstum. Diese Produkte versprechen einen hohen Gewinn. Sie müssen daher durch Erweiterungsinvestitionen und erhöhte Vertriebsanstrengungen gefördert werden. Einnahmeüberschüsse sollten in dieses Produkt re-investiert werden.

Cash-Cow bedeutet hoher Marktanteil bei geringem Marktwachstum. Dieses Produkt hat seinen Sättigungsgrad erreicht, mit ihm kann kein weiteres Marktwachstum erwartet werden. Daher machen Erweiterungsinvestitionen keinen Sinn. Der hohe Marktanteil führt zu erheblichen Einnahmeüberschüssen. Die Investitionen der Vergangenheit amortisieren sich nun. Die abschöpfbaren Finanzmittel sollten als investive Mittel für den Aufbau von Nachwuchsprodukten oder -leistungen *(questionmarks, stars)* eingesetzt werden.

Questionmark bedeutet geringer Marktanteil bei hohem Marktwachstum. Ziel ist der Ausbau dieses Geschäftsfeldes zum *Star*. Es befindet sich in einem stark wachsenden Markt, aber der zu erzielende Marktanteil ist noch ungewiss. Offensivstrategien zur Marktdurchdringung sind angezeigt. Wird das Ziel in einer absehbaren Zeit nicht erreicht, muss desinvestiert werden (Rückzugsstrategie).

Dog bedeutet geringer Marktanteil bei geringem Marktwachstum. Das Bild des ‚armen Hundes' steht für die Situation eines zunehmend unattraktiven Marktes mit sinkender Nachfrage. Wettbewerb findet vor allem über Preiskämpfe statt. Als Nischenleistung kann dieses Feld überleben, andernfalls muss es aufgegeben werden.

Die Portfoliomatrix ist in der Sozialwirtschaft nur bedingt geeignet. Für nicht gewinnorientiert operierende sozialwirtschaftliche Unternehmen stellt sich weniger die Frage nach der strategischen Positionierung im kommerziellen Wettbewerb, als die Frage nach dem Verhältnis von „sozialem Auftrag" bzw. „sozialer Wirkung" und Refinanzierbarkeit der sozialen Leistung (Quasi-Rendite) (Schellberg 2012). So könnte eine entsprechend sozialwirtschaftlich angepasste Portfoliomatrix nach Schellberg beispielsweise wie folgt aussehen (Abb. 33).

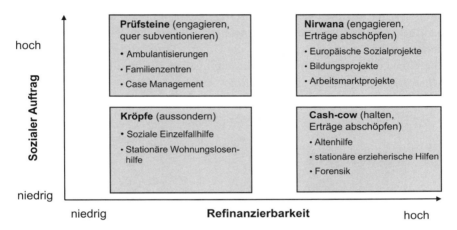

Abb. 33: Entscheidungsmatrix sozialwirtschaftlicher Unternehmen (eigene Darstellung, sensu stricto Schellberg 2013)

Damit liegt eine Entscheidungsmatrix vor, die zwischen den beiden Kategorien „soziale Wirkung" und „Refinanzierbarkeit bzw. Rendite" (Schellberg 2013: 147) angesiedelt ist. Zu bedenken geben muss man allerdings, dass beide Kategorien (soziale Wirkung und Refinanzierbarkeit) nicht im Steuerungsvermögen der Sozialunternehmen im Verhältnis zu ihren Nutzern/ Adressaten (etwa über Angebots- und Nachfrageverhalten) stehen. Hier steuert nicht der „Markt" als Verhältnis von Leistungserbringern und Nutzern, vielmehr steuern die stark in Politik eingelagerten Leistungsträger. Sozialwirtschaftliche Unternehmen agieren sozusagen unter den Bedingungen einer staatlich herbeigeführten Konkurrenz. Der Markt ist hier sozusagen stark reguliert. Zudem ist die Rendite zumindest in sozialwirtschaftlichen Unternehmen, die der Gemeinnützigkeit unterliegen, durch die Abgabenordnung deutlich gedeckelt.

3.12 SWOT-Analyse

Die SWOT-Analyse ist ein Instrument des strategischen Managements. Sie wurde in den 1960er Jahren an der *Harvard Business School,* eine der führenden US-amerikanischen Universitätsschulen, entwickelt.

Die SWOT-Analyse unterscheidet zwischen der Bewertung interner und externer Einflussvariablen eines Unternehmens und setzt diese in ein Verhältnis zueinander. Die interne Analyse ist eine Unternehmensanalyse in Form einer Selbstbeobachtung (Krcal 2003: 3–30). Sie wird in der Regel in moderierten Gruppengesprächen durchgeführt und fokussiert die unternehmensspezifischen Stärken *(strength)* und Schwächen *(weakness).* Die externe Analyse hingegen betrachtet die Unternehmensumwelt. Sie fokussiert die Chancen *(opportunities)* im Sinne günstiger Bedingungen und Risiken *(threats)* im Sinne ungünstiger Bedingungen (Abb. 34).

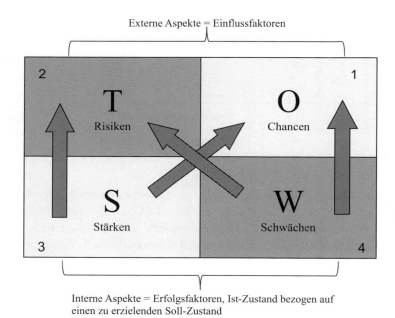

Abb. 34: SWOT-Analyse (eigene Darstellung)

Die SWOT-Analyse beschränkt sich hingegen nicht auf die Auflistung von Stärken, Schwächen, Chancen und Risiken. Die SWOT-Analyse ist eine Technik, die zu Erkenntnissen für die Entwicklung strategischer Managementrentscheidungen führen soll. Wie mit den Pfeilen (Abb. 34) schon angedeutet wird, geht es im nächsten Schritt darum, aus den vier Feldern durch Kreuztabellierungen Aussagen für eine Strategieplanung des Unternehmens zu gewinnen. Man setzt für diesen Zweck die internen Erfolgsfaktoren mit den externen Einflussfaktoren in Beziehung. Auf diese Weise können vier verschiedene Strategiefelder erarbeitet werden:

1. Stärken-Chancen-Strategien bzw. 3-zu-1-Strategien (Stärken, die gut zu den Chancen passen),
2. Schwächen-Chancen-Strategien bzw. 4-zu-1-Strategien (Schwächen, die zu eliminieren sind, um die Chancen zu nutzen),
3. Stärken-Risiken-Strategien bzw. 3-zu-2-Strategien (Stärken, die genutzt werden können, um Risiken abzuschwächen),
4. Schwächen-Risiken-Strategien bzw. 4-zu-2-Strategien (Schwächen so behandeln, dass sie nicht zum Risiko werden) (Abb. 35).

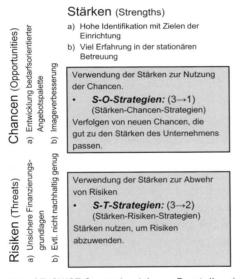

Abb. 35: SWOT-Strategien (eigene Darstellung)

Für die Einschätzung der externen Einflussfaktoren ist es ratsam, vor einer SWOT-Analyse eine STEP-Analyse (→ III. 1.3) durchzuführen.

3.13 Szenarioanalyse

Die Szenarioanalyse geht auf Arbeiten des US-amerikanischen Kybernetiker Herman Kahn und dem Zukunftsforscher Anthony Janoff Wiener (1967) zurück. Die Szenarioanalyse soll eine Prognose über zukünftige Entwicklungen ermöglichen. Die Szenarioanalyse arbeitet mit der Einführung und

Identifikation von Störfaktoren und darauf aufbauenden Aussagen von potenziellen Gegenmaßnahmen (Abb. 36).

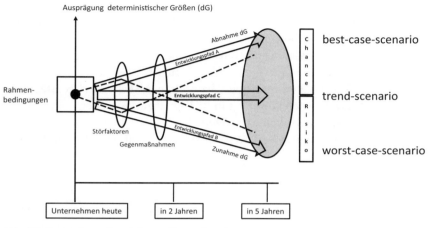

Abb. 36: Szenarioanalyse (eigene Darstellung)

Dabei geht man davon aus, dass die Reflexion von Störfaktoren und Gegenmaßnahmen – im Sinne einer Chancen- und Risikobewertung – Einfluss auf die Entwicklungspfade der Szenarien nehmen kann (Sander/Bauer 2011: 63 f.). Bei dieser Variante muss deutlich darauf hingewiesen werden, dass mit ihr der Kontext einer Umweltanalyse überschritten wird, da bereits Elemente der Strategieplanung aufgenommen werden. Diese lassen sich wiederum besser mit der SWOT-Analyse realisieren, da hier Chancen und Risiken systematisch mit den Stärken (Gegenmaßnahmen) und Schwächen (Störfaktoren) in Bezug gesetzt werden, um daraus jeweils gesonderte Strategieplanungen ableiten zu können.

Generell ist zu szenariobasierten Instrumenten zu fragen, weshalb gesellschaftlich-ökonomischer Wandel prognosefähig sein sollte. Für Vorausauskünfte müssen Vorwissen und Vorkenntnisse vorhanden sein. Die können nur dann generiert werden, wenn sich Gesellschaft in linearen, kausalen Verhältnissen beschreiben ließe. Soziale Ordnungsbildungen moderne Gesellschaft können aber offensichtlich nicht mehr als triviale und monokontexturale, sondern nur noch als hyperkomplexe, polykontexturale Wirklichkeit beschrieben werden (Luhmann 1980: 72 f.; 1998: 802, 866 ff., 1111; 2011, c2000: 374). Entsprechend wird jedes Szenario mit hoher Kontingenz rechnen müssen. Erwerbswirtschaftliche Unternehmen haben allerdings den Vorteil, dass sie im Regelfall lediglich mit marktwirtschaftlichen Störfaktoren rechnen müssen. Sozialwirtschaftliche Unternehmen hingegen haben es da schwerer, da zu den marktwirtschaftlichen Störfaktoren politische hinzukommen (Bachert u. a. 2008: 5).

3.14 Wissensbaum

Der Wissensbaum gehört zu den prozessorientierten Mappingverfahren. Es handelt sich dabei zunächst um ein einfaches Instrument der Selbstdarstellung von Kompetenzen einer Person mithilfe einer Metapher (Abb. 37). Professionelle Identität, Kernkompetenzen und die spezifische Ausprägung des eigenen professionellen Profils werden als Wurzeln, Stamm und Baumkrone dargestellt.

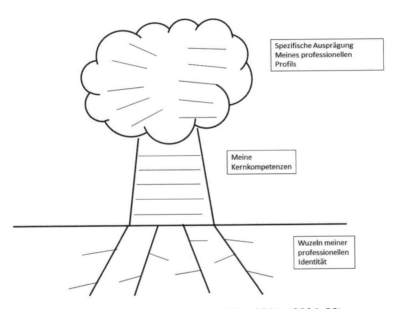

Spezifische Ausprägung
Meines professionellen
Profils

Meine
Kernkompetenzen

Wuzeln meiner
professionellen
Identität

Abb. 37: Wissensbaum einer Person (nach Willke 2011, c2004: 90)

Während die Erstellung des Wissensbaums relativ einfach gelingt, ist der anschließende Prozess der Reflexion – je nach Kontextherstellung – umso komplexer. Der Wissensbaum kann in Bewerbungsgesprächen bei der Personalakquise, bei der Führungskräfteförderung (z. B. im Mentoring, III. 3.9) und in Teamsitzungen zur Reflexion von Neuorientierungen eingesetzt werden. Darauf hingewiesen werden muss, dass der Wissensbaum als Instrument von Teamreflexionsprozessen eine nicht zu unterschätzende Dynamik entfaltet. Daher gehört sein Einsatz in solchen Kontexten eher in die Hände von externen Organisationsberatern.

3.15 Wissens(land)karte

Im Gegensatz zum Wissensbaum werden in der Wissenslandkarte nicht die Kompetenzen der Mitarbeitenden, sondern das Kompetenzprofil eines Unternehmens dargestellt. Denkbar sind auch Kombinationen aus Wissensbaum und Wissenslandkarte, allerdings erfüllen solche Lösungen oft nicht mehr die Anforderung, die an einer stringenten und übersichtlichen Darstellung zu stellen sind.

Eine Wissenslandkarte ist nützlich für die organisationsinterne Selbstverständigung, z.B. über vorhandenes Wissen in der Organisation, (Um-) Gestaltung von Arbeitsabläufen oder organisationsbezogene Wissensentwicklung von Nutzen. Ein weiterer Nutzen liegt in der einfachen, bildhaften Darstellung der strategischen Positionierung eines Unternehmens. Die Karte soll zeigen, was das Unternehmen gut kann und gut tut. Für die Darstellungsformen eignen sich Fishbone- oder Kreisgrafiken (Willke 2011, c2004: 113) (Abb. 38). Bei der Suche nach anderen Formen sind der Kreativität keine Grenzen gesetzt.

Abb. 38: Wissenskarte (eigene Darstellung als Fishbone Beispiel)

Literatur

Amstutz, Jeremias (2014): Sozialmanagement und das Verhältnis zur Sozialen Arbeit. Eine empirische Analyse. Wiesbaden

Anheier, Helmut K./Schröer, Andreas/Then, Volker (Hrsg.) (2012): Soziale Investitionen. Interdisziplinäre Perspektiven. Wiesbaden

Arbeitsgruppe Heimreform (2000): Aus der Geschichte lernen. Analyse der Heimreform in Hessen (1968–1983). Frankfurt am Main

Ashby, William Ross; Bauer, Wilhelm L. (1985): Einführung in die Kybernetik. 2. Auflage, Frankfurt am Main

Augurzky, Boris/Krolop, Sebastian/Gülker, Rosemarie/Heentschker, Corinna/Schmidt, Christoph M. (2012): Krankenhausversorgung am Wendepunkt? Heidelberg (Krankenhaus-Rating-Report 2012)

Avolio, Bernard J./Bass, Bruse M. (2004, c1995): Multifactor Leadership Questionnaire. Manual, Third Edition, Lincoln

Bach, Kathrin (2014): Die Balanced Scorecard als Steuerungsinstrument der Jugendsozialarbeit an Schulen. Berlin

Bachert, Robert/Peters André/Speckert, Manfred (Hrsg.) (2008): Risikomanagement in sozialen Unternehmen. Theorie – Praxis – Verbreitungsgrad. Baden-Baden

Bachert, Robert/Schmidt, Andrea (2010): Finanzierung von Sozialunternehmen. Theorie, Praxis, Anwendung. Freiburg im Breisgau

Baecker, Dirk (1994): Postheroisches Management. Ein Vademecum. Berlin

Baecker, Dirk (1994b): Soziale Hilfe als Funktionssystem der Gesellschaft. Zeitschrift für Soziologie, Jg. 23, Heft 2. Stuttgart 1994, S. 93–110

Baecker, Dirk (2003): Organisation und Management. Frankfurt am Main

Baecker, Dirk: Was tut ein Berater in einem selbstorganisierenden System? In: Zirkler, Michael/Müller, Werner R. (Hrsg.): Die Kunst der Organisationsberatung. Praktische Erfahrungen und theoretische Perspektiven. Bern 2003b, S. 105–115

BAGFW – Bundesarbeitsgemeinschaft der Freien Wohlfahrtspflege (Hrsg.) (2002): Die freie Wohlfahrtspflege. Profil und Leistungen. Freiburg im Breisgau

BAGFW – Bundesarbeitsgemeinschaft der Freien Wohlfahrtspflege (Hrsg.) (2010): Sozialwirtschaft – mehr als Wirtschaft? Steuerung, Finanzierung, Vernetzung. Bericht über den 6. Kongress der Sozialwirtschaft vom 14. und 15. Mai 2009 in Magdeburg. Baden-Baden

Bakic, Josef/Diebäcker, Marc/Hammer Elisabeth (Hrsg.) (2008): Aktuelle Leitbegriffe der Sozialen Arbeit. Wien

Bardmann, Theodor M./Lamprecht, Alexander (2003): Systemisches Management – multimedial. Heidelberg

Bea, Franz Xaver/Scheurer, Steffen/Hesselmann, Sabine (2008): Projektmanagement. Stuttgart

Beck, Reinhilde/Schwarz, Gotthart (2013): Sozialstaat, Sozialpolitik und (sozial-)politische Steuerung. In: Wöhrle, Armin/Beck, Reinhilde/Grunwald, Klaus/Schellberg,

Klaus/Schwarz, Gotthart/Wendt, Wolf Rainer: Grundlagen des Managements in der Sozialwirtschaft. Stuttgart, S. 35–79

Beer, Stafford (1973): Kybernetische Führungslehre. Frankfurt

Beer, Stafford (1985): Diagnosing the System. For Organizations. Chichester

Bertalanffy, Ludwig von (1973, c1968): General System Theory. Foundations, Development, Applications. Rev. ed. New York

Bettig, Uwe/Christa, Harald/Faust, Wolfgang/Goldstein, Annette/Kohlhoff, Ludger/ Wiese, Birgit (2013): Betriebswirtschaftliche Grundlagen in der Sozialwirtschaft. Baden-Baden

Betzelt, Sigrid/Bauer, Rudolph (2000): Nonprofit-Organisationen als Arbeitgeber. Opladen

Bieger, Thomas (2009): Kurzüberblick. In: Dubs, Rolf/Euler, Dieter/Rüegg-Stürm, Johannes/Wyss, Christiana E. (Hrsg.) (2009c): Einführung in die Managementlehre. 2., korrigierte Auflage. Band 3, Teil FII. Bern, Stuttgart, Wien, S. 29–41

Birnkraut, Gesa/Lisowski, Rainer/Wesselmann, Stefanie/Wortmann, Rolf (Hrsg.) (2012): Jahrbuch für Managemente in Nonprofit-Organisationen. Berlin

Blake, Robert R./Mouton, Jane S. (1980): Verhaltenspsychologie im Betrieb. Das neue Grid-Management-Konzept. Düsseldorf, Wien

Blake, Robert R./Mouton, Jane S. (2004, c1968): The New Managerial Grid. Mumbai

Bleicher, Knut (2011, c1991): Das Konzept Integriertes Management. Visionen – Missionen – Programme. St. Galler Management Konzept. 8. überarbeitete und erw. Auflage. Frankfurt am Main

Blessin, Bernd/Wick, Alexander/Neuberger, Oswald (2014): Führen und führen lassen. Ansätze, Ergebnisse und Kritik der Führungsforschung. 7., vollständig überarbeitete Auflage. Konstanz, München

Bobzien, Monika/Stark, Wolfgang/Straus, Florian (1996): Qualitätsmanagement. Alling

Boehmer, Arnd von/Holdenrieder, Jürgen (2013): Personalwirtschaft. In: Holdenrieder, Jürgen (Hrsg.): Betriebswirtschaftliche Grundlagen Sozialer Arbeit. Eine praxisorientierte Einführung. Stuttgart, S. 130–167

Böhnisch, Lothar (2008, c1997): Sozialpädagogik der Lebensalter. Eine Einführung. 5., überarbeitete Auflage, Weinheim

Böllert, Karin (2000): Dienstleistungsarbeit in der Zivilgesellschaft. In: Müller, Siegfried/ Sünker, Heinz/Olk, Thomas/Böllert, Karin: Soziale Arbeit. Gesellschaftliche Bedingungen und professionelle Perspektiven. Neuwied, S. 241–252. Exzerpt

Bommes, Michael/Scherr, Albert (2012, c2000): Soziologie der Sozialen Arbeit. Eine Einführung in Formen und Funktionen organisierter Hilfe. Weinheim, Basel

Bono, Maria Laura (2010): Performance-Management in NPOs. Steuerung im Dienste sozialer Ziele. Baden-Baden

Böttcher, Wolfgang/Merchel, Joachim (2010): Einführung in das Bildungs- und Sozialmanagement. Opladen

Brinkmann, Volker (2010): Sozialwirtschaft. Grundlagen, Modelle, Finanzierung. Wiesbaden

Brinkmann, Volker (Hrsg.) (2014): Sozialunternehmertum. Baltmannsweiler

Brüggemann, Cathleen (2012): Entwicklung einer Balanced Scorecard in der Altenpflege. Grundlagen und Ziele. Saarbrücken

Bruhn, Manfred/Murmann, Britta (1998): Nationale Kundenbarometer. Messung von Qualität und Zufriedenheit. Methodenvergleich und Entwurf eines Schweizer Kundenbarometers. Wiesbaden

Buchholz, Gabriele/Lasar, Alexander (2012): Wirkungsmessung in NPO durch den Social Return on Investment (SROI). In: Birnkraut, Gesa/Lisowski, Rainer/Wessel-
mann, Stefanie/Wortmann, Rolf (Hrsg.): Jahrbuch für Managemente in Nonprofit-
Organisationen 2012. Berlin

Buchinger, Sascha M. (2012): Personalmarketing in der stationären Altenhilfe. Fachkräf-
te gewinnen und halten. Stuttgart

Bunge, Mario (1979): A System Concept of Society. Beyond Individualism and Holistic.
Theory and Decision. Volume 10/Issue 1–4, Boston, pp 13–30

Bunge, Mario (1984, c1980): Das Leib-Seele-Problem: ein psychobiologischer Versuch.
Erschienen in: Die Einheit der Gesellschaftswissenschaften. Studien in den Grenzbe-
reichen der Wirtschafts- und Sozialwissenschaften. Band 37, herausgegeben von Erik
Boettcher. Tübingen

Bunge, Mario/Mahner, Martin (2004): Über die Natur der Dinge. Materialismus und
Wissenschaft. Stuttgart

Burla, Stephan (1989): Rationales Management in Nonprofit-Organisationen. Bern

Clausen, Andrea (2009): Grundwissen Unternehmensethik. Ein Arbeitsbuch. Tübingen

Dell, Christopher (2012): Die improvisierende Organisation. Management nach dem
Ende der Planbarkeit. Bielefeld

Dimmel, Nikolaus (Hrsg.): Perspektiven der Sozialwirtschaft 2005–2015. Vergaberecht,
Leistungsverträge, Sozialplanung. Wien 2005

DIW – Deutsches Institut für Wirtschaftsforschung (2013): Möglichkeiten der Darstellung der volkswirtschaftlichen Bedeutung der Sozialwirtschaft – Machbarkeitsstudie.
Studie im Auftrag des Bundesministeriums für Wirtschaft und Technologie. Berlin

Drucker, Peter F. (1954): The Practize of Management. New York

Drucker, Peter F. (1967): Die ideale Führungskraft. Düsseldorf

Drucker, Peter F. (1992, c1990): Managing the Non-Profit Organization. Principles and
Practices. New York

Drucker, Peter F./Paschek, Peter (Hrsg.) (2004): Kardinaltugenden effektiver Führung.
Mit Beiträgen von Fredmund Malik. Herrmann Simon, Bill Emmott, Mathias Döpf-
ner und weiteren namhaften Autoren. Frankfurt am Main 2004

Dubs, Rolf/Euler, Dieter/Rüegg-Stürm, Johannes/Wyss, Christiana E. (Hrsg.) (2009a):
Einführung in die Managementlehre. 2., korrigierte Auflage. Band 1, Teile A–E.
Bern, Stuttgart, Wien

Dubs, Rolf/Euler, Dieter/Rüegg-Stürm, Johannes/Wyss, Christiana E. (Hrsg.) (2009b):
Einführung in die Managementlehre. 2., korrigierte Auflage. Band 2, Teil FI. Bern,
Stuttgart, Wien

Dubs, Rolf/Euler, Dieter/Rüegg-Stürm, Johannes/Wyss, Christiana E. (Hrsg.) (2009c):
Einführung in die Managementlehre. 2., korrigierte Auflage. Band 3, Teil FII. Bern,
Stuttgart, Wien

Dubs, Rolf/Euler, Dieter/Rüegg-Stürm, Johannes/Wyss, Christiana E. (Hrsg.) (2009d):
Einführung in die Managementlehre. 2., korrigierte Auflage. Band 4, Teile FIII–I.
Bern, Stuttgart, Wien

Dubs, Rolf/Euler, Dieter/Rüegg-Stürm, Johannes/Wyss, Christiana E. (Hrsg.) (2009e):
Einführung in die Managementlehre. 2., korrigierte Auflage. Band 5, Teile J–K. Bern,
Stuttgart, Wien

Ehrenbrandtner, Michaela (2013): SROI – ein Argument für die Rentabilität sozialer
Dienstleistungen. Modellberechnung am Beispiel der Sozialen Initiative. Saarbrücken

Ellwein, Christian (2002): Suche im Internet für Industrie und Wissenschaft. München

Eppler, Natalie/Miethe, Ingrid/Schneider, Armin (Hrsg.) (2011): Qualitative und quantitative Wirkungsforschung. Ansätze, Beispiele, Perspektiven. Opladen

Euler, Dieter (2009): Bildungsmanagement. In: Dubs, Rolf/Euler, Dieter/Rüegg-Stürm, Johannes/Wyss, Christiana E. (Hrsg.) (2009d): Einführung in die Managementlehre. 2., korrigierte Auflage. Band 4, Teile FIII–I. Bern, Stuttgart, Wien, S. 31–57

Fahey, Liam/Narayanan, Vadake (1986): Macroenvironmental Analysis for Strategic Management. St. Paul Minnesota

Finis Siegler, Beate (2009): Ökonomik Sozialer Arbeit. 2. Auflage. Freiburg im Breisgau

Foerster, Heinz von (1993a): Über das Konstruieren von Wirklichkeiten. In: Foerster, Heinz von: Wissen und Gewissen. Versuch einer Brücke. Frankfurt am Main, S. 25–49

Foerster, Heinz von (1993b): KybernEthik. Berlin

Franssen, Boris C.; Scholten, Peter G. (2008): Handbuch für Sozialunternehmertum. Assen

Freeman, R. Edward (2010, c1984): Strategic Management. A Stakeholder Approach. Cambridge

Fritze, Agnès/Maelicke, Bern/Uebelhart, Beat (Hrsg.) (2011): Management und Systementwicklung in der Sozialen Arbeit. Baden-Baden

Fröse, Marlies (2012): Zur Theoriebildung in Sozialwirtschaft und Sozialmanagement. In: Wöhrle, Armin (2012): Auf der Suche nach Sozialmanagementkonzepten und Managementkonzepten für und in der Sozialwirtschaft. Eine Bestandsaufnahme zum Stand der Diskussion und Forschung in drei Bänden. Augsburg. Band 1, S. 94–124

Garland, J. Jones, H. and Kolody, R. (1968): A Model for Stages of Development in Social Work Groups. In Bernstein, S. (Ed.) Explorations in Groupwork. Boston

Glasersfeld, Ernst von (1997): Radikaler Konstruktivismus. Ideen, Ergebnisse, Probleme. 1. Auflage, Frankfurt am Main: Suhrkamp.

Glatzel, Karin/Wimmer, Rudolf (2009): Strategieentwicklung in Theorie und Praxis. In: Wimmer, Rudolf/Meissner, Jens O./Wolf, Patricia: Praktische Organisationswissenschaft. Lehrbuch für Studium und Beruf. Heidelberg, S. 194–218

Gleich, Ronald (2011): Performance Measurement. Konzepte, Fallstudien und Grundschema für die Praxis. 2., völlig überarbeitete Auflage, München

Gomez, Peter (2009): Strukturen als Ordnungsmoment. In: Dubs, Rolf/Euler, Dieter/ Rüegg-Stürm, Johannes/Wyss, Christiana E. (Hrsg.) (2009a): Einführung in die Managementlehre. 2., korrigierte Auflage. Band 1, Teile A–E. Bern, Stuttgart, Wien, S. 429–446

Gruna, Peggy (2014): Netzwerke in der Sozialwirtschaft. Perspektiven und Handlungsmöglichkeiten. Saarbrücken

Grunwald, Klaus (2013): Soziale Arbeit, ihre Selbstverortung und ihr Verhältnis zu Fragen der Steuerung sozialwirtschaftlicher Unternehmen. In: Wöhrle, Armin/Beck, Reinhilde/Grunwald, Klaus/Schellberg, Klaus/Schwarz, Gotthart/Wendt, Wolf Rainer: Grundlagen des Managements in der Sozialwirtschaft. Stuttgart, S. 81–115

Grunwald, Klaus (Hrsg.) (2009): Vom Sozialmanagement zum Management des Sozialen? Eine Bestandsaufnahme. Hohengehren

Grunwald, Klaus/Roß, Paul-Stefan (2014): Governance Sozialer Arbeit. Versuch einer theoriebasierten Handlungsorientierung für die Sozialwirtschaft. In: Tabatt-Hirschfeldt, Andrea (Hrsg.) (2014): Öffentliche und Soziale Steuerung – Public Management und Sozialmanagement im Diskurs. Baden-Baden, S. 17–64

Gutenberg, Erich (1929). Die Unternehmung als Gegenstand betriebswirtschaftlicher Theorie. Berlin

Halfmann, Jost (2005): Technik als Medium. In: Runkel, Gunter/Burkart, Günter (Hrsg.): Funktionssysteme der Gesellschaft. Beiträge zur Systemtheorie von Niklas Luhmann. Wiesbaden, S. 223–238

Haller, Mathias (2009): Risikomanagement. In: Dubs, Rolf/Euler, Dieter/Rüegg-Stürm, Johannes/Wyss, Christiana E. (Hrsg.) (2009d): Einführung in die Managementlehre. 2., korrigierte Auflage. Band 4, Teile FIII–I. Bern, Stuttgart, Wien, S. 147–177

Heinrich, Lutz Jürgen/Stelzer, Dirk/Riedl, René (2014): Informationsmanagement. Grundlagen, Aufgaben, Methoden. 11., aktualisierte und erweiterte Auflage. Berlin

Hentze, Joachim/Graf, Andrea/Kammel, Andreas/Lindert, Klaus (2005): Personalwirtschaftslehre. Grundlagen, Funktionen und Modelle der Führung. 4. Auflage, Bern

Herbst, Dieter (2009): Corporate Identity. Aufbau einer einzigartigen Unternehmensidentität. Leitbild und Unternehmenskultur. Image messen, gestalten und überprüfen. 4. Auflage, Berlin

Herbst, Dieter/Scheier, Christian (2004): Corporate Imagery. Wie Ihr Unternehmen ein Gesicht bekommt. Orientierung und Vertrauen durch starke Bilder. Berlin

Hersey, Paul/Blanchard, Ken (1982, c1977): Management of Organizational Behavior. Utilizing Human Resources. 4. Auflage, New York

Hillebrandt, Frank (1999): Exklusionsindividualität. Moderne Gesellschaftsstruktur und die soziale Konstruktion des Menschen. Opladen

Hirschle, Jochen (2012): Die Entstehung des transzendenten Kapitalismus. Konstanz

Holdenrieder, Jürgen (Hrsg.) (2013): Betriebswirtschaftliche Grundlagen Sozialer Arbeit. Eine praxisorientierte Einführung. Stuttgart

ISA Planung und Entwicklung GmbH. Universität Bielefeld, Fakultät für Erziehungswissenschaft (2009): Wirkungsorientierte Jugendhilfe, Band 09. Praxishilfe zur wirkungsorientierten Qualifizierung der Hilfen zur Erziehung. Ergebnisse eines Modellprogramms des Bundesministeriums für Familie, Senioren, Frauen und Jugend (BMFSFJ) zur Qualifizierung der Hilfen zur Erziehung durch wirkungsorientierte Ausgestaltung der Leistungs-, Entgelt- und Qualitätsentwicklungsvereinbarungen nach §§ 78a ff. SGB VIII. Münster

Kahn, Herman/Wiener, Anthony Janoff (1967): Ihr werdet es erleben. Voraussagen der Wissenschaft bis zum Jahre 2000. Reinbeck

Kaiser, Marc-Oliver (2006): Kundenzufriedenheit kompakt. Leitfaden für dauerhafte Wettbewerbsvorteile. Berlin

Kaplan, Robert S./Norton, David P. (1996): The Balanced Scorecard. Boston

Kehl, Konstantin/Then, Volker/Münscher, Robert (2012): Social Return on Investment: Auf dem Weg zu einem integrativen Ansatz der Wirkungsforschung. In: Anheier, Helmut K./Schröer, Andreas/Then, Volker (Hrsg.) (2012): Soziale Investitionen. Interdisziplinäre Perspektiven. Wiesbaden, S. 313–332

Kern, Thomas (2008): Soziale Bewegungen. Ursachen, Wirkungen, Mechanismen. Wiesbaden

Kessler, Oliver/Ruoss, Jovanka (2013): Innovationen im Sozialbereich – Management als Balanceakt zwischen Gesellschaft, Politik, Klientinnen und Klienten und Mitarbeitenden. In: Fritze, Agnès/Maelicke, Bern/Uebelhart, Beat (Hrsg.) (2011): Management und Systementwicklung in der Sozialen Arbeit. Baden-Baden, S. 147–181

Kieser, Alfred/Ebers, Mark (Hrsg.) (2006): Organisationstheorien. 6. Auflage, Stuttgart

Klassen, Michael: Sozialmanagement als spezifisches Problemlösungsverfahren in der Sozialen Arbeit. In: Dimmel, Nikolaus (Hrsg.): Perspektiven der Sozialwirtschaft 2005–2015. Vergaberecht, Leistungsverträge, Sozialplanung. Wien 2005, S. 145–161

Klein, Susanne/Appelt, Hans-Jürgen (Hrsg.) (2013): Praxishandbuch betriebliche Sozialarbeit. Prävention und Intervention in modernen Unternehmen. 3. Auflage, Kröning

Kleve, Heiko/Haye, Britta/Hampe-Grosser, Andreas/Müller, Matthias (2011): Systemisches Case-Management. Falleinschätzung und Hilfeplanung in der Sozialen Arbeit. 3. Auflage, Heidelberg

Kneer, Georg/Nassehi, Armin (1994): Niklas Luhmanns Theorie sozialer Systeme. Eine Einführung. 2., unveränderte Auflage, München

Kortendieck, Georg (2002): Strategisches Controlling in sozialen Organisationen. Fachhochschul-Fernstudienverbund der Länder Berlin, Brandenburg, Mecklenburg-Vorpommern, Sachsen, Sachsen-Anhalt, Thüringen. Berlin

Kortendieck, Georg (2009): Strategisches Management im sozialen Bereich. Augsburg

Kramer, Jost W. (2006): Sozialwirtschaft. Zur inhaltlichen Strukturierung eines unklaren Begriffs. Wismarer Diskussionspapiere, Heft 06

Krcal, Hans-Christian: Systemtheoretischer Metaansatz für den Umgang mit Komplexität und Nachhaltigkeit. In: Leisten, Rainer/Krcal, Hans-Christian (Hrsg.): Nachhaltige Unternehmensführung, Systemperspektiven, Wiesbaden 2003, S. 3–30

Kreidenweis, Helmut (2011): IT-Handbuch für die Sozialwirtschaft. Baden-Baden

Kreidenweis, Helmut (2012): Lehrbuch Sozialinformatik. 2. Auflage, Baden-Baden

Kreidenweis, Helmut/Steincke, Willi (2006): Wissensmanagement. Baden-Baden

KVJS Kommunalverband für Jugend und Soziales Baden-Württemberg (2008): Fallmanagement in der Eingliederungshilfe nach § 58 SGB XII – Grundlagenpapier

Lambers, Helmut (2002): Soziale Arbeit ist weder Kostgänger noch Cash-Cow. Controlling und Qualifizierung pädagogischer Praxis. In: Greving, Heinrich (Hrsg.): Hilfeplanung und Controlling in der Heilpädagogik, Freiburg im Breisgau, S. 238–254

Lambers, Helmut (2010): Systemtheoretische Grundlagen Sozialer Arbeit. Eine Einführung. Opladen

Lambers, Helmut (2011): Wie erreicht Soziale Arbeit Gesellschaft? Einige Thesen aus systemtheoretischer Sicht. In: Netzwerke, Systemtheorie und Soziale Arbeit. Journal der Deutschen Gesellschaft für Systemische Soziale Arbeit. 2. Jahrgang, Heft 2 + 3, S. 93–118

Lambers, Helmut (2013): Theorien Sozialer Arbeit. Ein Kompendium und Vergleich. Opladen

Lambers, Helmut (2014): Reflexionsgrundlagen Sozialer Arbeit. Eine systemtheoretische Einführung. Weinheim

Lang, Rainhart (2014): Neocharismatische Führungstheorie: Zurück zu den Wurzeln? In: Lang, Rainhart/Rybnikova, Irma: Aktuelle Führungstheorien und -konzepte. Wiesbaden, S. 89–120

Lang, Rainhart/Rybnikova, Irma (2014): Aktuelle Führungstheorien und -konzepte. Wiesbaden

Leitschuh-Fecht, Heike (2005): Stakeholder-Dialog als Instrument unternehmerischer Nachhaltigkeitskommunikation. In: Michelsen, Gerd/Godemann, Jasmin (Hrsg.) (2005): Handbuch Nachhaltigkeitskommunikation. Grundlagen und Praxis. München, S. 599–607

Luhmann, Niklas (1964): Funktionen und Folgen formaler Organisation. Berlin

Luhmann, Niklas (1973): Formen des Helfens im Wandel gesellschaftlicher Bedingungen. In: Otto, Hans-Uwe/Schneider, Siegfried (Hrsg.): Gesellschaftliche Perspektiven der Sozialarbeit. Neuwied, S. 21–43

Luhmann, Niklas (1980): Gesellschaftsstruktur und Semantik. Studien zur Wissenssoziologie der modernen Gesellschaft. Band 1. Frankfurt am Main

Luhmann, Niklas (1981): Politische Theorie im Wohlfahrtsstaat. München

Luhmann, Niklas (1987, c1984): Soziale Systeme. Grundriss einer allgemeinen Theorie. Frankfurt am Main

Luhmann, Niklas (1988): Warum AGIL? In: Kölner Zeitschrift für Soziologie und Sozialpsychologie. 40. Jahrgang. Opladen, S. 127–139

Luhmann, Niklas (1992, c1990): Die Wissenschaft der Gesellschaft. Frankfurt am Main

Luhmann, Niklas (1993, c1989): Gesellschaftsstruktur und Semantik. Studien zur Wissenssoziologie der modernen Gesellschaft, Band 3. Frankfurt am Main

Luhmann, Niklas (1994, c1988): Die Wirtschaft der Gesellschaft. Frankfurt am Main

Luhmann, Niklas (1995): Soziologische Aufklärung. Die Soziologie und der Mensch. Band 6, Opladen

Luhmann, Niklas (1995b): Das Recht der Gesellschaft. Frankfurt am Main

Luhmann, Niklas (1996): Die Realität der Massenmedien. 2., erweiterte Auflage. Opladen

Luhmann, Niklas (1998): Die Gesellschaft der Gesellschaft. Band 1 und 2. Frankfurt am Main

Luhmann, Niklas (2003, c1975): Macht. 3. Auflage, Stuttgart

Luhmann, Niklas (2009, c1968): Vertrauen. Ein Mechanismus der Reduktion sozialer Komplexität. Stuttgart

Luhmann, Niklas (2011, c2000): Organisation und Entscheidung. 3. Auflage, Wiesbaden

Luhmann, Niklas/Schorr, Karl Eberhard (Hrsg.) (1982): Das Technologiedefizit der Erziehung und die Pädagogik. In: Zwischen Technologie und Selbstreferenz. Fragen an die Pädagogik. Frankfurt am Main 1982, S. 5–40

Lutz, Ronald (2011): Das Mandat der Sozialen Arbeit. Wiesbaden

Malik Fredmund (2008, c1984); Strategie des Managements komplexer Systeme. Ein Beitrag zur Management-Kybernetik evolutionärer Systeme. 10., unveränderte Auflage, Bern

Malik, Fredmund (2000, c1993). Systemisches Management, Evolution, Selbstorganisation. Grundprobleme, Funktionsmechanismen und Lösungsansätze für komplexe Systeme, 2. Auflage, Bern

Maykus, Stephan/Schone, Reinhold (Hrsg.) (2010): Handbuch Jugendhilfeplanung. Grundlagen, Anforderungen und Perspektiven. 3. Auflage, Wiesbaden

Maelicke, Bernd (2013): Lexikon der Sozialwirtschaft. 2. Auflage, Baden-Baden

Maelicke, Bernd (2014): Wertschöpfung durch Wertschätzung. In: Sozialwirtschaft. Jahrgang 14, Heft 2, S. 11–13

Meissner, Jens O./Wolf, Patricia/Wimmer, Rudolf (2009): Weshalb system(theoret)ische Organisationswissenschaft? In: Wimmer, Rudolf/Meissner, Jens O./Wolf, Patricia: Praktische Organisationswissenschaft. Lehrbuch für Studium und Beruf. Heidelberg, S. 20–39

Merchel, Joachim (2006): Sozialmanagement. Eine Einführung in Hintergründe, Anforderungen und Gestaltungsperspektiven des Managements in Einrichtungen der Sozialen Arbeit. 2., überarbeitete Auflage, Weinheim

Merchel, Joachim (2010): Sozialmanagement. In: Kreft, Dieter/Müller, C. Wolfgang (Hrsg.) (2010): Methodenlehre in der Sozialen Arbeit. Konzepte, Methoden, Verfahren, Techniken. München, Basel, S. 137–140

Merchel, Joachim (2014): Management in Organisationen der Sozialen Arbeit. Einführung. Weinheim

Meyer, Johannes (2013): Design Thinking. Wie man auf neue Gedanken kommt. In: Sozialwirtschaft. Zeitschrift für Führungskräfte in sozialen Unternehmungen. Jahrgang 23, Heft 6. Herausgegeben von der Bundesarbeitsgemeinschaft der Freien Wohlfahrtspflege e. V., Berlin. Baden-Baden, S. 16–18

Michelsen, Gerd/Godemann, Jasmin (Hrsg.) (2005): Handbuch Nachhaltigkeitskommunikation. Grundlagen und Praxis. München

Moos, Gabriele/Peters, Andre (2008): BWL für soziale Berufe. München

Mollison, Bill (2010): Handbuch der Permakultur Gestaltung. Stainz, Österreichisches Institut für angewandte Ökopädagogik

Müller, Siegfried/Sünker, Heinz/Olk, Thomas/Böllert, Karin (2000): Soziale Arbeit. Gesellschaftliche Bedingungen und professionelle Perspektiven. Neuwied

Müller-Känel, Oliver (2009): Mezzanine Finance. Neue Perspektiven in der Unternehmensfinanzierung. 3. Auflage, Bern

Müller-Schöll, Albrecht (1976): Ziele, Inhalte und Methoden der Akademikurse für Sozialmanagement in der Diakonischen Akademie. In: Diakonie Nr. 4/1976, S. 217–233

Müller-Schöll, Albrecht/Priepke, Manfred (1983): Sozialmanagement. Zur Förderung systematischen Entscheidens, Planens, Organisierens, Führens und Kontrollierens in Gruppen. Frankfurt am Main

Müller-Stewens, Günter/Lechner, Christoph (2005): Strategisches Management. Wie strategische Initiativen zum Wandel führen. Der St. Galler General Management Navigator*. 3. Auflage, Stuttgart

Nagel, Reinhart (2009): Organisationsarchitekturen und ihre besonderen Führungsherausforderungen. In: Wimmer, Rudolf/Meissner, Jens O./Wolf, Patricia: Praktische Organisationswissenschaft. Lehrbuch für Studium und Beruf. Heidelberg, S. 80–100

Nicholls, Jeremy/Cupitt, Sally (2009): A Guide to Social Return on Investment. London. Office of the Third Sector

Nüsken, Dirk (2010): Wirkungsorientierung in der Jugendhilfeplanung. In: Maykus, Stephan/Schone, Reinhold (Hrsg.) (2010): Handbuch Jugendhilfeplanung. Grundlagen, Anforderungen und Perspektiven. 3. Auflage, Wiesbaden, S. 257–268

Obrecht, Werner (2000): Das systemische Paradigma der Sozialarbeitswissenschaft und der sozialen Arbeit. In: Pfaffenberger, Hans/Scherr, Albert/Sorg, Richard: Von der Wissenschaft des Sozialwesens. Standort und Entwicklungschancen der Sozialpädagogik, Sozialarbeitswissenschaft. Rostock, S. 115–143

Olk, Thomas/Otto, Hans-Uwe (Hrsg.) (1985): Der Wohlfahrtsstaat in der Wende. Umrisse einer zukünftigen Sozialarbeit. Weinheim

Ortmann, Günther (2000): Theorien der Organisation. Die Rückkehr der Gesellschaft. 2., durchgesehene Auflage, Wiesbaden

Ortmann, Günther (2009): Management in der Hypermoderne. Kontingenz und Entscheidung. 1. Auflage, Wiesbaden

Otto, Hans-Uwe/Schnurr, Stefan (Hrsg.) (2000): Privatisierung und Wettbewerb in der Jugendhilfe. Marktorientierte Modernisierungsstrategien in internationaler Perspektive. Neuwied

Otto, Hans-Uwe/Schnurr, Stefan (2000): „Playing the Market Game?" Zur Kritik markt- und wettbewerbsorientierter Strategien einer Modernisierung der Jugendhilfe in internationaler Perspektive. In: Privatisierung und Wettbewerb in der Jugendhilfe. Marktorientierte Modernisierungsstrategien in internationaler Perspektive. Neuwied, S. 3–20

Otto, Ulrich/Bauer, Petra (Hrsg.) (2005): Institutionelle Netzwerke in Steuerungs- und Kooperationsperspektive. Band 2. Tübingen

Parsons, Talcott (2012, c1951): The Social System. New Orleans

Pfaffenberger, Hans/Scherr, Albert/Sorg, Richard: Von der Wissenschaft des Sozialwesens. Standort und Entwicklungschancen der Sozialpädagogik, Sozialarbeitswissenschaft. Rostock, S. 115–143

Picot, Arnold/Dietl, Helmut/Franck, Egon (2008, c1997): Organisation. Eine ökonomische Perspektive. 3. Auflage, Stuttgart

Pinnow, Daniel F. (2011): Unternehmensorganisationen der Zukunft. Erfolgreich durch systemische Führung. Frankfurt am Main

Pinnow, Daniel F. (2012): Führen. Worauf es wirklich ankommt. 6. Aufl. Wiesbaden

Porter, Michael Eugene (1999): Wettbewerbsvorteile. Spitzenleistungen erreichen und behaupten. 5., durchgesehene und erweiterte Auflage. Frankfurt am Main, New York

Pracht, Arnold (2013): Betriebswirtschaftslehre für das Sozialwesen. Eine Einführung in betriebswirtschaftliches Denken im Sozial- und Gesundheitsbereich. 3. Auflage, Weinheim

Probst, Gilbert Jean Bernard (1987): Selbst-Organisation. Ordnungsprozesse in sozialen Systemen aus ganzheitlicher Sicht. Berlin

Rauschenbach, Thomas/Züchner, Ivo (2005): Theorie der Sozialen Arbeit. In: Thole, Werner (Hrsg.): Grundriss soziale Arbeit. Ein einführendes Handbuch. 2. Auflage, Wiesbaden, S. 139–160

Reichelt, Daniel (2009): SROI – Social Return on Investment. Modellversuch zur Berechnung des gesellschaftlichen Mehrwertes. Hamburg

Rüegg-Stürm, Johannes (2003a, c2001): Das neue St. Galler Management-Modell. Grundkategorien einer integrierten Managementlehre. Der HSG-Ansatz, 5. Nachdruck der durchgesehenen und korrigierten Auflage, Bern

Rüegg-Stürm, Johannes (2003b, c2001): Organisation und organisationaler Wandel. Eine theoretische Erkundung aus konstruktivistischer Sicht. 2., durchgesehene Auflage, Wiesbaden

Rüegg-Stürm, Johannes (2009): Das neue St. Galler Management-Modell. In: Dubs, Rolf/ Euler, Dieter/Rüegg-Stürm, Johannes/Wyss, Christiana E. (Hrsg.) (2009a): Einführung in die Managementlehre. 2., korrigierte Auflage. Band 1, Teile A–E. Bern, Stuttgart, Wien , S. 65–141

Runkel, Gunter/Burkart, Günter (Hrsg.) (2005): Funktionssysteme der Gesellschaft. Beiträge zur Systemtheorie von Niklas Luhmann. Wiesbaden

Sander, Gudrun/Bauer, Elisabeth (2011): Strategieentwicklung kurz und klar. Das Handbuch für Non-Profit-Organisationen. 2. Auflage, Bern

Schellberg, Klaus (2012): Betriebswirtschaftslehre für Sozialunternehmen. 5., überarbeitete Auflage, Augsburg

Schellberg, Klaus (2013): Die Wirtschaftswissenschaften und ihr Verhältnis zur Sozialwirtschaft (und der Sozialen Arbeit). In: Wöhrle, Armin/Beck, Reinhilde/Grunwald, Klaus/Schellberg, Klaus/Schwarz, Gotthart/Wendt, Wolf Rainer: Grundlagen des Managements in der Sozialwirtschaft. Stuttgart, S. 117–156

Schick, Stefan (2012): Rechtliche und steuerliche Grundlagen in der Sozialwirtschaft. Stuttgart

Schmidt, Götz (2002): Einführung in die Organisation. Modelle – Verfahren – Techniken. 2., aktualisierte Auflage, Wiesbaden

Schmid, Bernd/Haasen, Nele (2011): Einführung in das systemische Mentoring. Heidelberg

Schneider, Jürg/Minnig, Christoph/Freiburghaus, Markus (2007): Strategische Führung von Nonprofit-Organisationen. Bern, Stuttgart, Wien

Schneider, Jürg/Minnig, Christop (2011): Management-Modelle und die Führung von NPO – Ein Aufruf zur Modellvielfalt in Lehre und Beratung. In: Fritze, Agnès/Maelicke, Bern/Uebelhart, Beat (Hrsg.) (2011): Management und Systementwicklung in der Sozialen Arbeit. Baden-Baden, S. 182–219

Scholz, Christian (2013): Personalmanagement: Informationsorientierte und verhaltenstheoretische Grundlagen. 6., neubearbeitete und erweiterte Auflage. München

Schmeisser, Wilhelm/Tröger, Gunnar (2006): Balanced Scorecard als strategisches und operatives Management- und Controllinginstrument im Krankenhaus. München

Schreyögg, Georg (2008): Organisation. Grundlagen moderner Organisationsgestaltung; mit Fallstudien. 5. Auflage, Wiesbaden

Schreyögg, Georg (2012): Grundlagen der Organisation. Basiswissen für Studium und Praxis. Wiesbaden

Schumacher, Thomas (2013): Professionalisierung als Passion. Aktualität und Zukunftsperspektiven der systemischen Organisationsberatung. Heidelberg

Schwarz, Gotthart (2012): Sozialarbeit – Sozialmanagement zwischen Professionalisierung und Problematisierung. In: Wöhrle, Armin (2012): Auf der Suche nach Sozialmanagementkonzepten und Managementkonzepten für und in der Sozialwirtschaft. Eine Bestandsaufnahme zum Stand der Diskussion und Forschung in drei Bänden. Übersicht, Einordnung und Bilanzen. Band 1. Augsburg, S. 133–170

Schwarz, Peter (2001): Management-Brevier für Non-Profit-Organisationen. Eine Einführung in die besonderen Probleme und Techniken des Managements von privaten Non-Profit-Organisationen (NPO), unter Einbezug von Beispielen und Parallelen aus dem Bereich der öffentlichen NPO, vollständig überarbeitete und erweiterte Auflage, Bern

Schwarz, Peter/Bumbacher, Urs (2005): Das Freiburger Management-Modell für Nonprofit-Organisationen (NPO). 5. Auflage, Bern

Schwien, Bernd (2014): Die Verknüpfung von BSC und Risikomanagement als Ausgangspunkt für wirkungsorientierte Steuerung in der Sozialwirtschaft und im öffentlichen Sektor. In: Tabatt-Hirschfeldt, Andrea (Hrsg.): Öffentliche und Soziale Steuerung. Public Management und Sozialmanagement im Diskurs. Baden-Baden, S. 176–187

Scott, William Richard (1986): Grundlagen der Organisationstheorie. Frankfurt am Main

Simsa, Ruth (2001): Gesellschaftliche Funktionen und Einflussformen von Nonprofit-Organisationen: eine systemtheoretische Analyse, Frankfurt am Main

Staub-Bernasconi, Silvia (1995): Systemtheorie, soziale Probleme und Soziale Arbeit: lokal, national, international. Oder: Vom Ende der Bescheidenheit. Reihe Soziale Arbeit, Band 13, Bern

Staub-Bernasconi, Silvia (2007): Soziale Arbeit als Handlungswissenschaft. Bern, Stuttgart, Wien

Staub-Bernasconi, Silvia (2007b): Dienstleistung oder Menschenrechtsprofession? Zum Selbstverständnis Sozialer Arbeit in Deutschland mit einem Seitenblick auf die internationale Diskussionslandschaft. In: Lob-Hüdepohl, Andreas/Lesch, Walter (Hrsg.): Ethik Sozialer Arbeit – Ein Handbuch: Einführung in die Ethik der Sozialen Arbeit. Paderborn, S. 20–54

Stöger, Heidrun/Ziegler, Albert/Schimke, Diana (Hrsg.) (2009): Mentoring: Theoretische Hintergründe, empirische Befunde und praktische Anwendungen. Lengerich

Stoll, Bettina (2013): Balanced Scorecard für Soziale Organisationen. Qualität und Management durch strategische Steuerung. Regensburg

Strunk, Andreas (Hrsg.) (2013): Leitbildentwicklung und systemisches Controlling. Baden-Baden

Tabatt-Hirschfeldt, Andrea (Hrsg.) (2014): Öffentliche und Soziale Steuerung. Public Management und Sozialmanagement im Diskurs. Baden-Baden

Tacke, Veronika (2011a): Soziale Netzwerkbildungen in Funktionssystemen der Gesellschaft. In: Bommes, Michael/Tacke, Veronika (Hrsg.): Netzwerke in der funktional differenzierten Gesellschaft. Wiesbaden, S. 89–118

Tacke, Veronika (2011b): Systeme und Netzwerke – oder: Was man an sozialen Netzwerken zu sehen bekommt, wenn man sie systemtheoretisch beschreibt. In: Netzwerke, Systemtheorie und Soziale Arbeit. Journal der Deutschen Gesellschaft für Systemische Soziale Arbeit. 2. Jahrgang November. Heft 2 + 3, S. 6–24

Taylor, Frederick Winslow (1996): The Principles of Scientific Management. Faksimile der 1911 in New York erschienenen Special Edition printed for Confidental Circulation. Stuttgart

Teske, Wolfgang (2010): Implementierung von Konzept und Praxis von Corporate Governance im DCV und im DW der EKD – Zwischenbilanz und künftige Akzente. In: BAGFW – Bundesarbeitsgemeinschaft der Freien Wohlfahrtspflege (Hrsg.) (2010): Sozialwirtschaft – mehr als Wirtschaft? Steuerung, Finanzierung, Vernetzung. Bericht über den 6. Kongress der Sozialwirtschaft vom 14. und 15. Mai 2009 in Magdeburg, S. 87–92

Theuvsen, Ludwig (2001): Stakeholder – Management. Möglichkeiten des Umgangs mit Anspruchsgruppen. Hrsg. v. Arbeitsstelle Aktive Bürgerschaft und dem Institut für Politikwissenschaft an der Westfälischen Wilhelms-Universität Münster, Nr. 16/August 2001, Münsteraner Diskussionspapiere zum Nonprofit-Sektor

Theuvsen, Ludwig (2003a): Das St. Galler Management-Modell. Grundlagen und Bezüge zum Nonprofit-Management. Kath. Krankenhausverband Deutschlands e.V. Krankendienst. 76. Jahrgang. Heft 10. Freiburg im Breisgau, S. 293–299

Theuvsen, Ludwig (2003b). Zwischen Mission und „muddling through" – Anmerkungen zur Strategiefähigkeit von Nonprofit-Organisationen, in: Arbeitskreis Nonprofit-Organisationen (Hrsg.): Mission Impossible? Strategien im Dritten Sektor, Frankfurt am Main: Eigenverlag des Deutschen Vereins für öffentliche und private Fürsorge [Sonderdrucke und Sonderveröffentlichungen SD 37], S. 234–259

Thiel, Christian (2009): Leitungsspanne und Hierarchietiefe von Organisationen. Modellierung und Simulation bei einfacher und stochastischer Informationsentstehung. Mering

Thiersch, Hans/Böhnisch, Lothar (2014): Spiegelungen. Lebensweltorientierung und Lebensbewältigung. Gespräche zur Sozialpädagogik. Weinheim

Tietze, Andreas (2011): Krisen als Chance. Achtsamkeit – ein ethischer Handlungsrahmen für das Management in der Sozialwirtschaft. Baden-Baden

Tschumi, Martin (2005): Praxisratgeber zur Personalentwicklung. Die Personalentwicklung von der Bedarfsentwicklung über die Planung und Durchführung bis zur Erfolgskontrolle mit vielen Praxisbeispielen. Mit Excel-Tools und vielen weiteren Arbeitshilfen auf CD-ROM. Zürich

Tuckman, Bruce Wayne/Jensen, Mary Ann C. (1977, c1965): Stages of small-group development revisited. International Association of Facilitators. Group and Organizational Studies, 2. St. Paul, Minnesota, pp. 419–427

Uebelhart, Beat/Fritze, Agnès (2012): Soziale Herausforderungen multiperspektivisch und wirkungsorientiert bearbeiten: Social Impact Management. In: Wöhrle, Armin (Hrsg.) (2012): Auf der Suche nach Sozialmanagementkonzepten und Managementkonzepten für und in der Sozialwirtschaft. Eine Bestandsaufnahme zum Stand der Diskussion und Forschung in drei Bänden. Augsburg. Band 2, S. 13–36

Uebelhart, Beat/Zängl, Peter (2013): Praxisbuch zum Social-Impact-Modell. Baden-Baden

Ulrich, Hans (1968): Die Unternehmung als produktives soziales System. Bern

Ulrich, Hans (1978): Unternehmungspolitik. Bern, Stuttgart

Ulrich, Hans (2001): Systemorientiertes Management. Das Werk von Hans Ulrich. Studienausgabe. Herausgegeben von der Stiftung zur Förderung der systemorientierten Managementlehre, St. Gallen, Schweiz. Bern, Stuttgart, Wien 2001

Ulrich, Hans/Krieg, Walter (1974, c1972): St. Galler Management-Modell. 3. Auflage. Bern

Ulrich, Hans/Probst, Gilbert Jean Bernard (1995, c1988): Anleitung zum ganzheitlichen Denken und Handeln. Ein Brevier für Führungskräfte. Bern

Ulrich, Hans/Sidler, Fredy (1977): Ein Management-Modell für die öffentliche Hand. Bern und Stuttgart

Ulrich, Peter (2008): Integrative Wirtschaftsethik. Grundlagen einer lebensdienlichen Ökonomie. 4. Auflage, Bern

Ulrich, Peter (2009): Die normativen Grundlagen der unternehmerischen Tätigkeit. In: Dubs, Rolf/Euler, Dieter/Rüegg-Stürm, Johannes/Wyss, Christiana E. (Hrsg.) (2009a): Einführung in die Managementlehre. 2., korrigierte Auflage. Band 1, Teile A–E. Bern, Stuttgart, Wien, S. 143–158

Wachter, Karin (2013): Wirkungsnachweise von betrieblicher Sozialarbeit. In: Klein, Susanne/Appelt, Hans-Jürgen (Hrsg.) (2013): Praxishandbuch betriebliche Sozialarbeit. Prävention und Interventionen in modernen Unternehmen. 3. Auflage, Kröning, S. 31–43

Wagner, Leonie (2009): Soziale Arbeit und Soziale Bewegung. Wiesbaden

Wald, Peter M. (2014): Virtuelle Führung. In: Lang, Rainhart/Rybnikova, Irma: Aktuelle Führungstheorien und -konzepte. Wiesbaden

Watzlawick, Paul/Beavin, Janet H./Jackson, Don D. (2011, c1967): Menschliche Kommunikation. Formen, Störungen, Paradoxien. 12. Auflage, Bern

Weber, Max (2004, c1922): Max Weber. Gesammelte Werke. Mit dem Lebensbild von Marianne Weber. Berlin (Digitale Bibliothek, 58)

Weber, Susanne (2005): Netzwerkentwicklung als Lernprozess. In: Otto, Ulrich und Bauer, Petra (Hrsg.): Institutionelle Netzwerke in Steuerungs- und Kooperationsperspektive. Band 2. Tübingen, S. 127–179

Weick, Karl E. (1985): Der Prozeß des Organisierens. Frankfurt am Main

Weick, Karl E./Sutcliffe, Kathleen M. (2010): Das Unerwartete managen. Wie Unternehmen aus Extremsituationen lernen. 2., vollständig überarbeitete Auflage. Stuttgart

Weitzman, Martin L. (1984): The Share Economy. Conquering Stagflation. Cambridge, Mass.

Wendt, Wolf Rainer (1982): Ökologie und soziale Arbeit. Stuttgart

Wendt, Wolf Rainer (2003): Sozialwirtschaft. Eine Systematik. Baden-Baden

Wendt, Wolf Rainer (2007): Zum Stand der Theorieentwicklung in der Sozialwirtschaft. In: Wendt, Wolf Rainer/Wöhrle, Armin (2007): Sozialwirtschaft und Sozialmanagement in der Entwicklung ihrer Theorie. Augsburg, S. 19–100

Wendt, Wolf Rainer (2008): Case Management im Sozial- und Gesundheitswesen. Eine Einführung. Freiburg im Breisgau

Wendt, Wolf Rainer (2011): Der soziale Unterhalt von Wohlfahrt. Elemente der Sozialwirtschaftslehre. Baden-Baden

Wendt, Wolf Rainer (2013): Sozialwirtschaft. In: Wöhrle, Armin/Beck, Reinhilde/Grunwald, Klaus/Schellberg, Klaus/Schwarz, Gotthart/Wendt, Wolf Rainer: Grundlagen des Managements in der Sozialwirtschaft. Stuttgart, S. 11–34

Wendt, Wolf Rainer/Wöhrle, Armin (2007): Sozialwirtschaft und Sozialmanagement in der Entwicklung ihrer Theorie. Augsburg

Wetzel, Ralf/Aderhold, Jens (2009): Klassiker der Organisationsforschung. Zappen durch 100 Jahre organisationstheoretisches Denken von Weber bis Weick. In: Wimmer, Rudolf/Meissner, Jens O./Wolf, Patricia: Praktische Organisationswissenschaft. Lehrbuch für Studium und Beruf. Heidelberg, S. 58–79

Wilbers, Karl (2009): Anspruchsgruppen und Interaktionsthemen. In: Dubs, Rolf/Euler, Dieter/Rüegg-Stürm, Johannes/Wyss, Christiana E. (Hrsg.) (2009a): Einführung in die Managementlehre. 2., korrigierte Auflage. Band 1, Teile A–E. Bern, Stuttgart, Wien, S. 331–360

Willke, Helmut (2001): Systemisches Wissensmanagement. 2., neubearbeitete Auflage. Stuttgart

Willke, Helmut (2011, c2004): Einführung in das systemische Wissensmanagement. Heidelberg

Willke, Helmut: Systemtheorie II (2005): Interventionstheorie. 4. Auflage, Stuttgart

Willke, Helmut: Systemtheorie III (2001): Steuerungstheorie. 3., bearbeitete Auflage. Stuttgart

Wimmer, Rudolf (2009): Führung und Organisation. Zwei Seiten ein und derselben Medaille. Revue für postheroisches Management 4. Heidelberg, S. 20–33

Wimmer, Rudolf (2012): Organisation und Beratung. Systemtheoretische Perspektiven für die Praxis. 2., erweiterte Auflage, Heidelberg

Wimmer, Rudolf/Meissner, Jens O./Wolf, Patricia (2009): Praktische Organisationswissenschaft. Lehrbuch für Studium und Beruf. Heidelberg

Wimmer, Rudolf/Schumacher, Thomas (2009): Führung und Organisation. In: Wimmer, Rudolf/Meissner, Jens O./Wolf, Patricia: Praktische Organisationswissenschaft. Lehrbuch für Studium und Beruf. Heidelberg, S. 169–193)

Winkler, Michael (1988): Eine Theorie der Sozialpädagogik. Stuttgart

Winkler, Michael (2008): Management und Steuerung. In: Bakic, Josef/Diebäcker, Marc/Hammer Elisabeth (Hrsg.): Aktuelle Leitbegriffe der Sozialen Arbeit. Wien, S. 120–136

Wohlfahrt, Norbert (2005): Zur Transformation der Sozialwirtschaft. Strategische Unternehmensentwicklung in der Sozialwirtschaft zwischen Kontraktmanagement, Wettbewerbsrecht und sozialpolitischem Selbstverständnis. In: Dimmel, Nikolaus (Hrsg.): Perspektiven der Sozialwirtschaft 2005–2015. Vergaberecht, Leistungsverträge, Sozialplanung. Wien 2005, S. 67–99

Wöhrle, Armin (2003): Grundlagen des Managements in der Sozialwirtschaft. Baden-Baden

Wöhrle, Armin (2007): Zum Stand der Theorieentwicklung des Sozialmanagements. In: Wendt, Wolf Rainer/Wöhrle, Armin (2007): Sozialwirtschaft und Sozialmanagement in der Entwicklung ihrer Theorie. Augsburg, S. 101–159

Wöhrle, Armin (2012a): Managementkonzepte für die Sozialwirtschaft. Führen im Zeichen des Organisationswandels und neuer Steuerungskonzepte. Studienbrief 2-020-1401. Brandenburg

Wöhrle, Armin (Hrsg.) (2012b): Auf der Suche nach Sozialmanagementkonzepten und Managementkonzepten für und in der Sozialwirtschaft. Eine Bestandsaufnahme zum Stand der Diskussion und Forschung in drei Bänden. Augsburg

Wöhrle, Armin (2013a): Organisationstheorien und Managementlehre. In: Wöhrle, Armin/Beck, Reinhilde/Grunwald, Klaus/Schellberg, Klaus/Schwarz, Gotthart/Wendt, Wolf Rainer: Grundlagen des Managements in der Sozialwirtschaft. Stuttgart, S. 157–190

Wöhrle, Armin (2013b): Sozialmanagement und Management in der Sozialwirtschaft. In: Wöhrle, Armin/Beck, Reinhilde/Grunwald, Klaus/Schellberg, Klaus/Schwarz, Gotthart/Wendt, Wolf Rainer: Grundlagen des Managements in der Sozialwirtschaft. Stuttgart, S. 191–233

Wöhrle, Armin (2013c): Leitbild und Zielvereinbarungen als unter bestimmten Voraussetzungen sinnvolle Managementinstrumente in der Sozialwirtschaft. Ergebnisse einer wissenschaftlich begleiteten Organisationsberatung. In: Strunk, Andreas (Hrsg.) (2013): Leitbildentwicklung und systemisches Controlling. Baden-Baden, S. 27–45

Wöhrle, Armin/Beck, Reinhilde/Grunwald, Klaus/Schellberg, Klaus/Schwarz, Gotthart/Wendt, Wolf Rainer (2013): Grundlagen des Managements in der Sozialwirtschaft. 2. Auflage, Stuttgart

Wunderer, Rolf/Bruch, Heike (2009): Führung von Mitarbeitenden. In: Dubs, Rolf/Euler, Dieter/Rüegg-Stürm, Johannes/Wyss, Christiana E. (Hrsg.) (2009b): Einführung in die Managementlehre. 2., korrigierte Auflage. Band 2, Teil FI. Bern, Stuttgart, Wien, S. 85–104

Wunderlich, Werner (2009): Kultur als Ordnungsmoment. In: Dubs, Rolf/Euler, Dieter/Rüegg-Stürm, Johannes/Wyss, Christiana E. (Hrsg.) (2009d): Einführung in die Managementlehre. 2., korrigierte Auflage. Band 4, Teile FIII–I. Bern, Stuttgart, Wien, S. 453–479

Wüthrich, Hans A./Winter, Wolfgang/Philipp, Andreas F. (2001): Die Rückkehr des Hofnarren. Einladung zur Reflexion – nicht nur für Manager. Herrsching

Zeithaml, Valarie A./Parasuraman, A./Berry, Leonard L. (1992): Qualitätsservice. Was Ihre Kunden erwarten, was Sie leisten müssen. Frankfurt/Main, New York

Zirkler, Michael/Müller, Werner R. (Hrsg.) (2003): Die Kunst der Organisationsberatung. Praktische Erfahrungen und theoretische Perspektiven. Bern

Abbildungsverzeichnis

Tabellenverzeichnis

Abkürzungen

AG	Aktiengesellschaft
AGB	Allgemeine Geschäftsbedingungen
AktG	Aktiengesetz
BAGFW	Bundesarbeitsgemeinschaft Freie Wohlfahrtspflege
BCG	Boston Consulting Group
BM	Benchmarking
BSC	Balanced Scorecard
CD	Corporate Design
CG	Corporate Governance
CG	Corporate Governance
CI	Corporate Identity
CSR	Corporate Social Responsibility
DIW	Deutsches Institut für Wirtschaftsforschung
e. V.	eingetragener Verein
EFQM	European Foundation for Quality Management
eG	eingetragene Genossenschaften
EN ISO	Europa Norm/International Standardisation Organisation von Europa übernommene Normen
ESF	Europäischen Sozialfond
EU	Europäische Union
GbR	Gesellschaft bürgerlichen Rechtes
GfK	Gesellschaft für Konsumforschung
GmbH	Gesellschaft mit beschränkter Haftung
HGB	Handelsgesetzbuch
HRO	High Reliability Organizations
ISA	Institut für Soziale Arbeit
IT	Informationstechnologie
KonTraG	Gesetz zur Kontrolle und Transparenz im Unternehmensbereich
KVJS	Kommunalverband für Jugend und Soziales
MbO	Management by Objectives
NPO	Non-Profit Organisation
SERVQUAL	Service und Qualität standardisiertes Messverfahren
SGB	Sozialgesetzbuch

SLEEPT	sociological, legal, economocial, environmental, political, technological
SMART	spezifisch, messbar, anspruchsvoll, realistisch, terminierbar
SOEP	Sozio-ökonomisches Panel
SROI	Social Return on Investment
SRM	systemtheoretisch reflektiertes Managementmodell
STEEP	sociological, technological, economocial, environmental, political
STEP	sociological, technological, economocial, political
SWOT	strength, weaknesses, opportunities, threats
TÜV	Technischer Überwachungsverein